大家講堂

學術・民國選書

十力語要初續

熊十力／著

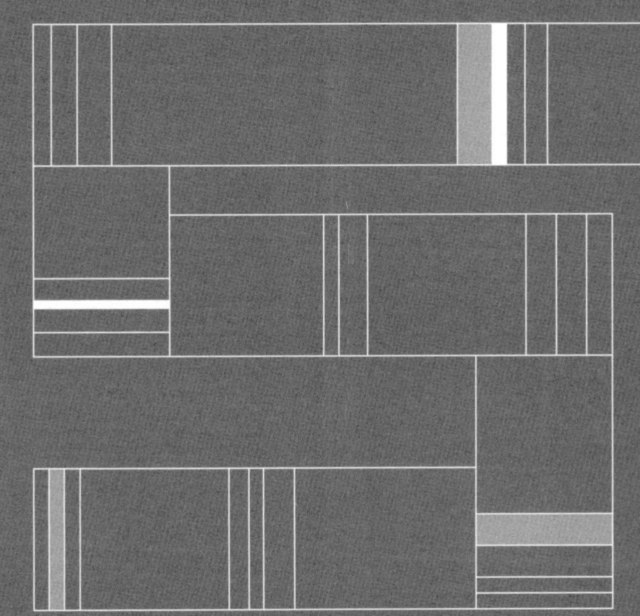

五南圖書出版公司 印行

學識之法門・智慧之淵藪

——序五南「大家講堂」

曾永義

五南圖書陸續推出一套叢書叫「大家講堂」。這裡的「大家」，固然不是舊時指稱高門貴族的「大戶人家」，也不是用來尊稱漢代才女班昭「曹大家」的「大家」；但也包含兩層意義：一是指學藝專精，歷久彌著，影響廣遠的人物，如古之「唐宋八大家」，今之文學、史學、藝術、科學、哲學等等之「大家」或「大師」；二是泛指衆人，有如「大夥兒」。而這裡的「講堂」，雖然還是一般「講學廳堂」的意思，只是它已改變了實質的形式，既沒有講席，也沒有聽席；因爲這講席上的大師已經化身在書本之中，只要你打開書本，大師馬上就浮現在你眼前，對你循循善誘；而你自然的也好像坐在聽席上，悠悠然受其教誨一般。於是這樣的講堂，便可以隨著你無遠弗屆，無時不達。只要你有心向學，便可以隨時隨地學習，受益無量。而由於這樣的「講學廳堂」是由諸多各界大師所主持的講席，是大夥兒都可以入坐的聽席，所以是名副其實的「大家講堂」。

長年以來，我對於五南出版公司創辦人兼發行人楊榮川先生甚為佩服。他行年已及耄耋，猶以學術文化出版界老兵自居，認為傳播知識、提升文化是他矢志的天職。他憂慮網路資訊，擾亂人心，占據人們學識、智慧、性靈的生活。使往日書香繚繞的社會，呈現一片紛亂擾攘的空虛。於是他親自策畫「經典名著文庫」，聘請三十位學界菁英擔任評議，自民國一〇七年，迄今已出版一一〇種。他卻發現所收錄之經典大多數係屬西方，作為五千年的文化中國，卻只有孔孟老莊哲學十數種而已，實屬缺憾，為此他油然又興起淑世之心，要廣設「大家講堂」，再度興起人們「閱讀大師」的脾胃，進而品會大師優異學識的法門，探索大師智慧的無盡藏。潛移默化的，砥礪切磋的，再度鮮活我們國民的品質，弘揚我們文化的光輝。

我也非常了解何以榮川先生要策畫推出「大家講堂」來遂他淑世之心的動機和緣故。我們都知道，被公認的大家或大師，必是文化耆宿、學術碩彥。他們著作中的見解，必是薈萃自己畢生的眞知卓見，或言人所未嘗言，或發人所未嘗發；任何人只要沾溉其餘瀝，便有如醍醐灌頂，頓時了悟；而何況含茹其英華！或謂大師博學深奧，非凡夫俗子所能領略，又如何能夠沾其餘瀝、茹其英華？是又不然，凡稱大家大師者，必先有其艱辛之學術歷程，而為創發之學說，而為建構之律則；但大師之學養必能將其象牙塔之成果，融會貫通，轉化為大衆能了解明白之語言例證，使人如坐春風，趣味橫生。

譬如王國維對於戲曲，先剖析其構成爲九個單元，逐一深入探討，再綜合菁華要義，結撰爲人人能閱讀的《宋元戲曲史》，使戲曲從此跨詩詞之地位而躐之，躋入大學與學術殿堂。魯迅和鄭振鐸也一樣，分別就小說和俗文學作全面的觀照和個別的鑽研，從而條貫其縱剖面、組織其橫剖面，成就其《中國小說史略》、《中國俗文學史》，使古來中國之所謂「文學」，頓開廣度和活色。又如胡適先生《中國古代哲學史大綱》，誠如蔡元培在爲他寫的〈序〉中所言，他能夠先解決先秦諸子材料眞僞的問題。又能依傍西洋人哲學史梳理統緒的形式；因而在他的書裡，才能呈現出「證明的方法」、「扼要的手段」、「平等的眼光」、「系統的研究」等四種特長，要言不繁的導引我們進入中國古代哲學的苑囿，聆賞先秦諸子的大智大慧。

也因此榮川先生的「大家講堂」一方面要彌補其「經典名著文庫」的不足，便以收錄一九四九年以前國學大師之著作爲主。凡其核心之學術代表著作，既爲畢生研究之精粹，固在收錄之列；而其具有普世之意義與價值，經由大師將其精粹轉化爲深入淺出之篇章者，其實更切合「大家講堂」之名實與要義，尤爲本叢書所要訪求。

記得我在上世紀八〇年代，也已經感受到「學術通俗化、反哺社會」的意義和重要，曾以此爲題，在《聯副》著文發表，並且身體力行，將自己在戲曲研究之心得，轉化其形式而爲文建會製作之「民間劇場」，使之再現宋元「瓦舍勾欄」之樣貌，並據此規畫「民俗技藝園」（今之宜蘭傳統藝術中心），作爲維護薪傳民俗技藝之場所，並藉由展演帶動社會及各級學校重視民俗技藝之熱潮，乃又進一步以「民俗技藝」作文化輸出，巡迴演出於歐美亞非中美澳洲列國，可以說是一個很成功的例證。近年我的摯友許進雄教授，他是世界甲骨學名家，其學術根柢之深厚、成就之豐碩無須多言，他同樣體悟到有如「大家講堂」的旨趣；乃以通俗的筆墨，寫出了《字字有來頭》七冊和《漢字與文物的故事》四冊，頓時成爲兩岸極暢銷之書。其《字字有來頭》還要出版韓文翻譯本。

已經逐步推出的「大家講堂」，主編蘇美嬌小姐說，爲了考量叢書在中華學識和文化上的意義和價值，因此其出版範圍先以「國學」，亦即以中國文史哲爲限。而以作者逝世超過三十年以上之著作爲優先。而在這裡我要強調的是：「大家」或「大師」的鑑定務須謹嚴；其著作最好是多方訪求，融會學術菁華再予以通俗化的篇章。如此才能眞正而容易的使「大家」或「大師」在他主持的「大家講堂」上，如「隨風潛入夜，潤物細無聲」的春雨那樣，普遍的使得那熱愛而追求學識的一大夥人，都能領略其要義而津津有味。而那一大夥人也像蜜蜂經歷繁花香蕊一般，細細的成就，釀成自家學識法門的蜜汁；而久而久之，許許多多大家或大師的智慧，也將由於那一大夥人不斷的探索汲取，而使之個個成就爲一己的智慧淵藪。我想這應當更合乎策畫出版「大家講堂」的遠猷鴻圖。

榮川先生同時還策畫出版「古釋今繹系列」和「中華文化素養書」做爲「大家講堂」的姐妹編，爲此使我更加感佩他堅守做爲「出版界老兵」的淑世之心。

二〇二〇年元月二十九日晨
序於臺北森觀寓所

目次

卷頭語

附：困學記

卷頭語

及門諸子舊輯有《十力語要》四卷，三十六年鄂省印一千部。昨年棲止杭州，次女仲光又輯《語要初續》一卷。余已衰年，而際明夷之運，懷老聃絕學之憂，有羅什哀鸞之感，間不得已而有語，其誰肯聞之而不拒？奚以存爲？客曰：先生語語自眞實心中流出，不俟解於人而人其能亡失此心乎？姑存之以有待可也。余笑頷之。己丑一月十五日漆園老人識。

與人談易

吾少誤革命，未嘗學問。三十左右，感世變益劇，哀思人類，乃復深窮萬化之原，默識生人之性，究觀萬物之變。蓋常博考華梵先哲玄文，而一歸於己之所實參冥會，雖復學無常師，而大旨卒與儒家爲近。平生學在《新論》，推原《大易》，陶甄百氏，所以挽耽空溺寂之頹流者，用意尤深也。儒學有六經而《易》爲其原，（漢儒相傳如此。）竊玩《易》之蘊，蓋深於數理，夫數立於虛而相待相含以成變。《易》每卦三爻，由初而二而三，然則初於何而著？其有始乎、無始乎？曰初所由始，不可致詰，其沖虛無朕，而《易》之所謂太極者乎？（言沖虛，則與空虛異。空虛即無有，沖虛非無有也，但以無形無相而名沖虛耳。）太極本無定在，（無在而無不在。）然群爻皆太極之顯，即群爻統體一太極，一爻各具一太極也。蓋太極沖虛而含萬有，（此中含者，言其潛具種種可能。）則初於此始，故曰數立於虛。有初則有二，有二即有三，自斯以往而萬有不齊之數，不可勝窮，要皆不越奇偶二數之變。《易》以「乾」、「坤」爲萬變之基數。乾陽，奇數也；坤陰，偶數也。三百八十四爻，皆奇偶二數之變動爲之。故〈繫傳〉曰「「乾」、「坤」，《易》之門」，言其爲萬物之所從出。奇偶二數相待而亦互相含，（舉奇數即有偶數。舉偶數已有奇數，故是互相含，非可截然離異。）由奇偶演爲眾多數，悉循相待互含之則，故曰相待相含以成變也。大哉互含義！一微塵攝三千大千世界，三千大千世界入一微塵，此乃實理，非故作玄談，以是觀物而眾妙之門可睹矣。互含故無盡，數之演至於零，極於無窮小，明無盡也，六十四卦終於「未濟」以此；使《易》以「既濟」終，則大化有止境，是盡也。推此義也，衰者盛之胎，（相含故。）死者生之始。（自大化言，無死即無生。莊生云「方生方死，方死方生」，是徹了語。）吾儕丁衰世，哀而不傷可也。《易》道廣大悉備，其於數理尤深。吾平生不通數學，深以爲憾。今年力就衰，無復可言；唯於《大易》潛玩數理，雖少所獲，而已有深味。向者國人盛稱英儒羅素氏數理哲學，余覽時賢譯述及從人詢其概略，似不外解析關係，其於萬化大原蓋全不涉及。《易》之數理，上窮化源而下詳物理人事，其以爻變明事物由互相關聯而有，亦復變動不居，精詣絕倫！惜乎今之學子以其爲吾數千年前舊物，莫有措意！上哲證眞之言，無時空之限，學者宜知。吾國數學發達最早，其所造當不淺。秦政一統，民各錮於窮鄉僻壤，無向時列國交通與競爭之益，百家之學日以廢絕，數學典籍高深者，想秦漢之際已無人傳習，而散亡殆盡矣。古代數學重大發明，究有幾許？今日已不可詳。昔人有言，八卦與〈九章〉相表裡，故治《易》者須通數。然精數學者又不必長於搜玄以窮性命之蘊也。

答杜生

來函云：《十力語要》卷一第一五頁有云，如說窗前有一棵樹，這一棵樹正吾人意計中是與其他底東西分離而固定的，這樣分離而固定的東西絕不是事物底本相，只是吾人意計中一種執著的心相而已云云。此心相二字何解？吾人日常所見各各互相分離而固定的物事，如一棵樹等，如何說是一種執著的心相？願聞其義。

答曰：心相者，心上所現之相曰心相，此相非實有，但是意識上現似某種物相而執著爲有，故云一種執著的心相。吾子所由致疑者，正以一向妄執有各個固定的物事耳。今試就一棵樹言，汝以爲實有此物乎？吾且問汝：汝眼識但見青等色，何曾見有一棵樹？汝耳識但聞聲，何曾聞得一棵樹？乃至汝身識但觸堅，何曾觸得一棵樹？若夫綜合色聲乃至堅等，而計爲與他物分離而很固定的一棵樹，則是意識虛妄分別所組成而繼執爲實有如是物耳。故此一棵樹相純是一種執著的心相，元非離心實有，此事甚明。一棵樹如是，餘物可準知。若汝猶有疑者，吾更問汝：由科學家言，汝所計一棵樹，彼說爲一堆元子電子，而一棵樹果何有乎？又復當知談元子電子者至波動說，則質的觀念根本打消，物質的小顆粒已不存在，尚何有於一棵樹乎？又波動之說猶復著相，哲學於此當更遣之。故吾《新論》於宇宙論方面，直明大用流行。學者脫然超悟，當了吾人在日用宇宙中所見各個固定的物事都如捏目生華、竟無所有，非獨一棵樹如是，三千大千世界乃至吾身汝身，無不如是。唯依妄心，妄有所執而已，如其照破妄心而眞心顯發，亦不妨施設有一一物事，然以無妄執故，即皆見爲大用流行，亦云天理流行。（即用顯體，故云。）至此，則欲貪俱盡，攻取都亡，唯有天地萬物同體之愛油然不容已，孔之仁、佛之悲是也。此超理智境界。

來函云：《十力語要》卷一第一九頁答劉生後一則，有眞實流一詞，似費解。又有云：俗所見爲每一器之現，只是一眞實流之過程中之一節序，而甲乙等等節序相互間莫不有則云云。亦不甚了。

答曰：本體顯爲大用流行，譬如大海水顯爲眾漚，（參看《新論》卷上〈明宗章〉及卷中後記。）從眾漚言，其起滅騰躍而不住，渾是一大流，吾所謂大用流行者，可由此譬而悟。然復當知，大用既是本體之顯，即非虛妄，故名眞實流。章太炎以儒者天命流行擬之佛氏賴耶生相，正未了此。眞實之流超越時空，本不應置過程一詞，而言過程者，隨順俗諦安立眾器故。（眾器猶言宇宙萬象或萬物。）節序者，節目省云節，秩序省云序，俗所謂每一器之現即是大流中一段節目，亦是自成秩序的，故云節序。此一段節序與其互相關聯的許多節序之間，都不是紊亂的，故云莫不有則，全宇宙只是秩然眾理燦著。《書》言天敘天秩，極有義味。天者，自然義。

略談新論要旨（答牟宗三）

《新論》（《新唯識論》之省稱。）一書，不得已而作，未堪忽略。中國自秦政夷六國而為郡縣、定帝制之局，思想界自是始凝滯。（參考《讀經示要》第二講。）典午胡禍至慘，印度佛教乘機侵入，中國人失其固有也久矣。兩宋諸大師奮起，始提出堯舜至孔孟之道統，令人自求心性之地，於是始知有數千年道統之傳而不惑於出世之教，又皆知中夏之貴於夷狄、人道之遠於禽獸，此兩宋諸大師之功也。然其道嫌不廣，敬愼於人倫日用之際甚是，而過於拘束便非，其流則模擬前賢行跡，循途守轍，甚少開拓氣象。

逮有明陽明先生興，始揭出良知，令人掘發其內在無盡寶藏一直擴充去，自本自根，自信自肯，自發自闢，大灑脫，大自由，可謂理性大解放時期。（理性即是良知之發用。）程朱未竟之功，至陽明而始著，此陽明之偉大也。然陽明說《大學》格物，力反朱子，其工夫畢竟偏重向裡，而外擴終嫌不足。晚明王、顧、顏、黃諸子興，始有補救之績，值國亡而遽斬其緒。

今當衰危之運，歐化侵凌，吾固有精神蕩然泯絕，人習於自卑、自暴、自棄，一切向外剽竊而無以自樹。《新論》固不得不出。是書廣大悉備，略言其要：一、歸本性智，仍申陽明之旨，但陽明究是二氏之成分過多，故其後學走入狂禪去。《新論》談本體，則於空寂而識生化之神，於虛靜而見剛健之德，此其融二氏於《大易》而扶造化之藏、立斯人之極也。若只言生化與剛健，恐如西洋生命論者，其言生之衝動與佛家唯識宗說賴耶生相恆轉如暴流、直認取習氣爲生源者，同一錯誤。（賴耶生相，參考《佛家名相通釋》。）若如東方釋與道之只證寂靜，卻不悟本體元是寂而生生、靜而健動，（卻不悟，至此為句。）則將溺寂滯靜而有反人生之傾向，（如佛。）至少亦流於頹靡。（如老莊之下流。）《新論》所資至博，（非拘於某一家派之見。）所證會獨深遠，其視陽明不免雜二氏者，根柢迥異。夫寂者，無昏擾義，（非枯寂之寂。）故寂而生生也；靜者，無囂亂義，（非如物體靜止之謂。）故靜而健動也。是故達天德而立人極者，莫如《新論》。（天者，本體之目，非謂神帝；德者，德性及德用。天德，謂本體具無量德，而寂靜與生化或剛健等德，則舉要言之耳。佛老只見為寂靜而未證生生不息之健，則非深達天德之全也，宋明儒以主靜立人極，猶近二氏。）人道繼天，（繼天，謂實現本體之德用。）在繼其生生不息之健、富有日新而不已也，若止於守靜趣寂，人道其將窮乎？

二、《新論》歸於超知而實非反知，〈明宗章〉曰：今造此論，爲欲悟諸究玄學者，令知一切物的本體非是離自心外在境界及非知識所行境界，唯是反求實證相應故云云。《新論》本爲發明體有而作，理智思辨不可親得本體，故云非知識所行境界。證者，即本體之炯然自識，唯本體呈露方得有此，故云唯反求實證相應。此但約證最之範圍而言其非知識所及，（證量者，證得本體故名。此義詳談，當在《量論》。）實非一往反知。而讀者每不察，輒疑《新論》爲反知主義，此則不審《新論》立言自有分際而誤起猜疑；或由《量論》尚未作，讀者不深悉吾思想之完整體系，其猜疑無足怪。《新論．明心下章》（卷下之二第九章，叢書本一四頁右。）云：性智全泯外緣，（性智，即目本體。）親冥自性。親冥者，謂性智反觀自體而自了自見，所謂內證離言是也。蓋此能證即是所證，而實無能所可分，故是照體獨立、回超物表。此中所言，即證量境界，亦即超知之詣，斯時智不外緣，獨立無匹。易言之，即是眞體呈露、敻然絕待，佛氏所謂非尋思境界，即非智識安足處所，正謂此也。又曰：明解，緣慮事物，（明解，即性智之發用。此發用現起時，即以所緣慮之事物為外境，所謂外緣是也。事物一詞，不唯有形之事物，即如思量義理時，此時心上現似所思之相，亦得名事物。）明徵定保，必止於符，（言其解析眾理，必舉徵驗而有符應。）先難後獲，必戒於偷，知周萬物而未嘗逐物，世疑聖人但務內照而遺物棄知，是乃妄測，設謂聖人之知亦猶夫未見性人之鑿以爲知也，則夏蟲不可與語冰矣。（鑿者穿鑿。刻意求人而不順物之理；又乃矜其私智，求通乎物而未免殉於物也。聖人之知不如此。）此明性智之發用，緣慮事物而成知識，是乃妙用自然，不容遏絕者也。《語要》卷三談《大學》格物有云：若老莊之反知主義，將守其孤明而不與天地萬物相流通，是障遏良知之大用，不可以爲道也。（良知，即《新論》所云性智。）故經言「致知在格物」，正顯良知體萬物而流通無閡之妙。格者，量度義。良知之明周運乎事事物物而量度之，以悉得其有則而不可亂者，此是良知推擴不容已，而未可遏絕者也。余於《大學》格物，不取陽明，而取朱子，此即不主反知之明證。《語要》卷二答任繼愈有云：向來以尊德性、道問學爲朱陸異同。（中略。）佛家有宗與教之分，教則以道問學爲入手工夫，宗則以尊德性爲入手工夫。西洋哲學家有任理智思辨，即注重知識者，亦有反知而尚直覺者，其致力處雖與陸王不可比附，要之，哲學家之路向常不一致。而尚直覺者，雖未能反諸德性上之自誠自明，要其稍有向裡的意思，則與陸子若相近也；（注意「若相近」三字。）重知識者，比吾前儒道問學之方法更精密，然朱子在其即物窮理之一種意義上，亦若與西洋哲學遙契。人類思想大致不甚相遠，所貴察其異而能會其通也。哲學家路向略分反知與否之二種，殆爲中外古今所同。《新論》本主融通，非偏於一路向者，學問之功始終不可廢思辨，是未嘗反知也。學必歸於證量，遊於無待，（證量，即真體呈露，故無待。）則不待反知而畢竟超知矣。夫學至於超知，則智體湛寂而大用繁興，所謂無知而無不知是也。《新論》附錄與張君有曰：吾生平主張哲學須歸於證，求證必由修養，此東聖血脈也。然學者當未至證的境地時，其於宇宙人生根本問題，有觸而求解決，必不能不極用思辨，思辨之極而終感與道爲二也；則乃反求諸己而愼修以體之、涵養以發之，始知萬化根源無須外覓。宋人小詞云「眾裡尋他千百度，回頭驀見那人正在燈火闌珊處」，正謂此也。又曰：玄學者，始乎理智思辨，終於超理智思辨而歸乎返己內證；及乎證矣，仍不廢思辨。但證以後之思（思辨，省云思，後仿此。）與未證以前之思自不同。孟子曰「如智者，若禹之行水也，行其所無事也」，爲證後之思言也。又曰：玄學亦名哲學，是固始於思，極於證，證而仍不廢思；亦可說資於理智思辨而必本之修養以達於智體呈露，即超過理智思辨境界而終亦不遺理智思辨；亦可云此學爲思辨與修養交盡之學。又曰：若其只務修養者，喜超悟，厭支離，即在上賢脫然大澈，向下更有事在，其本之一原而顯爲萬事萬物者，律則井然，豈得謂一澈其源便無事於斯乎？徵事辨物之知，要有致曲一段工夫，（致曲，即分析與推求等方法。）非可憑一澈而盡悉也。（澈，只是洞識萬化之源，灼然證得自家與天地萬物同體之真際。）譬如高飛絕頂，其下千徑萬壑未曾周歷，終不能無迷罔之感，證而仍不廢思，是義宜知。總之，哲學應爲思修交盡之學，余當俟《量論》暢發此旨。《新論》歸於超知而未嘗反知，此於前所說二種路向中，（即知識的與反知的，亦云理智的與反理智。在吾國朱陸二派，道問學即是知識的，尊德性則近於反知。）無所偏倚，此亦與陽明作用大異處。

三、從來談本體眞常者，好似本體自身就是一個恆常的物事。此種想法，即以爲宇宙有不變者爲萬變不居者之所依，如此，則體用自成二片，佛家顯有此失。西洋哲學家談本體與現象縱不似佛家分截太甚，而終有不得圓融之感。因爲於體上唯說恆常不變，則此不變者自與萬變不居之現象對峙而成二界，此實中外窮玄者從來不可解之謎。《新論》言本體眞常者，乃克就本體之德言，此是洞澈化源處。須知本體自身，即此顯爲變動不居者是，（譬如，大海水之自身，即此顯為眾漚者是。）非離變動不居之現象而別有眞常之境可名本體。（譬如非離眾漚而別有澄湛之境可名大海水。）然則本體既非離變動不居者而別有物在，奚以云眞常耶？《新論》則曰眞常者，言其德也。德有二義：德性，德用。曰寂靜，曰生生，曰變化，曰剛健，曰純善，曰靈明，皆言其德也。德本無量，難以悉命之名，凡德通名眞實，無虛妄故。通字恆常，無改易故。眞常者，萬德之都稱，談本體者從其德而稱之，則曰眞常，非以其爲兀然凝固之物、別異於變動不居之現象而獨在，始謂之眞常也。（「非以其」三字，至此為句。）凡讀《新論》者，若不會此根本義，雖讀之至熟，猶如不讀。《新論》卷中後記有釋體用、釋體常義、釋理三則，提示全書綱要，（見三十六年所印叢書本。）學者所宜盡心。又復應知，本體眞常係就德言，則玄學之所致力者，不僅在理智思辨方面，而於人生日用踐履之中涵養工夫，尤爲重要，前言哲學爲思修交盡之學，其義與此相關。科學於宇宙萬象雖有發明，要其所窺，止涉化跡，（「化跡」二字，宜深玩。）非能了其所以化也。（備萬德故，化化不窮。）苟非體天德者，惡可了其所以化哉！（天德謂本體之德，非謂神帝，體滅德之體是體現義，謂實現之也。）此則哲學之所有事，而非幾於盡性至命之君子，不足與聞斯義，淵乎微乎！（盡性至命，解見《讀經示要》第二卷。）東土儒釋道諸宗於天德各有所明，世無超悟之資，置而弗究，豈不惜哉！

四、西哲談變，總似有個外在世界肇起變化者然，《新論》卻不如此，略明其概：㈠以本體之流行現似一翕一闢，相反而成化，此謂之變，亦謂之用。㈡本體無內外，不可妄計爲離自心而外在。吾人如自識本體，便見得自己兀是官天地、府萬物，更無內外二界對峙。斯理也，自吾人言之如是，自一微塵言之亦然，一切物皆從其本體而言，都無內外。㈢本體不可當作一物事去猜擬，至神而非有意也，（非如人有意想分別或圖謀造作也。）實有而無方所與形象也，故老云「玄之又玄，眾妙之門」。

五、《新論》之義，圓融無礙，若拘一端，難窺沖旨。

渾然全體流行，是云本體。依此流行現似一翕一闢，假說心物。說翕爲物，說闢爲心。都無實物可容暫住，是稱大用。

以上體用別說，用上又假分心物。

自體上言，渾然全體流行，備萬理、含萬德、（德即是理，天則秩然名之以理，是為本體之所以得成為本體者，故亦名德，德者得也。）肇萬化，說之爲物，豈是物！說之爲心，亦不應名心，心對物而彰名，此無對故。

以上體用分觀，心物俱不立。

如大海水現作眾漚，（眾漚喻用，大海水喻體。）故不妨隱大海水而直談漚相，全體顯爲大用，不妨隱體而直談用相，義亦猶是。

用不孤行，必有翕闢二勢反以相成。翕者，大用之凝攝之方面，凝攝則幻似成物，依此假立物名。闢者，大用之開發之方面，開發則剛健不撓、清淨離染，恆運於翕之中而轉翕以從己，（己者，設為闢之自謂。）是爲不失其本體之自性者，（譬如漚相依大海水起而不失大海水之溼潤等自性，闢依本體起而不失其本體之剛健清淨等自性，義亦猶是。）依此假立心名。

以上攝體歸用，心物俱成。

體用可分而究不二，故於用識體，則可於心之方面（即闢之方面。）而徑說為體。以心即闢，確與其翕之方面不同，翕有物化之虞，而心卻不失其本體之自性，故嚴格談用，心才是用。即用而識體，不妨直指心而名體，譬如於眾漚而知其體即大海水，便於漚相而徑名之曰大海水。又復應知，翕雖物化，而不可偏執一義以言之，所以者何？翕非異闢而別有本事，畢竟隨闢轉故，則翕亦闢也，同為本體之顯也。是故「形色即天性」，儒言不妄也；「道在屎尿」，莊談不虛也；「一華一法界，一葉一如來」，禪師家證眞而有此樂也。

以上即用識體，心物同是眞體呈露。

如上諸義，異而知其類，睽而知其通，莊生所謂「恢詭譎怪，道通為一」，其斯之謂也。

六、西哲總將宇宙人生割裂，談宇宙實是要給物理世界以一個說明，而其為說鮮有從人生眞性上反己體認得來，終本其析物之知以構畫而成一套理論，其於眞理不謂之戲論不得也。《新論》貫通東方先哲之旨，會萬物而歸一已，不割裂宇宙於人生之外，故乃通物我而觀其大原，會天人而窮其眞際，合內外而冥證一如，融動靜而渾成一片，即上即下，無始無終，於流行識主宰，於現象睹眞實。是故迷人自陷於相對，悟者乃即於相對而證絕對，體斯道者，小己之見亡，貪嗔痴諸惑自泯，而天地萬物一體之仁發於不容已。

七、本體雖人人俱足，然人之生也，形氣限之，又每縛於染習，（參看《新論》中卷。）故本體不易發見，人生如不務擴充其固有之德用，是失其本體也。《新論》歸於創淨習與成能，最有沖旨。《語要》卷三答宗三難《示要》釋《大學》一書，是承《新論》而作之一篇重要文字，宋明學誤於二氏，當以此救之。

以上所言，皆關《新論》之根本旨趣（旨者主旨，趣者歸趣。）與其精神所在，凡所以鑑觀西洋、（西洋哲學家談本體，大概任理智思辨而向外窮索，即看作為外界獨存的物事而推求之。）平章華梵、括囊大宇、折衷眾聖、不得已而有言者，其所蘊難以殫論，茲之所及，粗舉大意而已。若夫理論之條貫與其中甚多要義，或爲讀者所不必察者，是在勿以粗心逸智臨之而已。

與美國柏特教授

昨承枉過，獲悉尊意願將世界各派哲學及各宗教觀其會通，治於一爐，此意甚善。拙著《新唯識論》本主張哲學貴融通，不可存門戶私見，不可入主出奴。茲略言二義：一者，理無窮盡，一派或一門之學可有窺於斯理之一方而未可得其全也。故必各除偏見，睽而觀其通，（如天上地下若睽隔矣，然實互相維繫成一整體，非不通也。）異而知其類，（譬如動植諸物千差萬別，異亦甚矣，然會之於生物一類。）乃於分殊而睹大全，亦於大全而見分殊，然後知各執分殊者，無當於窮理也。譬如人各以管窺天，而各以爲天乃如其所窺也，非迷謬之甚乎？

二者，昔人有言，人類之大苦有三：一自然之苦，二世人之苦，三內心之苦。自科學發明，自然之苦可救治者固多，而後之二苦要非可僅恃科學，必須有哲學以救治之，此中有千言萬語，茲不及詳。世人相與之際不得無苦，內心常有眾苦，推其所以，恆由所見者小而不聞大道，所持者狹而莫獲曠觀，是故狹小成乎心，則頑強、偏激、猜忌、嫉妒、恐怖、排斥，種種之惡，日積而不自知，馴至毒焰熾於五中，戰禍彌乎大宇，故世人與內心二苦係從兩方面言而實爲一事。一事者，所見小、所持狹是也。哲學者，本所以對治小知而進之於大道，蕩除狹執而擴之以曠觀，世人與內心二苦將賴此得拔。若使各派哲學皆門戶自封、膠固不化，是使人習狹小而終成乎惡，人類永無寧日也。

余主張哲學貴融通之意，略如上述。先生昨詢及融通之方法，此事詳談，自非著專書不可，然遭時衰亂，實無斯興趣。但就原則上言之，則孔子所謂「博學於文，約之以禮」二語，實學者所當奉爲金科玉律。

云何博學於文？既曰融通，則凡治哲學者，必不可僅治一派一門之學，而必博治各派各門之學。雖云群書難盡讀，而各大派之根本巨典，苟爲力之所可及者，要不可不通及也。（如中國人於其國內各派不可不究，倘能習外學，自須博求。）若學之不博，則於異派思想全沒了解，何以融通？夏蟲不可語冰，井蛙不可語海，故博文至要。

云何約之以禮？此一語，從來注家或未得其旨，余以爲不若求徵於《禮經》。《禮經》明禮之大義，曰「毋不敬，儼若思」。毋不敬，言無時無地而不敬也，敬即不輕肆、不昏怠，常使清明在躬、志氣如神，絕非拘束之謂。儼若者，敬貌，儼若思，則敬以運思而不敢師其成心，（成心謂素所習成也。不肯師之者，執一成之心以測無窮之理，鮮有不失也。）不肯安於淺見，（所貴乎淺者，入深必由乎淺，淺之未達而求極乎深，鮮不虛妄也。然滯於淺而不肯極深，則暗於至理，無可救藥。）不妄逞夫曲說，（曲說者，偏曲之說，足以障大道也。）逞曲說、安淺見、師成心，皆不能敬以運思之放也。毋不敬、儼若思，則曲說、淺見、成心三者之患去，而可以博文矣。故博文必須約禮，約者，言其所守者約，只是毋不敬而已，專一於敬而不紛，故云約也。

博文而能約禮，即是博治乎百氏之學而一皆運之以敬愼之思，於彼於此，各求其眞是眞非，而後乃於彼此之是是非非，可任其各止一隅而大通之道自見。是故博文必歸約禮而後可語融通之業，否則以輕心泛涉衆學，欲免於耳剽目竊、雜亂比附，其可得乎？孔子在吾國古代即融通群經之學，故孟子稱其集大成，孔子之大博而有約故也。余平生治學，奉博約爲準繩，至欲語方法之詳，則非區區一函所可及。吾國昔時大將岳武穆論用兵，曰「運用之妙，存乎一心」，爲學又何獨不然？

與人論關尹與老子

早起得閱貴刊駁郭氏著《宋鈃尹文遺著考》，只匆匆瀏覽，未及細核，吾姑略言己意。〈天下篇〉以關老合敘，其撮述老旨，與今本《老子》適合，（詳吾《讀經示要》。）其述關氏，與老誠近，而境地似比老爲高。「在己無居」，居者，藏義。無居謂無藏，空一切障也，（障字義深，須究佛氏學。）是體乎眞空也，（眞實而空曰眞空，此空非空無之空，乃以無形、無象、無作意、無惑染等義，説為空。）形物自著，眞空而妙有也。眞空故成妙有，不空即是對礙，焉得肇群有、著形物乎？（對礙一詞，借用佛籍。）「其動若水、其靜若鏡」二語，不可分析去理會，動靜一原，若判而二之，則非其旨矣。宋明理家，其學多緣於道而稍參以禪，往往求所謂靜若鏡，而失其所謂動若水。此其流弊甚大，而實未聞關學也。老言「上善若水，水善利萬物而不爭」，則就應物處說，與關氏動若水絕不同義。關氏則就心德言，心之體原是動若水而靜若鏡的，吾人不能保任與涵養之，則蔽於物欲而失其動靜合一之本體，是孟子所謂放心，莊生所哀夫心死者也。夫心，動用不息者也。故言若水，是生生活躍之極也；然常動而常寂，非昏擾之動也，故又言其靜若鏡。老氏言「致虛極，守靜篤」，則偏於求靜之意爲多，而於關學尚隔一層。「上善若水」云云，則從其在本體論上偏於處靜之領會，與修行方面偏於求靜之主張，而本之以因應事變，但取如水之順流而無所爭。此雖不能謂之全無是處，（此處須嚴辨，茲不暇辨。）而無《大易》健以動與開物成務之本領，則中國人之有今日，中老氏之毒已深也。余今此非欲闡明《管子》書中道家言之必出於關氏，但觸及素懷，而略言關尹尚有不必同乎老者，故隨筆之，以達於足下。宋尹絕非管書〈心術〉諸篇之學，當俟另談。爲學勿徒作考據工夫，尤所切盼。

紀念北京大學五十年並爲林宰平祝嘏

九年前，余欲作一文紀念蔡孑老，將上下古今之變而論及孑老在革命黨時期與長北京大學時期，其影響於國家民族者爲何如，孑老之胸懷與志事及愛智之情趣，並其感人人深之所以，欲一一詳述之。此余所銘諸心而未忍一日忘者，然迄今未得作。余平生極喜汪大紳文，頃不憶題目，似歷述與羅有高並弟侯等平生之感。其文廣博浩蕩，氣盛而足以包絡天地，情與慧俱深，融萬里，運萬化，通萬類，極幽微繁雜之感，如死生、哀樂、世出世、名無名，眾生迷妄之所繫，一一照察。樂不淫，哀不傷，心不忘當世之務而放乎孤海，雖游孤海而帝皇王伯之道運之宥密，待群情交喻，舉而措之亦易耳。余昔閱大紳文，興此感，嘗欲擬是作二三篇大文字，平生庶幾稱快，無稍憾矣。紀念孑老，當爲大文字之一，然而迄今未敢作也。其後歐陽大師示寂，余逃難在川，感懷萬端，亦思爲大文字以申哀仰，而復未作。今年有兩大文字應作，一爲北大五十週年，一爲《哲學評論》擬爲吾友林宰平先生七十哲誕出專號。北大自孑老長校，領導諸青年教授，今校長胡適之先生及諸名賢首倡文學改革，其被及於思想界與社會政治各方面之影響者，不可謂不巨，至其得失之端，欲詳論之，絕非簡單篇幅可以了事。由歷史眼光論之，自秦政混一以迄於兹，稱明世者，漢唐宋明四代，實則四代之中，皆治日短、亂日多，而二千餘年來，直是夷狄與盜賊交擾之局。先後出生於此等局面下之仁人哲士，或參佛道以耽玄，（六代以來，文學聰明之士，鮮不雜二氏。）或周旋於凶夷狗盜帝制之下，立補偏救弊、稍息生世之功，間有一二睿智者出，有抉破藩離之思，而在思想界長期錮蔽之下，亦無緣得同聲同氣之感應而立就堙塞。余著《讀經示要》第二講頗談及此。嗚呼！千歲睡獅，沉淪不醒，疲憊乏力，其亦可憫之甚矣！明世，陽明先生令人反求固有無盡寶藏，自本自根，自信自足，自發自闢，以此激引群倫，可謂理性最開放時期，濂洛關閩未竟之緒，至此蔚然可觀。梨洲稱明之理學遠過兩漢唐宋，有識之言也。及明之季，王、顧、顏、黃諸大儒輩出，其思想多與西洋接近，在當時雖矯王學末流之弊，而實承王學根本精神，則不容否認也。何圖生機甫啟，大運已傾，閻若璩、胡渭之徒，以考核之業錮智慧於無用，媚事東胡，以此率天下而群然效之，有明諸儒之緒，斬焉殆盡，民智民德民力之墮沒，亙二千年，至是而益頹矣。清之末葉，西化東漸，挾蕩海排山之力以臨疲敝之族，群情驟憤，清以不支，帝制更，而昏亂滋甚，禍患可以更端迭出，而創新無望也。北大諸青年教授，驟欲破除痼疾，效法西洋，一時熱情銳氣，頗有揭天地以趨新、負出嶽而捨故之概，漪歟盛哉！然而黃炎貴冑經二千年之停滯不進，今不務掘發其固有寶藏、涵養其自尊自信之毅力，而徒以一切掃蕩是務，譬彼久病之夫，良醫必謹其攻伐而善護其元氣，政治適度，足以消其鬱滯而止，則錮疾自除，而生命力乃日益充沛而不自知矣；若遇醫師缺經驗者，將橫施攻泄、大傷根柢，病夫立甃，可哀孰甚！吾於五四運動以後菲薄固有、完全西化之傾向，竊有所未安焉！吾國自唐虞以迄晚周，有悠久高深之文化。《易》、《春秋》二經，通天化、物理、人事，觀變動不居而隨時以各協於中道，（天者，宇宙本體之目，天化，猶云本體之流行。執中之道自顓頊始明，《史記》稱其「溉執中而天在下平」是也。《論語》堯命舜曰「允執其中」，舜亦以命禹，孟子言湯執中，春秋周室劉康公曰「民受天地之中以生」云云。《易》道隨時處中。孔門演《易》之旨作《中庸》，故孟氏稱孔子集大成，其脈絡的然可尋也。）下推之治理，極於位天地、育萬物之盛。視夫僅以矛盾法測變者，不亦得其似而未究其眞乎？矛盾法者，《易》家別於老氏所云「反者道之動也」。然反，而未嘗不歸於沖和。沖和者仁也，仁也者中也。（仁何以亦名為中？須深玩劉子人受天地之中以生語。）儒者之道，含弘萬有，究其極，不外中道而已。人類如有趣向太平之幾，必待儒學昌明而後可，此余所斷然不疑者。三十餘年來，六經四子幾投廁所，或則當作考古資料而玩弄之，疇昔以經籍爲常道所寄、崇信而不敢輕叛之觀念，迄今蕩然無存，學者各習一部門知識，或且稍涉雜亂見聞，而無經籍起其信守，無大道可爲依歸，身心無與維繫，生活力如何充實？此余所不能無憂者。晚周學術思想，已稱極盛，諸子百家，二者分塗。家者，專門之目，如算學、天文、物理、（周公造指南針，古代已有物理知識。）醫藥、（古代發明最早。）工程、（秦時李冰，工程知識已高。）機械、（孟子稱公輸子之巧。）地理（鄒衍之說略存。）等等知識是也。子學，即各派思想，猶今云哲學，儒、道、名、墨、法、農，皆大宗也，而儒者爲正統派。秦人殘暴，毀文物，民亦不安生，百家之業先亡，其書不易傳，子學書存者亦殘缺不全，然諸大宗略可尋究。百家之業雖亡，今可吸收西洋科學，則絕而復續也。哲學有國民性，諸子之緒，當發其微，若一意襲外人膚表以亂吾之眞，將使民性毀棄、絕無獨立研究與自由發展之眞精神，率一世之青年以追隨外人時下淺薄風會，人雖不自愛，何可暴棄如斯？分析名詞與考核之業，只是哲學家之餘事，萬不可僅以此當作哲學。哲學家不是鑽研某一家派之說，而當上下古今觀其會通；不僅是翻弄名詞，而當深窮眞理；不僅是依據科學，而當領導科學，使科學知識得哲學之啟示與批判而涉人宇宙眞相；不僅是解釋宇宙，而當改造宇宙；不僅是思辨，而當如《禮經》所云「博學、審問、愼思、明辨、篤行」，陽明所謂知行合一之學。變更人類思想，激揚時代精神，涵養特殊人才，此等大責任全在哲學。昔年孑老出長北大，首重文哲，今者適之先生仍秉孑老精神。茲後，哲系師生之所努力，似當上追晚周諸子，名、墨取其辨，農、法通其變，（法家主法治，農家社會主義，亦近無政府主義。）道家用其長，（其家談本體只見為虛靜，固是其短，然未至如佛氏談體絕不語生化，究有所長；道家言治，抨擊獨裁者宰割萬物之暴厲，而主自由，亦是其長。）然後董理孫孟，（孫卿《天論》遙合西洋思想，然一歸於禮，則超於西化遠矣。孟子言性善而重民生，言王道而隆法守，非迂闊也，西洋之治宜折中於此。）以仰宗於宣聖。造化之奧、天人之故、道德之宗、治化之原，一皆昭澈而遠於迷亂，規矩設而天下之方圓可裁也，尺度立而天下之短長可衡也。至此，則旁搜外學，不患無主，博涉異方，自有指南，溫故知新，含弘光大，深造自得，非隨他轉，大人之學，不當如是耶？清季迄今，學人盡棄固有寶藏不屑探究，而於西學亦不窮其根柢，徒以涉獵所得若干膚泛知解妄自矜炫，憑其淺衷而逞臆想，何關理道？集其浮詞而名著作，有甚意義？以此率天下而同爲無本之學，思想失自主，精神失獨立，生心害政，而欲國之不依於人、種之不奴於人，奚可得哉？天積眾剛以自強，（董子《繁露》語。）世界積無量強有力分子以成至治，有依人者，始有宰制此依者，有奴於人者，始有鞭笞此奴者，至治惡可得乎？吾國人今日所急需要者，思想獨立，學術獨立，精神獨立，一切依自不依他，高視闊步而遊乎廣天博地之間，空諸倚傍，自誠、自明，以此自樹，將爲世界文化開發新生命，豈唯自救而已哉！聖人吉凶與民同患，（佛氏大悲，亦同此精神。）故裁成天地之道，輔相萬物之宜，以左右民。（參看吾著《讀經示要》第三卷釋《易》處。）此與西洋人主張征服自然、純爲功利動機者，截然異恉。吾先哲爲學之精神與蘄向，超脫小己與功利之私，此等血脈，萬不可失。哲學無此血脈，不成哲學；科學無此血脈，且將以其知能供野心家之利用，而人類有自毀之憂。吾人今日必延續此血脈以爲群生所托命，哲學固應發揮吾固有偉大精神，科學尤須本吾偉大精神發展去。體現眞理，擔當世運，恐非西洋人識量所及，吾黃農虞夏之冑，不能不勇於自任也。在五四運動前後，適之先生提倡科學方法，此甚緊要。又陵先生雖首譯名學，而其文字未能普遍，適之銳意宣揚，而後青年皆知注重邏輯，視清末民初，文章之習顯然大變。但提倡之效似僅及於考核之業，而在哲學方面，其眞知愼思辨明者，曾得幾何？思想界轉日趨浮淺碎亂，無可導人正知正見之途，無可語於窮大極深之業，世亂日深，需哲學也日亟，而哲學家不足語於己立立人、己達達人也，乃益堪浩嘆。此其故安在？哲學者，智慧之學，而爲群學之源，亦群學之歸墟也。此等學問，純爲偉大精神之產物。學者從事哲學，必先開拓胸次，有上下與天地同流之實，則萬理昭著，不勞窮索，否則狹隘之衷，惑障一團，理道終不來捨。故學問之事，首在激發精神，而後可與講求方法。今之學者，似於一己之地位與溫飽外，無四海困窮之實感，無虛懷納善之眞誠，無遁世無悶、精進不已之大勇，其外日侈，其內日虧，其於小己得喪計較甚，其於大道無可入，精神墮落奠甚於今之人。世運艱危，余以寡昧，願向天下善類盡忠告，言成過當，聞者足戒，庶幾不以人廢言之義。北大自孑老長校以來，諸君子貢獻於國家民族者甚巨。今茲哲系師生所處之時會，比以前更困，所負之責任，比以前更大，繼今爲學，其將隨順時風眾勢之所趨而漫無省覺乎？抑將怵目驚心而有無窮之感、不容不向至大眞處著力乎？余老鈍，無復長進，唯好學之意未衰，於同學深寄無限之希望。吾年三十八始至北大，迄今向衰，始終未離北大，唯以疾患不常到校，而余之精神固無一日不與同學相感召。此番紀念，本欲精心作一文字，而精力不給，終未能作，略進蕪詞，未堪達意。余與林宰平先生，同在哲系，爲日良久。宰平行誼，居夷惠之間，和不流，清不隘，夷惠未之逮也。宰平學問，方面極寬，博聞而尊疑，精思而喜攻難。二十年前，余與宰平及梁漱溟同寓舊京，無有暌違三日不相晤者，每晤，宰平輒詰難橫生，余亦縱橫酬對，時或嘯聲出戶外，漱溟默然寡言，間解紛難，片言扼要。余嘗衡論古今述作，得失之判，確乎其嚴，宰平戲謂曰：老熊眼在天上。余亦戲曰：我有法眼，一切如量。宰平爲學，首重分析，其術蓋得之印度唯識法相，而亦浸染西洋邏輯。唯識之論，自唐以來號爲難究，宰平析其名相，詳其條貫，辨其思想脈絡，如大禹治水，千流萬派，窮源究委，疏壅解滯。余勸其述作，宰乎謙讓未遑。蓋其中年後思想，漸由佛以歸於儒。自漢太史談已言「儒者勞而無功，博而寡要」，六經浩博，史談在漢初尚作是說，況後儒雜以二氏推演益紛！儒學難窮，後生所苦。宰平嘗欲爲一書，闡明儒學，大概以問題爲主，列舉諸重要概念，釋其含義，究其根依，（謂其立義所根據。）析以類別，綜以統紀，庶幾宗廟之美、百官之富，粲然可觀。余曰：是將以法相家論籍之組織達儒宗之沖旨，是書若出，後生其有賴乎！聞積稿已不少，不久當可公之於世。宰平少年好爲詩，詩人富神趣，其於物也，遇之以神而遺其跡；中年尚西洋實測之術，其窮理，務明徵定保，遠於虛妄；五十以後，踐履日純；晚而窮神知化，庶幾盡性。余與宰平交最篤，知宰平者，宜無過於余；知余者，宜無過於宰平。世或疑余爲浮屠氏之徒，唯宰平知余究心佛法而實迴異趣寂之學也；或疑余爲理學家，唯宰平知余敬事宋明諸老先生而實不取其拘礙也；或疑余簡脫似老庄，唯宰平知余平生未有變化氣質之功，而心之所存，實以動止一由乎禮爲此心自然之則，要不可亂也。宰平常戒余混亂，謂余每習氣橫發而不自檢也。（見吾《語要》卷四。）世或目我以儒家，唯宰平知余宗主在儒而所資者博也；世或疑余《新論》外釋而內儒，唯宰平知《新論》自成體系，入乎眾家，出乎眾家，圓融無礙也。余與宰平相知之深，欣逢七十哲誕，應有大文字爲祝，而復未能作。凡吾之所欲作而皆未作者，非吾心之誠有所未至也。文章本乎情思，運乎氣勢，情思氣勢二者同發於精力，精力不裕，則情難活躍而思易凝滯，氣勢不易充盈持久，如是而欲爲大文字，斷不可能。精力強盛者，操筆之前，稍一凝斂，恰恰無心用。恰恰用心時，忽然情如熱焰，思若湧泉，氣勢如天油然作雲，如長風鼓眾竅，凡大文字之成，未有不如此者也。文學之文與著書說理，其事有異，說理只要平日義精仁熟，臨寫出時務求信達，雅其次也，故精力稍弱者，猶可積漸爲之。文學之文，興會爲主，精力貧乏則興會不生，雖生而不恆不盛，情思乍動而歇，氣勢弱而難舉，欲爲美文不可得也。余於汪大紳三錄之文及其與羅有高等感懷之記，宏廓深遠，得未曾有，每有大感觸，思效之作一篇大文字，而終束手不一就。嗚呼！大文字，天地之眞善美也，非唯個人不易成功，而文章盛衰實世運升降所繫，吾雖孤陋，猶思獨握天樞、以爭剝復。儻世運稍轉，老懷無苦，精力康復，雖不必能爲大文字，終不至以無物上慚前哲，此則余之所自矢也。此番筆語，煩自昭主任付北大紀念冊及《哲評》祝宰翁哲誕專刊兩處發表，聊以志感。

答王星賢

來函謂「《語要》卷四七〇頁謂朱子以柔訓仁，雜於佛老，私意以爲聖人陰陽合德，剛柔有體。要而言之，不外仁之一字，是以發強剛毅固爲仁之大用，而溫柔敦厚亦是《詩》之特長。《詩》教本仁，故婉而多諷，乃若過而成病，則剛柔維均，柔固違仁，剛亦失禮」云云。此段話，似是而實未徹其原也。《禮》云「溫柔敦厚，《詩》教也」，此就已發處說。《論語》言「詩三百，蔽以一言，思無邪」。無者，禁止辭，無字甚有力。儒言克治，佛言對治，皆此無邪之無字所含也。無字正顯剛健，有無邪之本而後形諸詠歌，自然溫柔敦厚，否則能溫柔敦厚乎？又復須知，《易》明乾元始萬物而曰乾爲仁，此漢師所存古義也。乾，剛健也。此云剛健非與柔爲對待之辭。（《新論・明心章》有附記一段，略言及此。）生生不息，剛健也；變動不居，剛健也；中正純粹精，剛健也；含萬理、備萬善、藏萬化，貞恆而不可變易，皆剛健也。老只曰虛曰柔，佛只曰寂曰靜，此皆耽空溺寂之病，《新論》中卷所以謂其不識性德之全也。剛健之剛，與常途以剛柔並舉之剛非同義，剛柔對舉者，是就已發處說，〈繫傳〉「立天之道曰陰與陽，立地之道曰柔與剛」，明明在天地剖判時說，故曰已發也。若夫陰陽剛柔雖已含蘊而實未判之全體，則可以剛健言之，而不當以柔靜言之。《詩》曰「維天之命，於穆不已」，不已，正是剛健，非處懷深體之，可識此義乎？如只見爲柔靜，則生化息；體其剛健，則萬善之長於是而存。〈繫傳〉曰「天下之動，貞夫一者也」，一者，陰陽未剖，剛柔未形，剛健之體也，是以主乎萬動而皆貞也。吾之學，與《易》同符而矯二氏之偏，子猶疑乎？前引「思無邪」，非體剛健，其能無邪乎？明儒言「工夫即本體」，此語廣大精確。本體未得，工夫即失；工夫失，亦無由見本體。此中有千言萬語，無從說。

剛而失禮，仍是氣質未化，未能體乎剛也；眞體乎剛健者，自有以勝物而不爲物勝，何失禮之有？吾到老，常自謂知及而不能仁守，自知明也。然吾工夫雖未至，而平生不自欺三字則可質天地鬼神，斯猶體強健之效也。不爲私欲所蔽，即剛也、健也；若從柔字上用功，吾不知下流所極矣。

答徐見心

來函問事物之理與天理分開，此說諦否？吾於諸公文字尚少見，但就來函度之，似未妥。天理豈與事物對立者乎？前需言天理，謂本心也。此主乎吾身之心，（本心，省言心。）即是萬物之本體，非可截成二界也。陽明講《大學》誠意處，談好惡確誤，吾《示要》已辨之；然只不應以此解《大學》誠意傳文，其義亦自有適當處。吾人自省，好惡性得其正時，即是本心呈露；好惡失其正時，卻是私情私欲或意見用事，而其本心早放失也。本心發用，無有私好，無有私惡，此時之心應事接物，無往不是天理流行。心物本非二界對立，《新論》談此義甚明。心是天理流行，即物是天理流行，故需子云「形色即天性」，禪師家說「一棄一如來」，深遠矣哉！惜凡夫不悟耳！彼或滯於常識，以爲科學上事物之理與天理不相涉，殊不知天理周行而不殆，就其主乎吾身而言，則心即理也，就其顯爲萬事萬物而言，則物即理也。《新論》卷中後記有釋理一段文字，宜細玩。如心物果爲對立而不相融之二界，則物之理何可以心知之乎？唯心物不二，故心是萬理皆備之心，即物是萬理皆備之物。就理上言，元無心物或內外等分別，人生溺於實際生活中，妄見有分，以爲內心研窮於外物而得其理，不悟心物成二、內外隔絕，吾心云何可得物理？又如陽明云「心在物爲理」，亦未安。此理之退藏於密者名心，其顯爲眾形名物，物不離心外在，陽明所知也；然心物究是渾然一體流行不息之二方面，不可只許有心之一方面而否認物之方面，則陽明似未注意及此也。若如我義，理固即心，而亦即物，是以心知之行於物也，而見斯理之澈內外、通心物，而無間焉。離心而言物，則此心何可尋物則耶？否認物而偏言理即心，則但冥心於無用之地，而萬物之理不待推徵而自著，是陽明後學所以見惡於晚明諸子也。知識論上理性經驗二派，要皆佛氏所呵爲邊見。二十年前，吾授《新論》於北大，關於理之問題已略有所說，惜學者罕肯深究，余欲俟《量論》詳斯義。世亂，而年力日衰，憚耗心力，頗思依黃艮庸度殘年於南海，理亂不關，修短隨化，以海上風光消人天隱憾。昨答朱君箋云：園吏逍遙，庶幾肆志；宣聖坦蕩，樂以忘憂。微斯人，無以發予之狂言。

又有須提及者，陽明常言存天理、去人欲，其於天理下一存字，則天理非虛字眼可知也。孔子之仁、程朱之天理、象山之本心、陽明之良知，實是一物而異其名耳，《新論》之性智，亦此物也。此個根荄、千聖同尋到，但不無見仁見智、見淺見深之殊，則由各人入手工夫不同，此中有千言萬語說不盡者，只可與知者共會，難爲不知者談也。陽明言天理，本即良知異名，說向深處，則萬化之原、萬物之本、吾生之眞只是此個，無有多元，無有二本。陽明詩云「無聲無臭獨知時，此是乾坤萬有基」。通中外古今哲學家於此乾坤萬有基各任知解去摶量構畫，戲論紛紛，陽明卻反己，指出一個獨知，教人當下覿體承當，何等易簡！何等親切！獨知之體是汝自身天君，今乃亡失自己而以好惡爲天理，莊子哀心死，正爲此輩。夫好惡者情也，好惡之情，未便是善是正，好惡之得其正而善者，固是天理發用，好惡之失正而不善者，則是順軀殼起念之私情私欲，而其天理之心，即所謂獨知者，早已剝喪無餘矣。（天理本不可剝喪，但蔽於後起之私而不得顯發，便謂之剝喪。）好惡如何得正而善？則須自反諸獨知之地。陽明向初學點指良知面目，總曰「知是知非是良知」或「知善知惡是良知」，今乃不肯反求此知而但欲於好惡上認取天理，則其好惡之發於不正不善者，將不復反諸獨知之地，而悍然自欺以爲天理，滔天罪惡無出拔期，可不怖畏哉！天理正須反己求之，切忌弄文墨當作一番話說，誤己誤人，深可哀痛。

事物之理如何離開天理？天理者本心也。本心之發用，其顯於人與人之交者而有倫理，其顯於人與物之交者而有物則，倫理不容紊者固是天理，物則不可亂者其得曰非天理乎？

以倫理言，孝之節文與慈之節文皆理也。而此理，一方應云即心，如事父時，一念之孝起，即此是理，即此是心；一方應云即物，父子物也，試設想無父而有孝之節文可言乎？無子而有慈之節文可言乎？故理亦即物。

又以物則言，如云太陽東出西沒，此東西方分與出沒規律是物則也，而亦名爲理。吾人應知此理即物，所以者何？若離東西方分與出沒規律，實無太陽可指目，而此方分與規律通名爲理，則太陽其物者實即是理，何容否認！又復應知，此理即心，所以者何？東與西、出與沒，要依心上分別顯現，（此分別二字義寬。）此分別顯現者是理，亦即是心，（當念分別顯現的是心，即此當念分別顯現的便是理，虛懷體之自見。）亦無可否認。

是故心物同於理，不可以心物為二，不可說事物之理外於天理而別有在。宇宙人生元是渾全，不容分割，學究其原，思造其微，理見其極，而後戲論息。此等道理，宜詳究《新論》語體本。（以三十六年鄂省所印《十力叢書》中之《新論》本為善。）

答某生

學問之境，約言以三：曰解，曰行，曰證。解，亦云見，佛家初地名見道，此對地前言，不妨名證，（入觀證真如，故應言證。）但對二地以往而言之，則初地猶只是見，未臻眞證之境，以出觀未離染故，行未圓故，證未滿故。（諸論疏皆言，有滿證與分證之別。）《易．繫傳》有見仁見智見深見淺之異，與《論語》言「知及之，仁不能守之」，此與佛氏分別見道修道各位次，其義有融通處，但孔子不詳分之耳。至陽明言知行合一，乃別是一義，所謂言各有當，義匪一端，此姑不論。總之，通論學力所至，解（亦云見。）與行及證須別論，不能曰解到（亦云見到。）即行與證已圓滿也。解分高下，其層級自無量，然最高之解猶只是解，若行與證未到家，此解猶未入實際境地。

行者，修行，儒者所云存養、（亦云涵養。）省察、克治種種工夫，皆行也。佛家言行，有地前及十地等等位次，分析極嚴密。

證者，功修純備，（功修猶言行也。）惑障已除，至是，本體呈顯，炯然自知，故說爲證。（證者，證知，此非知識之知，即本體炯然自明自識，謂之證。）儒者盡人合天之候，即是證。（天者，本體之目，盡人合天，則人即天也，故合之一字須善會，非以此合彼。）

答某生

來函疑老夫不學印度之甘地，而欲以哲學家鳴。此大誤。人未到聖或佛，總有染汙在，此吾之恆言也；然觀人須觀其胸中之所主與其大端趨向，此又吾之恆言也。吾胸之所主與其所趨向，要在明先聖之道，救族類之亡，亦即以此道拯全人類。此吾六十餘年來所提撕警覺，嘗以之自熏而唯恐失之者也。吾病痛甚多，三毒則與生俱來，好名好勝實亦潛伏，此乃與一般人全同者；然卻不肯向此發展，只雜染未盡耳。從來哲學家之偉大成就，固好學者所應嚮往，然若謂有慕於哲學家之名而後爲學，則其人必不足與共學也。學者，求所以爲人也，求所以明道也，惡有懷羡名之鄙私而可成學者哉？

至於吾之不能爲甘地，則余之德與才誠有愧於彼矣，然尚有一條件未可忽者，即中國之社會難容善類發展是也。中國人缺乏虛懷、深慮、熱誠三大善根。不虛懷，則難捨己私以從是，難破錮習以求眞。不深慮，則易浮動於淺薄之論，易被劫於時風眾勢之所勢，蟻智羊膻，投其好而煽之也易，治其病而詔之以眞理之所在與至計之所存，則群昏弗辨也。無熱誠，即陷於私而聞公道不欣，安於小而赴公義不勇，狃於近而遇公利公害均不之省。中國民性，自秦漢以後，受帝制之毒與夷狄盜賊之摧殘，卑辱而圖苟全，早非三代直道之舊，（孔子曰「斯民也，三代之所以直道而行也」。）故善類當衰亂，欲自覺、覺他，其志恆不獲伸。民國二十九年，吾避寇於蜀之璧山來風驛，梁漱溟先生嘗過存，與言及甘地，彼慨然有振厲群俗之意，余曰：中國人非印度人之比，仁者孤懷宏願，姑以自靖，使後世知今日猶有巨人延生機於一線，功不唐捐，又何餒焉？

答徐令宣

佛家之根本智、後得智，與吾先儒德性之知、聞見之知，及《新論》之性智、量智，義可相會，（可者，僅可而未盡之詞。）而底蘊大有別。佛言根本智所證眞如，自大乘法相師言之，能所條然，甚不應理。（此意須詳究《新論》語體本，以三十六年漢上所印《叢書》本為善，雖增改之字極有限。而所增改者甚重要，商務館本惜未及改也。）余謂智與如非二，即眞如妙體之自明自證假說爲根本智，（眞如妙體四字，作複詞用，本之基師。）非可以智爲能、如爲所，判成二物也。而唯識師處處欠圓融，《新論》附錄中已言之，須超然細玩其整個體系始得，護教之徒固難與論此。德性之知即是本體，亦即是發用，非知與性爲二物也。此與以智與如分能所者，究隔天淵。《新論》性智與前儒德性之知，元非異物，但體認有淺深，發揮有詳略耳。量智與聞見之知，所指目者亦略近，但與佛家後得智，義有相通而究不同者。佛家法相於此截割太死，雖云依根本起後得，而終不說後得智是根本智之發用，譬如說依虛空起浮雲，終不可說浮雲是虛空之發用。依字義，極嚴格，讀佛書者不可不注意。《新論》以量智爲性智之發用，此義深微。須知量智一詞與知識一詞，其意義個別，量智依作用立名，而一言乎作用即有本體，譬如一言乎眾漚即有大海水也。人皆知無大海水不顯眾漚，而反求諸己、不知用由體顯何耶？設問誠如此說，則即用即體，云何於性智外別說量智？應知性智者，斥體立名，是克就其超物的意義上說；（超物者，謂其為物之本體，而非即物，故云超物，非言其超脫於萬物之上也。）量智是作用之名，而作用雖云即是本智流行，但其發見也，不能不以形軀或五根爲工具，因此便有爲工具所累虞。（詳玩《新論》下卷〈明心章〉談根處。）又此作用之發，恆有無量習氣乘機躍現與之緣附若一，故此作用依五根、緣習氣而發，乃易違其本體，（言易違耳，非決定違。）可以成爲另一物事，（曰可以云云，亦非決定。）而不即是性智也。（違其本體時，即非性智。）但若以之與性智截離，如佛氏所謂後得對根本，似無融會處者，則期期以爲不可。只要性智得恆爲主於中，其發而爲量智也，雖依根而不隨根轉，能斷染習而不受雜染，則量智即是性智之流行，體用異故，稱名不一，（依本體而名以性智，依本體之發用而緣慮於事物，乃名以量智。）而實非二物也。故所論量智，與佛家後得智畢竟有不容混同處，佛家後得對根本，只有依之以起之義，而不可說即是根本智之發用，此不可無辨。至知識一詞與量智稍別者，量智作用、經驗於事物，始成知識，此不待繁說也。

答牟宗三

古今哲人對於宇宙人生諸大問題而求解決，其行思辨也，則必有實感爲之基。實感者情也，而德慧（智。）俱爲。情勝智，則歸於宗教信仰；智勝情，則趨於哲學思辨。大哲學家之思辨，由實感發神解，神解必是悟其全，而猶不以儻來之一悟爲足也，必於仰觀俯察、近取諸身、遠取諸物之際，觸處體認、觸處思維與辨析，然後左右逢源，即證實其初所神悟者。至此，若表之理論以喻人，固亦是知識的，而實則其所自得者是超知的，但不妨說爲知識耳。

答酈君

昨答任君語，請勿忽視。專道學而輕一時之事功，宋學所以未宏，民族所以不可振也。事功固是一時，學問思想其隨時變遷者，又不知凡幾也，豈獨事功是一時乎？夫不變者，則大道耳。（宇宙本身具常德故，為萬物所由之而成，故名以大道。）董子曰「天不變，道不變」。其言道不變是也。（道者，本體之名，本體具常德云不變。）天不變一語卻非。所以者何？孔孟言天，每用爲道之異語，如《論語》「天道」合用爲複詞，孟云「知性知天」，此天字，即目道體也。今仲舒別天於道之外，則所謂天者，乃目彼蒼之天，易言之，即太空諸星體也。諸天體畢竟非恆存者，何云不變？諸天體運行之軌則亦不得言不變，如其彼此相互間之關係一旦有變。則今之太陽東出西落者，異時安知不西出東落耶？又如諸天體消散時，亦無運行規則可言，遑言天不變乎？唯大道眞不變耳！事功雖屬一時，而萬世固一時之積也。堯舜在上古一時之事業，即中國乃至大地文化之所根據以完成也。漢武唐太明祖之事業，永遠爲中國人所資藉以興起也。王陽明安集西南夷，其績之不朽亦然。若輕視一時事功，將使有識者皆高坐而談道，置四海困窮、大地陸沉而不問，此是道否？宋學之迂拘在此，而當今之世，忍更揚其波耶？

通常事功一詞，本指國家政治上之建樹而言，實則師儒以道得民亦是事功，但此非有事功之念而爲之，故不以事功名耳。師儒無軍政等事功，非輕之而不爲也，其才不長於此耳。

與池際安

附際安來書：頃奉慈諭，不勝感慰。竊慕盛德大業，居高聲遠，值茲衰亂，起居未寧，而接引後學，誨人不倦，備見至人濟世之悲願無盡。侄智慧羸劣，學行未修，實不堪承受教誨扶植，江流浩浩，蒹葭淒淒，雖欲從之，莫由也已。男女家室，易增煩惑，侄性寂靜，夙不樂此，若生為男子，須承繼宗祧，則不能免脱此累。侄常自慶幸生而為女，可免此累，專心學業，庶有成立。惜生不逢時，值此世亂，虛有此心願而已。

憶昔在滬時，境況尚佳，終日無事，偶得《起信論》一冊，閱之深感興趣，生大欣慕，當即如説修行，致力止觀。以發心之勇猛，進步甚速，興趣亦愈濃厚。終日默坐，廢寢忘食。夜以繼日，無事則修止，有事則隨順修觀。如是相繼九閱月，憶念未失。忽以一念清淨，與真理相應。自是不假勉強而識自性常淨、具足眾德。後覽諸經論，深相契合，如數家珍，其於禪宗公案、語錄更覺親切，行德名著，讀之不忍釋手。先嚴見之，輒奪書去，恐傷生也。自此後，世局日危，境域日窘，塵勞日重，未及讀書，然此理終不泯滅，造次顛沛必於是。

五六年來，存養保任未嘗少息，而終以雜務紛紜，無暇治經籍以資印證，學力未至，心智無由啟發，故所悟亦未能深遠。學術之事，須資於環境，仰於指引，侄特無此環境耳。學術豈真若是其難而不可成者？然素患難行乎患難，素貧賤行乎貧賤，侄無能得此環境致力學術，日唯以雜務衣食所累，亦安而已，失復何言？大人攝生有道，近來起居安否？飲食增否？倘侄日後生事可支，學術有望，願侍大師以盡天年。唯祈寬懷善御，健履輕安，日月常輝，則為群生之幸也。

得汝函，具見德慧堅利，非凡才也。急東下就學，勿失時光。吾已函王孟老，欲汝遂爲吾子，雙姓熊池，未捨本宗，於義無悖，想孟老早達此意。汝體弱，須注意滋養，切勿自苦，留得此身發明正學以救斯人，事孰急於此？刻苦以速朽，甚無謂也。昔宜黃大師嘗言江西黎端甫居士解悟甚高，而自奉過苦，以此早殞，不竟所志。又云佛典有問：如菩薩行荒遠之域，絕無可得食，僅有同伴一人，殺之以食則生，否則死，此將如何？佛言菩薩爲續慧命故、續法命故，寧殺人食之，出此險已，力度眾生。此語出何經？吾近不憶，然宜黃斯言，吾志之未忘。但此事唯菩薩可行之，凡夫不得藉口以自利而傷物，自造惡業也。聞汝過自苦，吾故舉此，冀汝有以自廣也。吾不耐杭州熱悶，本思赴滬，取海風較適，但一時未便離杭。

來函「無事則修止，有事則隨順修觀」二語，自是初學著力處，然不無失正。閒居無事時，一意收攝精神，不令馳散，此時心地炯然，不起虛妄分別，是謂之止；然但無虛妄分別而已，要非頑然無知。永嘉禪師云「自性了然故，不同於木石」，明睿所照，於境不迷，（一切所知，通名為境。）是謂之觀。故止觀者，一時並運，非可有止而無觀或有觀而無止也。無事時修止，而觀在其中；有事時隨順修觀，而止亦在其中。無止而云觀，即墮妄情計度，不可云觀也。止觀法義，深遠無邊，自釋迦至後來大小乘共所修習。《大學》知止、定、靜、安、慮得一節，亦是止觀，知止至安，皆止義，慮得，即觀義，諸句中而後字，係約義，言非有時間次第也，此等處切忌誤會。予一向強探力索，實不曾用過止觀法，吾兒天資純粹，尙望於學問思辨之外，無墮此功。

命仲女承二姓記

仲女本姓池，名際安，安陸世家子也。本生父師周，績學敦行，楚士共推純儒。師周與余僚婿王孟蓀為兄弟交，余雖未識師周，而從孟蓀聞其賢。孟蓀嘗為余言：師周一男四女，直是個個聰明，而滿女尤奇特。滿女際安也，楚俗呼子女最幼者為滿。際安之兄與姊並卒業上庠，成績優異。兄際咸，民國卅四年奉部派赴美實習，渡紅海時，以疫疾失救海葬。時母趙夫人、伯姊際怡已前卒。二姊際英與其父先後憂鬱以歿。尙餘第三姊際尙，獨留學美洲。際安夙潛心儒佛諸學，至是益有超世之志，誓不字人。及鄂遭兵禍，安陸魚爛，際安無所托。孟蓀時向余稱際安有異稟，宜有以撫教之，余因函際安徵其意向。際安答書得體，深中理趣。余喜其穎悟，言皆有據，以示友人馬一浮先生。一浮許其有拔俗之資，余遂函際安，允撫為吾女。以血氣相嬗者父，以精神與道義相授者亦父也，《禮經》在三之義，佛門法嗣之規，皆此心此理之不容泯者。因命際安自今承熊池二姓而易名曰生，字以仲光，仲者，以其少吾長女，光者，欲其顯揚先聖賢之學也。自周秦以後，百家之姓各承其先，世遠支分而姓不易。譜學既興，姓氏益以固定，至今鄉邑民情，同姓遂興共本之思，異姓則形對峙之態，此愛道所由不廣而民間不易養成社會性。萬物一原，胡爲多分畛域乎？宗法流弊有不容不矯正者。余於仲女命承二姓，稍示變易，或亦於古道無悖。自唯平生孤露，垂老析薪，子不克荷，何幸得仲女爲吾子！學慚伏老，傳經無待於男；道愧龐公，聞法居然有女。此又天心之不可測也。隆此天緣，遂爲之記。三十七年六月吉日。

與次女仲光

《老子》云「爲道日損，爲學日益」，此是定論。前有千古，後有無盡之年，無能外得此二句。爲道與爲學確要分開說。爲道者，只要涵養本原（儒佛老皆不外此四字。）而無以惑染障之。佛家地前及地上無量修行，總是斷障，（亦云斷二障，謂斷煩惱障與所知障，此二障無所不攝。）總是斷惑，（惑即是障。）儒者工夫，要歸克己，（己即惑障，克如克敵之克，亦斷義。）此即老云「爲道日損」也。道家主損去物欲，與斷障克己意思大概相同。

爲學與爲道對言，此則學字別有所指，與本原之學（即為道之學。）涵養自別。凡即物窮理，本諸實測而爲推論，運其思維而盡精微，精練以成爲有系統的知識者，是老子之所謂學也。西洋科學正如是，吾國古者百家，亦皆此等學問，惜乎秦以後盡失之耳！學，則致力乎宇宙之散殊方面而求其理則。此則聚古今人類之智，發見不盡，而況一人乎？此眞是日益也，積世積人，日有所益。至於一人之知，前前後後，日知所亡，月無忘所其能，日益之功，老死不容休歇，孔子所謂死而後已也。

爲道與爲學不容兼歟？日否、否。從來爲道之大聖哲未有不爲學者也。文周孔孟、老聃關尹，皆道高而學博，後儒若程朱陸王諸老先生，亦皆道與學兼修。但其末流則托於涵養本原之說，以自文其偷惰，不肯勤求知識，理學亦以此為人所詬病。佛教大乘菩薩無不精於物理，《經》言「菩薩勤學五明」，所謂五明，實多屬今之科學知識。大乘勤於求知，不捨眾生，不捨世間，所以為大也；小乘只求斷煩惱而出生死，此乃自了漢。宋明儒斥佛家自私自利，確中小乘之失。凡人如能遺世獨立，眞作斷惑工夫，其精神界將有一段光景發露，如所謂神通之類，當非不可能者。然此終不是正道，佛法亦不貴神通，況吾儒乎？此意不及詳也。今日為學不當偏慕西人，亦不當偏迷印度之佛教，須洋玩吾《讀經示要》一書，再深研《新論》，久自知吾意也。

漆園記

國立浙江大學文學院近闢一園，築室如斗大，吾抱膝其間。鄭石君教授曰：先生何以名斯園？余曰：名以漆園。石君曰：先生之爲學，先生之用心，皆異乎莊生，此天下有識所共知也，何取於漆園？其以隱於庠序、托蒙吏之跡耶？余曰：非此之謂也，吾有痛也，吾有警也。人類方趨於自毀，無可納之正覺，而吾族勇於自亡，甘於鄙賤，使余所深痛也。痛而無以自持，因思莊生之言曰「知其無可奈何而安之若命」，吾時念此以自遣，故有契於莊生。然吾以是緩吾痛則可，若姑安乎是，則將負吾平生之心與所學而不免爲莊生之徒，是又吾之所以自警也。「知其無可奈何而安之若命」，此其知與其安之之情，則已由厭而至玩，是莊生所以委心任化，爲鼠肝、爲蟲臂，而一切無自力可致，直自視其生爲造化之玩具耳！人能不修，人道且廢，此承老氏天地不仁、芻狗萬物之說而演之，以極成玩世之思。二千餘年來，文人名士頗中其毒，族類衰微，豈曰無故？聖人之學，體人道而立人極，成人能而贊天化，（《易》曰「聖人成能」，又曰「贊天地之化育」。）明於天下之險阻，（詳玩《大易》「坎」、「否」、「困」、「明夷」、「剝」諸卦。）健動以建鼎革之功，（《易・說卦》云「革去故也，鼎取新也」，「無妄」卦曰動而健，非有健動之力，何以革故取新歟？）雖陷險中而不失其剛，履虎尾而無畏於咥，極知未濟而不捨傾否之宏願與強力，（《易》六十四卦以「未濟」終，此義深微，詳吾《新論》。「否」卦之上九曰傾否，否運已極，必傾覆此局而更新之，人間世不得常泰而無否，即終古是未濟；而人類終古努力於傾否之大業。生命元是行健無息，唯其未濟而生命乃健進不已也。）惡容付之無可奈何而安之若命？以生爲玩、甘自頹廢而不恤哉？《易》曰「安土，敦乎仁」，故能愛。安土者，安於所遇，如當否運，行健以濟，不震不沮，是謂安土。仁者，己欲立而立人，己欲達而達人。立達二字，意義深廣，詳吾《語要》卷三。君子自敦乎仁，以此化天下，使人皆敦乎仁，則人皆有以強立而不靡、上達而不迷，世運自泰而否傾矣。夫能安所遇而敦乎仁，則情思俱暢，其視大宇爲眾理燦著，知萬物本互相維而成一體，如百骸五臟之在一身，故民胞物與之愛油然不容已。其有以異乎在生無可奈何之知、將啟其厭且玩之偷心，亦明矣。振斯人之沉冥，扶乾坤於將熄，不亦隆哉！余平生之學，冥符《大易》，老當世亂，而托莊生無可奈何之云以自遣，是猶養之未至、學之未充，而未能自踐其所知所信也。今以漆園名吾居，明吾所據之實地猶未越莊生之域，將於世道不足爲有無，是余之所恐懼而不容不自警者也。余之息焉遊焉於斯園也，非敢安之也，直以是觸目而警心焉！世事已如斯矣，士君子不懷莊生無可奈何之見以偷安者，其誰乎？浙大爲東南學府，所負之責綦重，教於斯學於斯者，其遠見高懷足以益老夫者不少，倘有獨抱漆園之警者，則余有德鄰之慶矣！余言未竟，而石君已惕然若有省，余遂畢其說而書之爲〈漆園記〉。民國三十七年七月望日。

與友人

前奉上〈漆園記〉，承惠函，辭婉而意懇，極感直諒。弟不滿莊生，非老而猶狂也，其學確有病在。拙著《讀經示要》論述莊生處，無論如何不能謂之誣解。莊生雖往，由其書以通其意，縱並世，似不當遽下之。釋迦道行誠高，究是出世之教。弟自中年以迄於老，唯覺堯舜至孔門一脈確是大中至正，吾實虛懷參究而後有契於儒宗，而後乃歸於儒宗。此中千言萬語難說。古代各宗大哲，其獨到處均非吾所敢忽視，亦非吾所忍忽視，然吾終不能易吾之所明見與自信者以全從之。

答仲光

吾兒問：止觀雙運，無容偏廢，義固誠然；但初學入手工夫，似非專注修止不可。此問甚好。李延平注重涵養，羅念庵聶雙江並主歸寂，對初學言，皆甚切要；但諸公似不免始終著重修止，而觀解究疏。《大學》之慮與得、周通乎萬物與家國天下，萬事萬理，則後儒極疏略也，汝勿蹈此失。修止之功，朱子記延平語、念庵《文集》，俱須一看，雙江似較淺。

又問：余言《大學》知止定靜安慮得一節，似廢層次，恐唯上根能之，不可為中人說法。此問亦切。余意知止至慮得，工夫似有層次，實則此層次是一念齊攝，如一嚼含眾味，不足為異。但初學有初學之知止定靜安慮得，乃至成聖時，有聖人之知止定靜安慮得。（言乃至者，中間多略而不舉故。）故約功候淺深言，仍非無層次。

與王伯尹

吾自三十四年，感懷世事，常有二心迭相起伏，二心者，曰悲曰厭。悲心起，便思生存一日、講學一日，得一二善類而培之，爲未來世作善種子，此吾不容已之責也。吾非欺人之徒與而誰與？每玩及斯，未嘗不愴然欲泣也。吾何忍計較人罪過而與之不相關耶？厭心起，便覺八表同昏，眾生顛倒，忿之恨之，願獨放乎孤海，聊乘化以待盡，自潔而羞與濁惡之眾爲緣。轉念古之隱逸與佛氏小乘皆如是，則又以自私自利爲可恥，吾不當效之。然觸處輒感人心死、人氣盡，欲與言成己成物之學，不唯無可言，適招侮辱；與言國亡種奴、蒼生塗炭，則漠然不欲聞，甚至報以冷笑，余益愴然增惱。余既未成聖成佛，厭心多於悲心，而性智未盡蔽，悲亦時起，以此陷於矛盾之苦，無可自解。夫恆於悲者，則如慈母之於蠢子，任何頑劣，扶持保育，不捨不惱，其心恆自泰然，聖與佛之於眾生猶是也。恆於厭者，闢世、闢人、闢地，雖非道，而可以自利。今余悲不能常，而厭起時多，既厭而又知厭之不可，復不能無厭，此余老不進德，長陷苦境也。孤苦日衰，無可告語，爲汝傾吐。

與朱生

汝連來兩函，均收到。所云端居禪定為第一著，此話自是，然若僅以禪定為學，吾則期期以為不可。昔閱高峰語錄，當胡元蹂躪之時，彼入深山習定悟道，今觀其語錄，悟則悟矣，而當群生慘痛之境，似與彼無關者。夫高言悟道、度眾生，而族類危亡之不恤，終歸自私自利而已。禪家發明心地，救教下馳務名言之失，吾所夙佩；但其骨子裡確是小乘根器，此從來尊禪者所不悟也。王船山、顧亭林諸老先生遭亡國之運，雖未能以孤掌支大廈，而其不忍同類之戮辱、憂思人道之昏暗，與其為天地立心、為生民立命、為往聖繼絕學、為萬世開太平之悲懷弘願，至今有識者讀其書，猶感發興起而不容已。以此與禪師家對照，其為道之是非，無待深辨矣！禪定自是徹始徹終工夫，而僅以是為學則未可盡性。性者，萬物之一原，非有反身而誠與強恕求仁之實修，則固有萬物皆備之體終虧蔽而不得顯發。禪定所以發智，（發者，顯發，智本性體所固具，必有禪定工夫乃顯發之耳。）而盡性在乎求仁，求仁必得智，（仁本賅智。）而以求智為務者，或明解有餘、易以孤往，而體物之誠不足也。（知萬物本吾同體而不忍獨善自利，是謂體物。）此中意義難言，千古幾人會得？孔門之學求仁，道家便從求智入手，佛家小乘亦是求智，大乘特提悲願，猶與尼山血脈相通也。教僻者妄卑孔子以人乘，非唯不知儒，又豈知佛者乎？汝有穎悟而眞誠殊欠，一切知見俱從外鑠，膚膚泛泛，非唯所見不由中出，即所自以爲反省知過者，又何嘗自中出耶？辜負一生，深可悼惜！世愈衰亂，人不成人，區區不能不有望於吾子，已立立人、已達達人之學，非任重道遠、死而後已，不堪擔荷。吾衰矣，甚願吾賢憤悱日進，足爲老夫助興也。北碚藏書聞亦不少，吾子只好將此身日益向裡鑽入，更勤治大哲名著，亭林居陝、船山守瑤洞，先賢遺範猶可師法。吾昔居杭，雖覺氣候不佳，而因年力猶盛。未知所苦。今茲重遊，頗不耐熱悶與卑溼，極感疲困不可支，南海之遊當期秋後。今之世局，離各大學無可棲，而任何大學都無可與語，此苦事也。

答敖均生

附來書：病中靜思，朱子以心之德、愛之理釋仁。船山謂為千錘百鍊、體用兼賅。愚意朱子之釋至矣，然尚不若先生以生生不已四字顯示仁體，尤為真實明切。天地民物，皆以此為體也；六經聖賢之道，皆此道也；天地之廣大，以此而廣大；天地之不息，以此而不息；萬物之各正，以此而各正；萬物之蕃衍，以此而蕃衍。雖天地民物若有形骸之間，然同此生生不已之仁體，實不因形骸而有間也。王陽明《大學問》頗明斯義。老氏不識仁體而謂天地不仁，釋氏不識仁體而務趣寂，唯吾孔子發明仁體，先生《新論》更盛弘之。惜乎時人習於膚雜知見，無有回向本原者，此《大易》所謂有天地閉，佛氏所云末法之運歟！

朱子釋仁語，甚好，吾《語要》卷二似亦曾稱之。但朱子於他處又以柔言仁，似猶不識仁也。《新唯識論》中卷以健德與生德言仁。（見〈功能章上〉評佛家空宗處。）雖本之《大易》，而確是自家體認得來。朱子以柔言仁，由其學夾雜道家禪家成分太多，只向寂靜處理會，卻不曾於寂靜中識生生不息之健，故誤以柔為仁。柔者，寂靜相。（相，讀相狀之相，下同。）

明道〈識仁篇〉所謂「以誠敬存之，存久自明」云云，亦只認取寂靜相爲仁體。宋明理學家，皆同此失，不獨朱子也。陽明雖亦識得生生不息眞幾，然終著重寂靜方面，取其全集而通觀之自見。專從寂靜處認取仁體，則遺其生生與健動之盛德大用，宋明理學之末流至於空疏、迂拘、委靡不振，非無故也。

仲光記

頃見吾父答敖均生先生書云：柔者寂靜相，殊不解，因問之。父曰：柔者，剛之反，剛便有強以動與闢發或生生等意義，柔只是寂靜中有一種柔和而無惱、（無惱亂也。）柔緩而不迫之象，便無剛的意義，此須深心體之自見。又問：該書舉程子「存久自明」云云亦是認取寂靜相爲仁體，何耶？父曰：此意難簡單言之，須取《語要》卷三答牟宗三問《大學》致知格物義一書，虛懷細玩。宋明諸老先生都只認仁體是個寂靜的物事，故工夫只在一存字，存之久，自明識此體，故云「存久自明」。若知仁體不止是寂靜的，卻是寂而生生、靜而健動的，是闢發而無窮竭的，便須以推擴之，使仁體充塞流行、無有虧蔽，非但存之而已。道家談體，只是虛靜。佛家大小各宗說法無量，而印以三法印，三法印只歸於第三印，曰涅槃寂靜，《大智度論》有明文可證。涅槃者，眞如之別名，佛家眞如即萬法實體之名，故其談體與道家相近。宋明儒雖宗孔子，好談仁體，但其說總不外於寂靜處識仁，實與孔子不似也。孔子於《大易》，以乾元爲天地萬物所資始，乾元仁也，其德剛健而生生也。

答謝幼偉

《示要》一書，不僅解決讀經問題，而實於秦漢以來二三千年間爲學術思想界闢一新路向，惜乎衰亡之世，士人習於浮淺混亂，無足語斯事者！

第一講首釋道，固是《新論》本旨。宗三於此中衡印化與西化之失處，最感痛快。

次言治化九義。〈序〉云順常道而起治化，此句吃緊，經言治化確是本於常道。此九義宏廓深遠，法治之組織與功能實亦攝於德治或禮治之中，九義中於此等處極圓融，非若前儒迂談王霸之辨也。

世儒好言禮樂而實不知禮樂，九義中言禮樂最好，序與和，發揮甚深遠。禮主讓，與今之西化似不相融，吾皆抉其根據：一、從科學上互助論，二、從哲學上生命論之全體性爲根據，三、從民治之精神亦在乎讓。理論與事實，面面均到。

西人言治，從欲上立基；經學言治術，則從性上立基。此皆見底之言、不易之論。

性與情之辨，前儒都欠清楚，九義中髣得極精極細，非字字反身體之，則且作文字看過去，哀哉！

人道有窮而願欲無窮，斯義廣大精微極矣！九義中談至此，文字亦浩浩無涯。

取《大學》之三綱八目爲六經與儒學之總匯與要領，細思之，愈覺有味，天人之故實備於斯，粗心淺解人自不悟耳！明德宗陽明，確不可易；誠意則余之新解，正宋明諸師之誤；格物從朱，最有深意；結以儒行，而經之爲經，義無不備。總之，皆常道也，皆不可易也。

第二講首辨志，確是精要至極，惜乎今人不堪語此！繼砭名，而申之以三畏，字皆聖賢血脈，今之學者如終不悟，萬世爲奴而已，可與學乎？

講西學而不能廢經，其間有三義，皆宏大眞切，不可忽也。中國之衰在一統，中國人非弱於科學思想者，亦非無民主思想者，惜乎秦以後之環境囿之耳！近人徒據宋明學而謂中西文化絕對分途，讀《示要》第二講，而後知其不必然也。

評老莊處，字字金言，不可忽略。二千餘年來，國人失其剛健創進之活氣，老莊與佛誤之也，此可不深究乎？

評佛之幾段文字，字字金言。二千年來，佛教徒固見不及此，反佛者全不究佛學，又如何道得半字？佛與道談本體，總溺於虛寂，而吾儒《大易》之道未嘗不虛寂，卻要見到本體原來剛健，剛健即無一切染著、無一毫沾滯，未嘗虛寂也。《新論》中卷〈功能章〉已盛發此義，吾子作評時，未及此耳。《示要》中於此等處，時言及之，都精要，不可忽。

剛健故變動不居、故生生不息。儒家哲學本可融攝西洋，而又迥異西洋者，則西洋人少反己工夫，未見到虛寂耳，徒務知解而少在生活上著力耳。

評老佛處，是中國二三千年來學術思想的核心問題所在，不可忽。漢宋之辨，吾子既同情矣，可不再提。

第三講說《易》處，仍依《新論》，其發揮剛健與生生意思及明宇宙開闢，不得謂無機物時代無有心靈、只是隱而未顯耳。「乾」卦中釋自強不息處與第二講中評莊子處，互相照應，此皆不可忽。說《易》中凡言治化，並注重人各自治自主，亦復互相比輔而不相侵害，世界終歸自毀則亦已耳。如其不然，則此義焉可反對？近世重集團生活，誠為切要，而太損及個人之自由，則亦人道之憂也。吾經學可以救人類者，正在此耳。

講《春秋》變而不失其常，此義最宜會通看去。康有為之徒，只以抄書之辦法拾取字面作話頭而已，何曾知得三世義乎？昔者張孟劬先生最鄙視有為，誠具法眼哉！

講《尚書》，字不多而義實深宏，據《論》、《孟》、《左傳》、《中庸》，尋出二帝三王執中心法之傳，以見道統、治統所自，絕無附會，於是乎《書》之為經而非史也可知矣。

講《詩經》處，一據孔子之言，而儒者人生思想於是可見，後代詩文家鮮有通經者。

講三《禮》處，最有深意，須發揮群理，以救知有家屬而不知有社會之流弊。然禮之根本義，見於《禮記》者甚精要，須吾自抉擇一番方好。世亂方殷，老懷愁慘，《量論》未能作，又何堪及此乎？而講《周禮》處，亦有遠旨，吾提其綱，而詳闡則有待於後之人耳。

答徐復觀

來函謂時人疑余談及西洋思想，輒以武斷之態度而輕有所抑，此乃於吾書不求甚解之故。西洋思想來源，一為希臘思想，一為希伯來宗教思想。其來自希臘者在哲學方面，為理智之向外追求；其來自宗教者，為情感上有超越萬有之神之信仰。余平生之學，參稽二氏（佛與道。）而卒歸吾儒，體用不二之旨，實融天人而一之。（須深究吾《新論》。）此與宗教固截然殊途，以視西洋哲學專從思辨入手者，又迥乎不同。恃思辨者，以邏輯謹嚴勝，而不知窮理入深處，須休止思辨而默然體認，直至心與理為一，則非邏輯所施也。恃思辨者，總構成許多概念，而體認之極詣，則所思與能思俱泯，炯然大明，蕩然無相，則概念滌除已盡也。（概念即有相。）余之學，以思辨始，以體認終。學不極於體認，畢竟與眞理隔絕；學不證眞而持論，總未免戲論。純憑知解構畫，何可與眞理相應？凡哲學家著述是否為證眞之言，唯明者能辨之，難與不知者論。時賢於先聖賢之意根本不求解，更無望其能解，而況於吾書？妄相訾議，置之可耳。夫不眞知天人不二、神質不二、（神者，謂上帝與心靈或精神。但此云上帝，與宗教家意義不同。質者，謂肉體及物質宇宙。）體相不二，（體，謂本體；相，謂現象界。上文不真知三字，一氣貫至此。）及不了思辨與體認之指有殊者，而欲其與於知言之選，何可得乎？夫謂中西哲學所有之問題不必同，吾何嘗有是言？但學人所至之境不必同耳。論學固須觀同，要須辨異而後求同，乃無病。此余一向所持也。

答某生

文化的根柢在思想，思想原本性情，性情之薰陶不能不受影響於環境，中西學術思想之異，如宗教思想發達與否、哲學路向同否、科學思想發達與否，即此三大端，中西顯然不同。此其不同之點，吾以爲就知的方面說，西人勇於向外追求，而中人特重反求自得；就情的方面言，西人大概富於高度的堅執之情，而中人則務以調節情感以歸於中和。（不獨儒者如此，道家更務克治其情以歸恬淡。）西人由知的勇追與情之堅執，其在宗教上追求全知全能的大神之超越感特別強盛，稍易其向，便由自我之發見而放棄神的觀念，即可以堅持自己知識即權力，而有征服自然、建立天國於人間之企圖，西人宗教與科學形式雖異，而其根本精神未嘗不一也。中國人非無宗教思想，庶民有五祀與祖先，即多神教，上層人物亦有天地之觀念，即一神教。但因其知力不甚喜向外追逐，而情感又戒其堅執，故天帝之觀念漸以無形轉化而成爲內在的自本自根之本體或主宰，無復有客觀的大神，即在下層社會祭五祀與祖先，亦漸變爲行其心之所安的報恩主義，而不必眞有多神存在，故「祭如在」之說，實中國上下一致之心理也。中國人唯反求諸己而透悟自家生命與宇宙元來不二。孔子讚《易》，首明乾元統天。乾元仁也，仁者本心也，即吾人與萬物同具之生生不息的本體，無量諸天皆此仁體之顯現，故曰統天。夫天且為其所統，而況物之細者乎？是乃體物而不遺也。孟子本之以言「萬物皆備於我」，（參考《新唯識論》語體本〈明心章〉。）莊生本之以言「獨與天地精神往來」，灼然物我同體之實，此所以不成宗教。而哲學上會物歸己，（用僧肇語。陸子靜言「宇宙不外吾心」，亦深透。）於己自識，即大本立。（此中己字非小己之謂，識得真己即是大本，豈待外求宇宙之原哉？）此已超越知識境界而臻實證，遠離一切戲論，是梵方與遠西言宗教及哲學者所不容忽視也。（《新唯識論》須參考。）中國哲學，歸極證會，證會則知不外馳，（外馳，即妄計有客觀獨存的物事，何能自證？）情無僻執，（僻執，即起見倒，支離滋甚，無由反己。）要須涵養積漸而至，此與西人用力不必同而所成就亦各異。

科學思想，中國人非貧乏也。天算、音律與藥物諸學，皆遠在五帝之世；指南針自周公，必物理知識已有相當基礎，而後有此重大發明，未可視為偶然也；工程學在六國時已有秦之李冰，其神巧所臻，今人猶奠能階也，非斯學講之有素，豈可一蹴而幾乎？張衡候風地動儀在東漢初，可知古代算學已精，漢人獨未失墜。余以為周世諸子百家之書必多富於科學思想，秦以後漸失其傳，即以儒家六籍論，所存幾何？孔門三千七十，《論語》所記亦無多語，況百家之言經秦人摧毀與六國衰亡之散佚？又秦以後大一統之局，人民習守固陋，其亡失殆盡無足怪者。余不承認中國古代無科學思想，但以之與希臘比較，則中國古代科學知識，或儀為少數天才之事而非一般人所共尚。此雖出於臆測，而由儒道諸籍尚有僅存，百家之言絕無授受，兩相對照，則知古代科學知識非普遍流行，故其亡絕，易於儒道諸子，此可謂近乎事實之猜度，不必果爲無稽之談也。中國古代，一般人嗜好科學知識不必如希臘人之烈，古代儒家反己之學自孔子集二帝三王之大成以來，素爲中國學術思想界之正統派，道家思想復與儒術並行。由此以觀，正可見中國人知不外馳、情無僻執，乃是中國文化從晚周發原便與希臘異趣之故。希臘人愛好知識、向外追求，其勇往無前的氣概與活潑潑地的生趣，固爲科學思想所由發展之根本條件，而其情感上之堅執不捨，復是其用力追求之所以欲罷不能者。此知與情之兩種特點如何養成？吾以爲環境之關係最大。希臘人海洋生活，其智力以習於活動而自易活躍，其情感則飽歷波濤洶湧而無所震懾，故養成堅執不移之操。中國乃大陸之國，神州浩博，綠野青天渾淪無間，生息其間者上下與天地同流，神妙萬物，無知而無不知。（妙萬物者，謂其智周萬物而實不滯於物也。不瑣碎以逐物求知，故曰無知；洞澈萬物之原，故曰無不知。）彼且超越知識境界，而何事匆遽外求、侈小知以自喪其渾全哉？儒者不反知而畢竟超知，道家直反知亦有以也。夫與天地同流者，情冥至眞而無情，即蕩然亡執矣。執者，情存乎封畛也，會眞則知亡（有知，則知與真為二，非會真也。）而情亦喪，（妄情不起，曰喪。）故無執也。知亡情喪，超知之境，至人之詣也，儒道上哲均極乎此。其次雖未能至，而向往在是也。

就文學言，希臘人多悲劇。悲劇者，出於情之堅執，堅執則不能已於悲也。中國文學以

《三百篇》與《騷經》爲宗。《三百篇》首二〈南〉，二〈南〉皆於人生日用中見和樂之趣，無所執、無所悲也。《騷經》懷亡國昏主，托於美人芳草，是已移其哀憤之情聊作消遣。昔人美〈離騷〉不怨君，其實亡國之怨如執而不捨，乃人間之悲劇，即天地之勁氣也。後世小說寫悲境，必以喜劇結，亦由情無所執耳。使其有堅執之情，則於缺憾處，必永爲不可彌縫之長恨，將引起人對命運或神道與自然及社會各方面提出問題，而有奮鬥與改造之願望；若於缺憾而虛構團圓，正見其情感易消逝而無所固執，在己無力量，於人無感發。後之小說家承屈子之流而益下，未足尚也。要之中國人鮮堅執之情，此可於多方面徵述，茲不暇詳。

就哲學上超知之詣言，非知不外馳、情無僻執，無由臻此甚深微妙境界。然在一般人，並不能達哲學上最高之境，而不肯努力向外追求以擴其知，又無堅執之情，則其社會未有不趨於委靡，而其文化終不無病纍之存在。中國人誠宜融攝西洋以自廣，但吾先哲長處畢竟不可捨失。

或問：西方文化無病纍乎？答曰：西洋人如終不由中哲反己一路，即終不得實證天地萬物一體之眞，終不識自性，外馳而不反，（只向外求知而不務反求諸己，知識愈多而於人生本性日益茫然。）長淪於有取，以喪其眞。（有取一詞借用佛典，取者，追求義。）如知識方面之追求，則以理爲外在而努力向外窮索，如獵者之疲於奔逐而其神明恆無超脫之一境，卒不得默識本原，是有取之害也。欲望方面之追求，則凡名利權力種種，皆其所貪得無饜而盲目以追逐之者，甚至爲一己之野心與偏見及爲一國家一民族之私利而追求不已，構成滔天大禍，卒以毀人者自毀，此又有取之巨害也。是焉得無病孽乎？中西文化宜互相融和，以反己之學立本，則努力求知乃依自性而起大用，無逐末之患也。並心外馳，知見紛雜，而不見本原，無有歸宿，則其害有不可勝言者矣。中西學術，合之兩美，離則兩傷。

仲光記

父親云：德慧一詞，本《孟子》。德慧者，最高的智慧，無有倒妄，故以德慧名之。實則，德慧即是本體之發用，雜染盡而明體顯，非修養功深，不獲發見。若常途所云理智者，則由吾人於實際生活中計有外在世界，因實用之需乃向外逐物而生知解，此知解力以漸發展盛大而成爲一種明辨作用，（明者，明睿或明察；辨者，辨析。）所謂理智是也。此緣實用陶煉得來，未能離染，故與德慧截然殊異。《新論》卷上〈明宗章〉談量智處，可參考。此義詳說，當俟《量論》。哲學雖不遺理智，畢竟當超理智，而趣入德慧，方是極詣。

父親語諸生云：不通西學，難發揮吾先聖哲之學，此意不待詳說。然治西學者，如無特別慧解、無超出的眼光，則又驚炫於西哲理論之精嚴、條理之茂密，而不得穆然遐思、卓然曠觀，以察其根柢、詳其條貫、識其言外之意，而辨其得失、衡其短長，（則又，至此為句。）如牧豎入五都之市，目眩於五光十色，其神遂亂，如此，則將陷於西哲之網羅，無可反求諸己，終不識固有家珍。自清末以來，吾國學子甘爲洋奴，無獨立研究之精神，此吾所痛。願汝曹立志，毋自菲薄。哲學有國民性，西洋學者嘗有是言，吾國人如欲發揚獨立精神，必賴哲學家首先發揚吾之固有之哲學精神，若如今日國內哲學界之東塗西抹，浮淺混亂，長此不變，中國人將萬世為奴，深堪危懼！

新論平章儒佛諸大問題之申述（黃艮庸答子琴）

鄧子琴教授閱僧人評《新唯識論》之文，頗詫異其說，轉黃艮庸教授覆閱。僧人誣亂佛法，妄議儒學，甚可哀！艮庸遂與子琴一書，逐條辨析，約八萬字左右，並錄副寄呈吾父改定。艮庸從遊吾父最久，閱此可見一家之學。仲光附記。

子琴吾兄：承囑覆審僧人評《新唯識論》文字，謂其於《新論》平章儒佛至當不易處全沒理會，囑爲辨正，非獨師門之學不容誤解，而儒佛本眞實亦未堪變亂，謹審正如左：

評文有云：《新論》體用說的根本假定，根源於滿足求知的願欲，為了給宇宙以說明。然而釋迦說法，不是為了如何說明宇宙、如何滿足求知者的願欲，相反的，遇到這樣的玄學者，照例是默然不答，讓他反躬自省去云云。

審曰：《新論》開宗明義曰：今造此論，爲欲悟諸究玄學者，今知一切物的本體非是離自心外在境界，及非知識所行境界，唯是反求實證相應故。評者不通玩全書根本精神，而但摘一二語，謂其只是根源於滿足求知的願欲，如此輕率，殊可惜！又復應知，學者所以己達達人與成己成物也，佛氏亦云自度他度，因明則云自悟悟他，試問他度與悟他是否宜因眾生求知之願欲而隨機開悟？如佛法完全斥絕知識，則浩浩三藏皆眾生不可以知識去理會者，而諸佛菩薩果何所謂而說法乎？須知《新論》已明示本體非是知識所行境界，而欲眾生之反求實證，到此，則必隨順眾生求知之願欲而隨機開悟，即因眾生所有之知識而方便善巧，以袪其迷而使之悟。筌者，所以在魚，而筌非魚固也，使不設筌，則何由得魚乎？蹄者，所以在兔，而兔非蹄固也，使不循蹄，則何由獲兔乎？玄學上超知之詣，畢竟須從知識方面種種遮撥、種種開誘，而後有上達之幾，若一往反知，何由趣入超知境地？評者如於《新論》及《十力語要》、《讀經示要》諸書果肯留意，當不至輕詆若是也。

評者又云：佛法的動機，不外乎為己的出離心，為他的悲愍心，所以釋迦的教化，不是為了少數玄學者之玄談，而是普為一切眾生的依怙。

審曰：評者言佛法的動機，卻將爲己、爲他二心截成兩片。此若出自一般居士，猶無足怪，而出於披法服者之口，似未安。評者既鄙棄玄學者的玄談，則於諸佛發心處，應有深切感觸而不爲猜度之浮詞。今如評文所云，爲己只是出離心，將一意爲己而無悲愍衆生心歟？又如爲他只是悲愍心，而不欲衆生同出離生死，則悲愍復何所濟？《唯識述記》卷一，辨教時機有云「諸異生類，無明所盲，起惑造業。迷執有我，於生死海，淪沒無依。故大悲尊，初成佛已，仙人鹿苑，轉四諦輪」云云。可見悲愍者，正欲撥彼淪沒生死海之衆生同出離故。尤復須知，諸佛菩薩心中，原無爲他爲己二種可分。《大論》說：「菩薩以他爲自，悲愍衆生，即是自悲，有一衆生不成佛，則我終不成佛。」絕無有獨爲己而求出離之心。評者若干大乘法義聞熏有素，似不當以小乘自利之智猜測佛心。

評文又云：依佛法，此現時的苦迫，唯有從察果明因中，正見苦迫的原因何在，而後給予改善，才能得到蘇息。所以佛法的中心論題不是本體論，而是因果相關的緣起論。不僅世間的因果如此，就是無為、涅槃，也是從依彼而有、必依彼而無的法則，指出此無故彼無、此滅故彼滅的。

審曰「依彼而有、必依彼而無的法則」云云，此依彼而無一語，不知何解？倘云若此依彼而有，彼無故此無，例如行（此。）依無明（彼。）而有，（十二緣生中，首無明緣行，謂由無明故，行乃得生，故說無明為行之緣。）無明滅故，行滅，如此說者，即符經義。今如評者所謂法則，則當云此行依彼無明而有，必依彼無明而滅，此成何話？經論言，若法此依彼有，彼滅故此滅者，正顯緣起法無實自性。評者乃於其中妄立一依彼而有、必依彼而無的法則，此大迷謬。既云依彼而有矣，又云依彼而無，則是彼尚未滅，而此依之以無也。此已依彼而有，如何又依彼而無乎？

評文中所云「不僅世間的因果如此，就是無爲、涅槃，也是從依彼而有、必依彼而無的法則」云云。據此，即無爲、涅槃，亦有因果，亦是緣生法，則無爲與有爲何殊，涅柴與生死不異。評者果從何處得此妙義？夫生死是此岸，涅槃是彼岸，六度大義，極明白彰著也。生死未盡，評者所云世間因果，即屬生死。不可到涅槃彼岸，經義誠然。若云涅槃無爲法亦有因果、亦是緣生，大小經論，何曾有如是胡說？無爲法自性，無造無作，不可說是緣生法也。涅槃自性寂滅，不可說是緣生法也。評者所云，指出此無故彼無、此滅故彼滅，不知何解？生死未盡，則不可證得無爲涅槃，非無爲是有爲、涅槃同生死。而評者曰「不僅世間的因果如此」云云，何迷謬至是乎？

評者又云：如離此緣起的中道教說，即難免與神學同化。《新論》並不知此，離開了因果緣起，說本體、說勢用、說轉變、說生滅云云。

審曰：評者若果了解緣起說，應知佛家畢竟是神我論。《攝大乘論》所謂第一緣起，即是阿賴耶識中含藏一切種子，此阿賴耶識亦稱第八識，是眾生各各具有的。奘師《規矩頌》云「去後來先作主公」，謂人死時，此識最後捨去，故云去後；人生時，此識最先來投入胎中，故云來先。奘師實據諸經論之義而為此頌，即小乘中所謂細意識與窮生死蘊等，其義亦與賴耶同。《三十論》可參考，毋須繁說。據此，則佛家承認人本有不隨形骸俱死之神識，與外教之靈魂說實無所異，雖其對於神識之說明不必同於外教，而其神識與靈魂之義相當，則不容否認，同計人生有不隨形骸俱盡之主公故。佛家雖破外道神我說，而骨子裡，則神識何殊神我！吾謂佛教亦是多神論者，義據甚明。而評者猶輕詆神學，此則承佛教一向排斥外道之門戶見，而自忘其根柢與人同也。

評者視緣起說為佛家思想之中心，此其所見似是。但評者竟不悟緣起說中，以第一緣起，即阿賴耶識為根底，如無此識，則所謂流轉與還滅，兩不得成。（流轉與還滅，須詳十二緣生與四諦義，此本釋迦始唱，大乘各派思想皆根據於此。奉佛法者，若弗知注重，豈不違教！）流轉者誰乎？當知有賴耶識故。還滅者誰乎？當知賴耶雖捨，而非無物，以轉得清淨，即得無垢識故。（諸論言轉依者，有二義：一特捨離染，即捨賴耶；二轉得清淨，即得無垢識。）《攝大乘論》首明第一緣起，此宜深玩。無著菩薩特造斯論，授其弟世親，誘之棄小入大，斯論何等重要！而評者乃泛談緣起，不悟其中有根底在，釋尊有知，能勿心痛？佛教徒如泛談緣起，將其中根底如賴耶識者，置之不問，則緣起說與今西洋哲學家之關係論，雖持說有粗密之異。（西洋學者出於學術發達之後，持說自密。）而大旨要自無殊。果如此，則佛教之精神與面目剝喪殆盡，佛教徒不如皈依今人羅素輩，而無取爲佛弟子矣。余以爲眞佛教徒，當堅守其崇高之信仰，從教理之有所不可顚仆處，特加發揮，身體而力行之。其教理之不必是處，亦存其舊說，而無須曲解，但不必強人之信從。誠如此，則佛法自尊，而何慮乎人之攻難？

評者云「由於不覺時間的幻惑性，所以有尋求宇宙根源的願欲」云云。此語之上文及其下文，均有幾長段，實皆浮詞。時間與空間問題，在哲學及科學上，其解說甚繁，而各有極精博之論證。幻惑性云云，評者既未申明義據，何得妄說幻惑？評文有一段云「如時間現有前後相，但加以推究，如前而又前，落於無窮的前前中。無窮，即否定了最初的根源」云云。據此，則評者已肯定時間是無窮的存在。因爲無窮的意義與無有的意義截然不同，若於本無有者而橫計爲有，如旋火輪之類，實無有輪，可云幻惑性。今說時間是無窮的，此無窮的便是橫盡虛空、豎窮永劫的物事。如此，則評者計時間是萬法實體，云何可說爲幻惑性歟？至云無窮，即否定了最初的根源，無窮既是萬法實體，不可頭上安頭再找根源，評者此語卻是。印度古代有時計外道，評者如衍其緒，未嘗不可，惜乎又誤說爲幻惑性，則自教相違。

評文又云「如前而又前，到達前之邊沿，但這還是否定了時間，因然時間是永遠向前伸展的，沒有以前，即不成爲時間，也即不成其爲存在了」云云。評者此段話又不妥。既曰前而又前，到達前之邊沿矣，依此義據而下斷案，只可曰更無有一法前於時間者。易言之，即時間之前更無前。如此，則時間已是最後的實在，云何可說沒有以前，即不成爲時間，也即不成其爲存在了乎？依評者所說時間義，只可說更無有前於時間者，而時間之爲實在無疑矣。假如依俗諦義，而說時間是分位假法，本非實物，即不可計有前後相存在者，而世俗執取時間相，確是幻惑。如此說者，不違佛法。惜乎評者全不了此，而妄承認有前後相，並依妄計之前後相上，反覆申說，終於自陷。

評者拚命反對玄學家尋求宇宙根源，佛教徒有此愚談，殊堪詫異。根源與本始等字，皆本體之形容詞。如佛家眞如，一名眾生界，由依眞起妄故名。（參考《大論倫記》。）詳玩斯義，是眾生妄相皆依眞而起，則其如本體（真如本體四字，作複詞用。）對妄法或諸行言，即有爲其因源與本始等義，（妄法或諸行，即謂眾生。）是諸妄法所依之以起故。（注意。）僧叡序《大智論》有云：「變化兆於物始，而始始者無始。」詳此云物始者，謂諸行緣會頓起之相；始始者，謂物始之所依以始者，即謂眞如。而此眞如，更無有始，故復讚之以無始。《勝鬘經》言「徹法源底」，（源者，具云本源；底者，具云根底。）謂徹了諸法之根源，易言之，即徹了諸法實相。（相字有二釋：一相狀義，二體義。此云實相，猶云實體，實體即本體之異語。）略舉一二文證，則根源即本體之形容詞，稍有知者，於此當無疑。佛家眞如，即本體之名，謂佛家不求證本體可乎？自地前，無量修行，以至登地，見道位中，本智發見，始證眞如，即爲證得本體之候。然染未盡故,猶須自初地以歷十地之終,斷染既盡,始得眞體常現在前。(此中真體,用為法身之異語,法身亦即真如之別名。)是故經言,非不見眞如而能了諸行皆如幻事等,雖有而非眞。(非不見,至此為一長句。)評者若解悟經文,自知尋求宇宙根源是佛教徒最大願欲,而可曰根源不當求耶?經所云徹法源底,若不希求,云何得徹耶?地前迄地上,無量劫修行,果何爲耶?非求證眞耶?玄學家求之而得徹與否,其求之方有誤與否,此皆別是一問題,而必向根源處希求,則是玄學所有事。佛教所由興,亦只爲此事。如不見眞如,即不能了悟諸行皆如幻事等,幻有而非眞。(即不能,至為此句。)三藏十二部經,皆不得已而方便說法,只欲引眾生以求徹根源,(見真如。)令其無迷執諸行、淪沒生死海、靡所依止。(令其無三字,一氣貫下。)今汝僧徒乃遮撥根源,此眞怪事。佛法果爲不求根源之教乎?佛教徒固可不求根源而率眾生以習於流浪而無所依歸乎?是而可忍,孰不可忍!

凡哲學家不談本體者,並非謂萬化無有根源,只恐談者各以意想猜測,故不如勿談耳。若夫徹法源底之希求,則是人智之最高發展。學者心欲斥絕之,若自甘墮沒則可,以此托於佛門,釋尊能勿痛乎?

評者謂「由於玄學家不覺時間的幻惑性,所以有尋求宇宙根源的願欲」云云。不知何故有此妄想?古今玄學界大哲,在其始學時,對宇宙人生根本問題而希求解決,其智慧之超悟與心情之發越,極廣大、極幽深、極博究精窮之能事,何至如評者所云由於不覺時間的幻惑性云云乎?以凡愚而測上哲之智量，何異斥鷃搶榆枋之間而卑視天池乎？自來反對玄學者，只有從知識論或認識論方面而批評之，大概以爲專任理智與用思辨之術者，不必與眞理相應而已。至其思想之誤在何許，則疏決而判別之者，非有宏通精奧之識者莫能爲。西哲如康德，吾國哲人如王船山先生，於此皆有特識。但船山之言皆散記，辭亦簡要，學子滑口讀過，每不覺耳。評者所謂由於不覺時間的幻惑性云云，不知於《新論》及古今玄學家有何相干？《新論》明示一切物相與時相空相都無實故，始談體用。易言之，正以覺了時間的幻惑性，才明宇宙根源。使其不了時相等是幻，則將如素樸的實在論者，妄執現象界爲實在，豈復有根源可求、有本體可說乎？（豈復，至此為句。）《新論．成物章》依大用流行之翕的動勢上，假說物相及時空相，此乃以方便善巧，隨順世間，安立俗諦，非謂物相及時空相爲實在也。入眞諦故，無相可著；（本無一切物及時空等相。）順俗諦故，不拒諸相。此自龍樹，迄於清辨，密意可尋。《新論》宏廓深達，如非有智，何易悟人！

評文力詆神學，似於神字未求解。神字之含義，略言以二。一曰，神者，造物主之謂，即視爲具有人格者，凡宗教家所奉之神，即此義。二曰，「體物不遺之謂神」，此語出《中庸》。體物不遺者，言其遍萬物實體而無有一物得遺之以成其爲物者，此即深窮宇宙本體而嘆爲神。神者，讚其妙不可測也，故神即爲本體之形容詞。（亦即為本體之名。）此神非超越於萬有之外而爲造物主，乃即於一一物而皆見爲神，故說體物不遺。佛經亦言，「一切法亦如也，乃至彌勒亦如也」，其義與《中庸》相和會。《易‧繫傳》曰：「神也者，妙萬物而爲言也。」從來注家於此悉無的解，實則體物不遺一語全從此出，《中庸》本演《易》之書也。中國人治學好爲耳食，而不求實解，喜言佛教爲無神論。實則佛教之內容極複雜，一方面對死生問題，有個體的生命永恆之要求，（賴耶雖捨，而轉成無垢識，是個體的生命無斷絕也。）明明爲多我論；一方面在本體論上，遮撥作者，（內典所云作者，猶言造物主。）而承有諸法實性，（猶言實體。）所謂眞如，又近泛神論。吾固知佛教徒恆推其教法高出九天之上，必不許泛神論與彼教相近。實則義解淺深及理論善巧與否，彼此當有懸殊，而佛之眞如與儒之言天、言道、言誠、言理等等者，要皆含有泛神論的意義，謂之無相近處可乎？須知窮理至極，當承萬物必有本體，否則生滅無常、變動不居之一一現象或一一物，豈是憑空現起！《論語》「子在川上，喟然嘆曰：逝者如斯夫，不捨晝夜」，深遠哉斯言也！此於變而觀實相也。夫通晝夜而不已於逝者，可以喻大用流行之頓起頓滅而無息也。（才滅即生，故滅滅不停，即是生生不住，斯云無息。）其所以無息者，則由有實體也；有實體故，方顯爲起滅無息之大用。如其無體，（實體，省言體。）則誰爲起滅無息者乎？譬如逝水，若無質，則誰爲不捨晝夜之逝者乎？（氫二氧一，合而成水，氫氧者，逝水之質也。此中以逝水喻現象或一切物，以逝水之質喻本體。）孔子之嘆，良有以也。夫言乎體，（具云本體。）則備萬理，肇萬化，不動而變，（動者動作。本體無形無象，非可擬之於人，謂其有意志、能造作也，故云不動。然萬化由之以成，故曰不動而變。此《中庸》語。）無爲而無不爲，（無為猶上云不動；無不為者，謂其成為萬物也。）是乃至妙而不可測也。（一切學術，莫非窮究萬物之理，然窮至極處，終歸不可測。）不可測故，謂之神。評者惡言神，試反求諸己，汝眼惡乎能視？汝耳惡乎能聞？乃至汝身惡乎能觸？凡人但迷執眼耳鼻舌身，以自成爲頑物，而自喪其視明聽聰之神，則妄計無神而已矣！

夫外道所謂神，未離其自所妄執之相，釋尊遮撥，吾無間然。若夫吾生固有之神，即是遍爲天地萬物實體之神，此若可遮，則乾坤毀、人性滅，有是理乎？哲學家之持泛神論者，自無儒佛致廣大、盡精微，與體神居靈之勝詣，（體神之體，謂實現諸己也。人能體神，則人即神也。居靈，亦體神義，複詞也。）而其變更宗教之神道思想，乃於萬有而皆見爲神，則亦於儒佛有可融通處。（可者，僅可而未盡之詞。）其推度所及，亦有足多者。晚世學術，專向外求理而無反諸自性之功，精以析物而拙於窮神，（《易》曰「窮神知化，德之盛也」。窮神意義，深廣無邊，千古幾人識得。）故淺夫昏子樂趨時尚，喜爲無神之論。學不究其眞，理不窮其至，適使人生墮沒、自甘物化，至於人類都無靈性生活，同爲猛獸，不相殘以俱毀而不止，豈不悲哉！佛家證得涅槃，寂靜圓明，（涅槃，真如之別名。寂靜者，離一切惑染相故。圓明者，澄明之至，無虧欠故，是一切知之源故，本來自明，非後起故。）非神而何！眞解佛法者，除在其死生觀念方面有不死之神識爲多我論而外，當知其在本體論方面，無彼外道所執之依他神，（宗教家信有超越萬有之造物主，為具有人格者，是謂依他。以他為神，曰依他神，釋尊所遮撥者此也。）而有自性神。（就本體在吾人分上言之，則曰自性。性體清淨圓明，至神者也，曰自性神。）於此不辨，概曰無神，是障至眞之極，（極之為言，萬化之宗，萬物之本，此至真至實者也，此理不容障蔽。）滅生人之性，當墮無間獄，可不怖乎！

《新論》在本體論上，自性神的意義與儒佛皆有融會處，而究與佛氏有大相殊別者。佛家於性體寂靜方面證會獨深，而不免滯寂；《新論》則明性體至靜而健以動，至寂而生化無窮，此其所以歸宗大易，終與佛氏有判若天淵者在。此等義海，廣大淵深，學者須於了解文字或理論之外而別有致力處，方可領會，否則如與盲人談色彩，何能相喻？

佛家對死生問題方面之多我論，即人各有不隨肉體俱死之神識，如所謂「去後來先作主公」者，此乃《新論》所存而不論。

猶復應知，就諸教有超越萬有造物主，即依他神而言，是一神教，就一一物各各有自性神而言，是泛神論，二者不當歧視，而當融和。佛教自釋迦已明自性自度，無有外道之依他神，迄大乘空有諸菩薩，遮作者尤力。（作者，謂外道之依他神。）及淨土宗興，雖有念自性佛之言，以融歸自教之了義，然實將自性神推出去而尊之爲他，乃依之以起超越感，人生唯賴此超越感，始有所嚮往、有所依歸，人生無上寶貴之虔誠嚴肅，於是乎存。此不唯人生之要求如是，而理實如是。經言「一切法亦如也」，（舊譯真如，多只用一如字。）則如爲萬有之大原。（如為一切法之本體，即可義說為萬有之大原，以一切法由如而有故。）又言「乃至彌勒亦如也」，則克就彌勒本人分上說，而如爲彌勒之自性。由彌勒亦如言之，當知如者是吾人自性神。由一切法亦如言之，當知如者是吾人自性神，亦即是萬有大原。本無個體之拘限與分畛，實乃無定在而無不在，故有超越各個體而爲絕對義。由此義故，當說如者，不唯是吾人自性神而已，亦即是依他神。以此自性神，非限於吾之一身，即有他義，此乃吾之所依以有生者，亦名依他神。

佛教經典中破依他神者，蓋因外教解悟未透，不免以人之觀念而測神，故從其迷謬處破之，後學緣文言而起執，遂與外道成水火，門庭分立，眞理日晦，甚可哀也！及禪家興，離語言文字而直反諸自性，此是佛門中一奇蹟。淨土宗興，而著重依他，佛門更添一奇蹟。研佛法者，當由大小教理，以窮至禪、淨，而後見佛教之盛，日由內而融乎外，（謂外道。）日由淺而入乎深，日由狹而至乎廣，日由小而進乎大，日由表而逼乎裡，日由支離而歸乎易簡。佛法以善變遷、富容納成其偉大，與中土儒家之善變、宏納而偉大也相同。

中國佛徒自昔以來，好以尊法於九天之上而排斥固有學術爲能事，不知推至天外，便與人間絕緣。佛法到中國，除介紹者可勿論而外，其信向之者雖累世不絕，罕有精析之才，深入其阻以會其通，而復遊於其外以窺大道之全也。《新論》自是千餘年來特創之作，雖於佛法多所彈正，而其遮法相以顯法性，見法性已，仍不妨成立諸法相。其大旨，折儒佛之衷而建皇極，謂於佛法有匡正、有推演則可，謂爲佛法之敵，則大謬不然也。

儒者宗六經，而《易》爲五經之原。《易》明乾元始物，而曰「乃統天」，此言天者，謂太空諸天體也。諸天乃形氣之至大者，天且爲其所統，況物之細者乎？此即前釋體物不遺之義。是乾元即一神，（一者，絕對義，非算數之一。）亦即前所云依他神。又曰「萬物各正性命」，即一一物皆以乾元爲體，而一一物莫非乾元。「乾」之「象」曰「群龍無首」，即此義。龍以象乾元。群龍之象，謂於一一物皆見乾元。無首者，非如外道計有超脫一切物而獨在之上神也。故克就某物具有乾元而言，即乾元爲其自性神。

道家，儒之別子也。老之言道，道者，本體之目。曰「象帝之先」，是依他神也。莊生曰「道在屎尿，道在瓦礫」，是物各具自性神義。禪師家說「有物先天地，無形本寂寥，能爲萬象主，不逐四時凋」，是依他神義。又有曰「鬧市中有天子」，（鬧市喻衆生妄識擾擾，而其本心未嘗不在，故云有天子。本心是吾身之主，《論語》所謂非禮勿視聽言動者即此。）是自性神義。孟子曰「夫道，一而已矣」，是依他神義；曰「形色天性也」，又曰「踐形」，是自性神義。（孟子「踐形」一詞，妙極。道體之流行，而成乎衆形，此一一形，皆道體之所擬成，而藉以自表現者，故一一形，皆道體之所主宰與所流行，形色即天性者謂此。學者誠明乎此，不妄執其七尺之形以障道，而常保任遭心，使得恒主乎形而流行不息。是形即道，方名踐形。以佛義通之，若於色身而證得法身，亦踐形義。老云「大患有身」，猶來徹在。）以上略舉諸家，毋待繁稱博引。

夫神之爲義，可析言以二：曰依他與自性。但二者雖可分說，而究不可分，不可分，而又不妨分說，其妙在此，其難窮在此，其不可思議在此。印度外道之以天神爲作者，與西洋受自希伯來之一神教，皆於依他與自性二義，可分說而不可分，不可分而又不妨分說處，未能透悟，故不免差毫釐而謬千里。彼等以超越感盛揚依他，而忘卻超越萬有之一神爲吾所依之他者，乃即是吾之自性，元非外在，吾人更不可以擬人之觀念測神也。孟子言「盡心，則知性、知天」，（《十力語要》卷三有一書談及孟子此義，須參看。）彼等所不悟也。諸佛菩薩嚴遮作者，豈有私見！差若毫釐，謬逾千里，何忍不遮？又何忍不嚴？後嗣不視祖意，徒分門戶，卒不悟依他或一神義，未可過非。但繩其失，則在己之自性神與超越的一神，元來不二，而末學無知，只持門戶，弗求眞理，必欲力拒外教，甚至流爲無神論。眾生迷妄可哀，至此而極。

外道崇依他，而未眞了依他即其在己之自性，（而未二字，一氣貫至此。）爲佛所破，已如上說。若夫反識自性而不知在己之自性，元是超越小己而遍爲天地萬物實體，此雖遍現爲各個體，而實不限於任何個體，是乃一眞絕待。《易》云「首出庶物」，老云「獨立無匹」，禪師云「不與萬法爲侶」，皆明理實如是。學者倘於此無深悟，但粗能反己而識自性外無獨在之上神，卻不悟自性元是越形骸的小己而遍爲萬法實體，敻然絕待，（卻不悟三字，一氣貫至此。此中萬法，即天地萬物之都稱。）便以自性至大無外，而忘卻形骸的小己雖本具有自性，亦可以墜退而障其自性，（而忘卻三字，一氣貫下。）於是起大我慢，以爲自性外，無天無帝，無所嚴畏，以無所嚴畏，故卒陷迷妄，無所依歸。如吾國明季王學末流，「滿街都是聖人」，正中此病。若復深悟，即自性即依他，元是超越小己，（若復，至此為句。）便覺常有一物，（此是絕對的。）不限於腔子裡，亦不離於腔子裡，（腔子裡，借用宋儒語，謂胸懷。）常赫然鑑臨，無斯須之間容吾規避。此物也，不謂之天不得，不謂之帝不得，（此約依他言。）不渭之我亦不得，（此約自性言，是中我者，可云大我或真我，非是小己。）是通自性神與依他神而不二者也，是通一神教與泛神論而不二者也。

《新論》首立能變爲萬化之大原、萬有之本體，（此與上語，重複言之耳。參考語體本上卷〈轉變章〉。）是依他義。即此能變妙體，（能變妙體四字，亦複詞。）物物各具，是自性義。（〈明宗章〉舉大海水與眾漚喻，言每一漚皆攬全大海水為其體，以喻物各具有本體之全，即此本體，每一物具有之，而為其物自己性命，故就物言之，為其自性神。）自性與依他，可分說而究不可分，不可分而又不妨分說，此義在《新論》中已甚顯然。又復應知，《新論》在其即用顯體之方面，（即用顯體一詞，其意義極難方，今以喻明，如已知眾漚無自體，其體即是大海水，便於眾漚相而目之為大海水，即用顯體，義亦猶是。眾漚喻用，大海水喻體。）即於大用流行之闢勢而說爲體，（體字，具云本體。他處準知。）此闢是萬物的統體，亦是一一物各具的，但一一物各具的闢，即是萬物統體的闢，而萬物統體的闢，也即是一一物各具的闢。（參考語體本〈功能〉、〈成物〉、〈明心〉諸章。三十六年鄂省印行本略有改易字句。）從一一物各具言，是物自性神；從萬物統體言，是超越乎一一物而絕待，是一神，亦即是依他神。由物對一神起超越感，便奉爲他，而依歸之，曰依他。《新論》本非無神論，但評者所譏刺之神的意義，絕不是《新論》之神的意義，此望虛懷猛省。

熊先生近年嘗言，《新論》歸宿處在〈明心章〉。欲令人反識自性，自本自根，自信自肯，（自肯，用宗門語。）自發自造，此是第一義諦。但人生易役於小體，（孟子云「從其小體為小人」，小體謂身軀。萬惡皆由從小體而起，佛家破薩迦耶見，即身見，義與此通。）每難自拔，須仗他力，如蓬生麻中，不扶自直。頗思造《窮神論》，匯諸一神教、佛法、西洋哲學、道宗、儒學，一爐而冶，佑神立極，佑神者，近世人生墮沒，失其神明，須佑助之以復其神也。立極猶言立人極，人能不自絕於神，始立人道之極，以拯生人。老當衰亂，無可與言，每當把筆，輒復寡興，終於不果。據此可想見先生之苦。然吾儕猶望先生能成斯論，以與《新論》相爲表裡，天不喪道，來者難知，冀有孤燈，炳茲長夜。

評者身爲僧徒，而敢挾無神之念，至堪哀痛！評者既駁《新唯識論》，當擁護佛家舊《論》。舊《論》初頌云「稽首唯識性」，此語不知評者作何解？按基《疏》云：「稽首二字，顯能敬相。以首至地，故名稽首。此唯身業，義顯意語二業亦敬。」（意初發動，名意業。即此意念表出諸口，名語業；見諸身體動作，名身業。）又曰：「起慇靜心，策殊勝業，（策者，策動。最虔誠，最清淨，名殊勝業。）申誠歸仰。」又曰：「唯識相性不同，相即他，（相者，相狀，猶云現象。此中依他一句，與吾前文云依他神者，詞同而義不同，此言他者，猶言緣，一切物唯依眾緣而起，都無實物，故言依他。詳熊先生《佛家名相通釋》。）唯是有為；（一切法相，有生滅故，名有為。）性即是識，圓成自體，唯是眞如。」唯識二字，當分廣義狹義。狹義則對境彰名；廣則言識，便攝天地萬物在內，以不許有離識獨在之物故。性字作體字解，其義則看如何用法。此中性字即以目識之圓成自體。言圓成自體者，圓成雖無形無相，而不是空無的物事，是有自體的，故云圓成自體。圓者圓滿，無虧欠故；成者現成，亙古現成，不同依他諸相有生滅故。此無生滅，故說名成。復言唯是眞如者，此圓成即是眞如。眞謂眞實，離虛妄故；如謂常如其性，無變易故。《百法疏》云「眞即是如」，此中則以識之實體，即是圓成，亦云眞如。「唯識之性，名唯識性。」（識之實體，名唯識性。）據此可見諸佛菩薩申誠歸仰眞如，所以律己教人者如是。試問此與《詩》言「對越上帝」及文王「小心翼翼，昭事上帝」之心，有二致否？

一神教所謂上帝，若將擬人的妄執除遣，斯與眞如有甚差別？當知萬有實體是超越一一物而獨立無匹的，畢竟有神的意義，但不可以擬人的妄執去理會耳。在吾人之自性神與遍為萬有實體之一神，（就吾人對之起超越感而申誠歸仰言，則曰依他神。）本無彼此。何以故？一神與自性神，不可說如父子，父子有彼此之分，究非一人，而神不爾。（王船山《讀四書大全說》言「天大而命小，命大而性小」，則有彼此之層級大小，實不悟天命性也。）亦無內外。何以故？物與物對，可分內外，而遍為萬物實體之神，本無對故，即無內外，復無同異。何以故？由無彼此，即無異相可說，異相無故，同相亦無。復無能所。何以故？神非如人之有意志造作，不可說爲能造，雖現爲萬有，而此萬有亦神用自然之運，非如人造器具，其自身在器具之外。神雖遍現作一一物，實不離一一物而獨存，乃遍在一一物中而爲之主。「一一微塵，皆有佛性」與「道在瓦礫」諸語，非是玄談。故不可以萬有說爲神之所造。一即是多，（神本至一，而遍在一一物，則一而多矣。）多即是一，（物物各具有自性神，是多也；而物物各具之神，元非個別的，並不隨物形而有分，則多即是一。）至哉神也，無得而稱焉！人之申誠歸仰於神，即孟子所謂從其大體而爲大人，（大人之意義至深廣。大者，絕對之稱，非與小為對之詞。與神為一，方是大人。）否則從其小體，便自絕於神，而行屍走肉，不成爲人，是謂物化。物化者，神道隱，（隱者，不得顯發，即喪其神。）人道熄。（以上皆本諸熊先生近年之言。）

僧徒悍然無神，試問眞如不神，諸佛菩薩何故竭誠稽首，豈其智不汝若耶？王船山先生著書，詈陽明以洪水猛獸，晚而有悟也，與其弟子唐須竹曰：粥飯在盂，阿誰造匕著入口？汝眞行屍走肉，不知操匕箸者誰耶？

評者雖僧徒，似於內典絕不反己切究，其滿紙浮詞都是由浸潤於洋本本者所中之毒。評者以反對神學化自旌異，而於神義，究何所了？余望僧人落實閉戶，深研自教，少作外慕工夫，佛法或有昌明之望。

評文有云：儒家的文化代表庸眾的人生觀，缺乏出世思想，侷限於平凡的淺近的現實云云。

審曰：佛家出世的動機，確是代表庸眾心理。庸眾起惑造業，既造惡業，而復怖苦，乃求出離。此等出世思想元屬妄想，至少亦是幻想。（妄者，迷惑過重，故與幻稍別。）須知世間本無實物，何須求出？又出向何處？世間以外，有別處所可托足乎？如逃虛空，寧有逃所？故唯庸眾起茲妄想。然有須辨者，釋迦與諸大菩薩出世之想，雖云代表庸眾，但其內心深處專在怖畏生死；（大小經論談佛發心處，總不外此。）雖云庸眾亦同斯感，然其感易失，其情不專，現實之沉溺易搖其生死之怖。故庸眾雖亦怖生死海苦，而終無修道之勇。（證以吾國今日軍人、官僚、豪商、名士多皈佛奉僧，而於世間利樂貪求益甚，可見其怖生死念與世情常相倚伏。）釋迦與其後學諸大菩薩於生死苦所感至眞至切，至深至專，故能毅然孤往，精進修行，其異於庸眾者在此。然必謂怖苦與畏生死、求出離之感非庸眾心理所同然，則爲不通之論。妄欲推尊佛教，而實自暴露其無智之甚也。凡宗教思想之發生與流布，無有不基於庸眾心理者，否則不能成爲宗教。假設有人欲創一教而超脫於庸眾心之外，必爲庸眾所不接受，尙得成爲教乎？中國人最不肯捨財利，獨作佛事可募化，足證佛教植基於庸眾心理。而評者乃以代表庸眾薄儒家，不知何故發此妄語？

佛教由怖生死海苦而求出世，故走入反人生的路向。其於本體亦但證會空寂，（空非空無之謂。以無形相、無方所、無惑障故，名空。）卻不悟至空而健動也，至寂而生化不竭也。（不悟至此為句。）釋迦氏道行誠高，惜其發心只著眼世間，（世間，即彼所謂生死海。）故墮偏見，而非大中至正之道也。若言道統，正朔自在尼山。

儒者之學，孔子始集大成。孔子天縱之聖，直從乾元始物而萬物各正性命處，（萬物各得乾元大正之理以為其性命，即物物皆是乾元。詳玩熊先生《新論》及《讀經示要》。）明示天人不二，（天即乾元，亦即本體之目。天在人，而人即天，相對即是絕對，本來不二。）物我無間。（同體故無間。）故率性而行，（就天命在吾人分上言之，即曰性；人能率性，則人即天。朱子云「天理流行」，可深玩。）則小己之相自捨。（有己相即是我執。）孔子「四毋」，其一無我；孟氏云「上下與天地同流」，則無小己之執可知已。小己相捨故，即無生死；執小己故，方有生死。已無小己，生死相自空。小己與生死相空故，便無世間相，有小己生死流轉相故，方名世間。已無小己流轉之相，故世間相空。孟子「形色即天性」一語中含無量甚深微妙義，證會至此，何有世間相可說？世間相已無，更於何處作求出想？《論語》「子曰朝聞道，夕死可矣」，此語中亦含無量甚深微妙義。聞道之聞字甚吃緊，非乍聞之謂，乃念念不捨此聞，即六十耳順之聞，亦即耳根圓通之境。夕死可矣者，正顯無死。老云「正言若反」，此類句子是也。聞道即證人無待，生死海相畢境空，何死之有？《論語》一書，秦漢以來經生莫能讀，僧徒慧者挾門戶見，亦莫能讀，況其劣者乎！

儒者之道，直從天德流行處著眼，（天德謂本體，與佛言圓成或真如者相當。但佛氏偏領會其寂，故不於本體上說流行。而儒者則於寂而見其生生化化不息之健，二家遂殊途。《新論》乃納之同歸。）將令有慧者一直超悟，（悟個什麼，是甚境界？勿粗心看去。）遠離世相；（世相謂小己與生死苦等相。）而於庸眾，則因其所性之德（以天德之在人而言，則為吾人所性之德。）而制爲禮，（上文因字吃緊。因其性德而制禮，即順其所固有之天則，而引發之於日用之中，非由他力制之以相劫持也。不識此意，未可與言儒者禮教，此義深微。）使其視聽言動，一切不入於非禮，節其爲己之私，（《左傳》言禮主讓，所以節制己私。禮之意，總是時時在在於一己外，須顧及他人。易言之，即視人猶己。）興其反始之感，（反始，見《禮記》。始謂本體，其在人也，則為人所以生之理，亦名為性。人之為禮，實反諸其性德之不得不然。如與國人交，止於信；若謂失信，恐人不我與。然世蓋有專恃狡作以馭眾者，唯反求其良知，則終不敢以狡詐為是。良知者性也，故禮之重信，乃從反始而然也。舉此一例，可概其餘。）而人道尊、天德顯矣。（人道尊者，人能念念由禮，即肉身便是法身，至尊無上，孟子言天爵者此也。人能由禮，則人道即是天德顯現。宗門大德云「信手所拈，莫非真如」，是此境界。）有道之世，禮化大行，人間世即是常、樂、我、淨。（涅槃四德曰常樂我淨。）何以言之？禮主反始，是眞常之德，不隨物變易者也。如拜君之禮儀雖廢，而此禮儀之本意只是忠，此忠永無可廢。忠於立身，忠於應事接物，無往不有忠之禮意存焉！餘可準知。故禮意者，常德也。違禮即亂，人己俱苦；

循禮則人皆得所，是至樂也。禮以節私，是主宰義，即我義。人人有禮，則全世界是天則秩然、文理粲然之禮世界，無有一毫濁亂，是淨義，惡有捨世間而可求涅槃者哉！儒者之道，高矣美矣，至矣盡矣，誰復有智而妄見為局於平凡淺近的現實乎哉！廣大悉備者儒，極高明而道中庸者儒，尊德性而道問學者儒，（西洋人能道問學，而於尊德性太隔在。）範圍天地曲成萬物者儒，裁成天地輔相萬物者儒。（輔相意義極深，順萬物之自然而輔之，使其自樹自宜而已，非任獨裁者以己意宰物也。今之遏絕群眾自由者，不識此義。）佛之教，欲眾生趣性海是也。而發心必厭生死海，即厭世間而求出離，（《阿含》等經以厭離二字連屬成詞。）則人海已枯，而性海何存乎？儒者之道，不呵人海以生死海，乃即於人海而見性海，故曰「道不遠人」。人之為道而遠人，不可以為道。佛氏畏人間世險苦，一直孤往，雖難矣，而能忍欲者，則為之猶易。儒者明知人間世伏奇險大苦於平易之中，而安之不怖，反求其本，反求吾所以生之本原，乃識萬有皆眞理之流行。小己相捨，即無世間相，險無不夷，苦復何有？其身不離庸眾，而實離群獨立；雖離群獨立，而實又不離庸眾。其於人倫日用，一切隨乎庸眾，而實有不隨者存；雖有不隨者存，而究一切隨乎庸眾。此其所為，眞難之又難，而無絕妙好詞可以形容此難。余故曰：若言道統，正朔當在尼山。佛氏究是偏統，能偏故顯獨至、顯奇蹟。不觀於佛，無以知儒；不歸於儒，終未免有捨人海而求性海之蔽。偏正互顯，儒佛相需，會而通之，王道平平。胡為僧徒曾是弗思，而妄詆儒？

評文又云「儒家雖亦感到天地不與聖人同憂，終究是不了了之，未濟」。此以俗腸而議聖量，不亦悲哉！熊先生《讀經示要》第一講談治化九義中有曰：是故《大易》終於「未濟」，未濟，人道之窮也。《春秋》以西狩獲麟終，獲麟，嘆道窮也。嗚呼窮矣！而有無窮者存，無窮者，願欲也。當其窮，而有無窮之願欲，所以窮則變，變則通，通則久，《易》、《春秋》所寄意，甚深微妙，其至矣哉！凡夫智小，處窮絕願，豈不悲哉！又《新論》語體本中卷〈功能章〉有曰：險阻不窮，所以徵其剛健；神化無盡，亦以有夫剝極。若有小心，睹宇宙之廣大，（剝相不必厭，所以成其廣大。）將恐怖而不可解。《易》道終於「未濟」，不爲凡愚說也。綜上諸文，義旨深遠，聖人作《易》，終以「未濟」，而其仁天下萬世之心終無已止。故於《易．繫傳》明其意曰「天道鼓萬物而不與聖人同憂」，（此義須詳熊先生〈黃海化學社講詞〉。）又曰「安土敦乎仁，故能愛」，天地萬物痛養相關之憂與愛，此本體之流行也，此剝而必復之幾也。故又曰「窮則變，變則通」云云，此是何等境界！唯佛氏大悲弘願與此相應，而曰以不了了之乎？佛言眾生具五種姓，共闡提種姓終不成佛，吾國慈恩宗承傳斯義，《法華》五百問嘗攻難不休。然闡提雖有佛性，理當作佛；而事實上，其障過重，畢竟不成佛，則無容否認。據此，眾生不得度盡，仍是《大易．未濟》之義也。試問佛氏亦是不了了之否？佛氏有悲願在：有一眾生不作佛，我終不成佛。其憂之切、愛之深，與吾聖人無二致。評者既披法服、誦經書，而於先聖先佛深遠之觀照及其誠切偉大之精神，竟一毫無所感悟，何哉？

評文引《大易》「天地之大德曰生」，以爲儒家是覺得宇宙間充滿了生之和諧，因推想到擬人的天或天地云云。此乃時下洋本本的論調。《大易》言生或仁，是實證乾元性海，（吃緊。）豈同凡夫情見，由貪著世間故，便覺宇宙間充滿生之和諧！評者本不悟乾元性海生生仁德，乃妄以自家痴見輕侮聖言，《大易》分明於「乾」著「亢龍有悔」，於「坤」顯「元黃血戰」，他處更不勝引，何曾只見宇宙間充滿生之和諧？評者於《易經》未曾讀過，何故妄議《易》？和諧必待有不和諧而後見，宇宙充滿和諧一詞，根本不能成立。既無不和諧處，則和諧又從何覺得？評者若平日果有此覺，當知是汝妄覺，無關實理。

性海大德曰生，天地所以象性海，漢儒言象者，譬喻義。凡人皆以爲天地生育萬物，故以爲性海生德之象，而意不在天地也。漢易家皆云《易經》無一字不是象，此語甚吃緊，不知此事，絕不可讀《易》。《大易》顯乾元性體，是否有一神教擬人之嫌，稍有哲學頭腦者當自知之，如果不知，必是無頭腦者也，否則必挾私見以橫議者也。

評者讚嘆老子天地不仁、芻狗萬物之言，又云老子領會到滅滅不已的殺機，並讚其有些出世的傾向。評者似甚怕滅，似受佛家怖死的影響。其實如克就性體言，性之德只是生，只是和。此中生字，不與滅或死對，而是絕對生的義；和字非與不和對，而是絕對的和義。正如涅槃言常，非與無常爲相對之詞；乃至言淨，非與不淨爲相對之詞。評者如不悟，幸勿遽起反感，不妨苦參一番。若談到本體之流行，（流行即是本體顯為大用。）有反始遂其和，（老云「反者道之動」，確不錯。）有生即有滅，大用流行必非一味平板板地。獨則不化，易家此義最宜深玩。反者所以顯其和，無反則獨而不化，奚以見和？才生即滅者，故不暫住故，一息守故，大化斯停，焉有新生？《新論》說滅滅不停即是生生不已，皇皇勝義，而汝弗喻；天發殺機，僞書妄談，胡可取是，以衡《易》道？（評者引《陰符經》，不知其僞。）須知儒者生生，克就用言，（吃緊。）與佛言生死之生截然異旨。佛之言生，即十二緣生義，無明為導首，後來大乘賴耶生相即承十二緣生之旨，而別用一種方式（即一套理論。）以演之，其骨髓則一也。章太炎不悟賴耶生義與儒家天命之性絕非同物，（不悟，一氣貫至此。天者，本體之名；命者，流行義。天命猶言本體之流行。性即天命，但以其為人所以生之理，則曰性。）意混為一談，（章氏平生屢以賴耶生相言儒之生生義，垂老不悟。）熊先生嘗正其謬，見《十力語要》卷一。夫佛氏生死之生，明明就妄識流轉處說，非就清淨性海上說；《大易》乾元生生仁德，即顯清淨性海之德也。佛家著在出世，故於性海只證其寂，而不會其生生盛德，此其根本差謬處。《新論》不得不救其偏，因而以歸宗於《大易》，非故與佛門立異也。《易》言「天地大德曰生」，正以象乾元性海，何可謬作一神教之擬人觀念會去？

老子天地不仁、芻狗萬物之論，是滯於物象以測化理，（此言化者，即謂大用流行。）正墮凡情窠臼。從物象著眼者，必計有小己與萬物相對。在相對的世界中，小己有生死苦，又復以己逐物，即有求不得苦，乃至種種不可勝說苦。又物我對峙，遂發生種種罪行，人間成萬惡稠林，廣宇爲一大火宅。老子興嘆在此也。莊生祖述老氏，不得已而委心任化，（委其心於無用之地，以任造化之自爾，故以我為鼠肝、為蟲臂，我皆任之而已，無自力可致也。）成乎玩世。熊先生《讀經示要》第二講評斥莊生爲從來談莊者所不悟。先生近有〈漆園記〉，雖小文，而義據極深切。老莊著眼處與佛家接近，故佛法東來，彼爲先導，確不偶然。然彼非能出世者，熊先生《十力語要》各卷中曾有說及。出世雖有反人生之嫌，雖偏，而偏得有氣力；老莊玩世，其流便一毫氣力也無。評者欲引與釋尊同調，釋尊當不受也。

夫滯於物象而不得超悟者，則人生常限於苦逼與罪惡之中，《易》之「坎」、「訟」、「剝」、「否」、「困」等卦明知此事，然終不起厭離想者，則其著眼處在超物而直趣上達。《易・繫傳》曰「形而上者謂之道，（此中形字是昭著義。無方無相，而非空無，故言昭著。絕待故言上。此乃遍為萬物實體者，是謂道。）形而下者謂之器」。（此中形字，是形物義。本體顯為大用流行，即有翕而成形之方面，形即退墜，故說為下。以其形下，謂之器。）《論語》言「君子上達，小人下達」。上達謂證得本體也；下達謂滯於物象，即執有小己而與物對峙，最甘於下墜而迷失其本體者也。子路問死，子曰「未知生，焉知死」，從來注《論語》者，於此章均茫然不會。夫子呵斥子路，令其反己與而求吾所以生之理，好上達天德（天德謂本體。《中庸》曰：苟不固聰明睿智，達天德者，其孰能知之？）而不囿於器。小己相捨，伊誰有死？何須以死問哉？子路之問，正是迷情，夫子呵以「未知生」，則警之上達。船山詩所謂「拔地雷聲驚筍夢」者，似此氣象。《讀經示要》說子路所問之死是十二支中老死之死，（十二支亦名十二緣生。）而夫子答未知生之生，則非十二緣生之生。此是宣聖釋迦根本異趣處，惜乎迷者弗辨也！

夫於一一物象而迷執爲實有如是器界者，則內而堅執小己，外而逐物，於是物欲之無饜足，與物我相角逐間，發生無量無邊罪惡，及小己之死苦，皆無可解免，此固厭離思想與玩世思想所由生。若其懷樂生之情而實不足語於上達者，則雖歌頌帝力，讚造物之美麗，實亦由迷妄之情固結於中，而不自知所以耳。總之，評者以厭離世間與玩世思想爲根據而批評儒家，是極大謬妄；以樂生思想猜測儒家，又是極大謬妄。儒者之道與庸眾同行而異情，（所行同，而情實異也。）異情而同行。其著眼處不在世間，即於一一物象而不作一物象想，（即於，至此為句。）於器界不作器界想，世間相捨故，一一物象或器界都無故，所執無而能執亦無。（能執，謂小己。）孟子「形色天性也」一語，（天者，本體之名。性即天也，但以為人物所以生之理而言，則曰性。）直含佛氏《大般若》無量甚深微妙義，有其長處而無其流弊。《般若》破相以顯性，（相者，即孟子所云形色，亦即本文所云物象或器界與小己相。）何如不破相而直於相顯性？（何如，至此為句。）破之固以遮執，而亦易流於耽空，且有性相不得融一之過，故孟子語更妙也。誠知形色即天性，則於世間直證爲天性流行，豈復有世間相乎？於一一物象或器界直認爲天性顯現，豈復有物象或器界相乎？於小己直證入天性，豈復有小己相乎？孟子即相顯性，則不待破相而相縛已無。相縛者，凡夫迷執於相，即爲相所縛而不得見性也。譬如小孩臨洋岸，只認取一一衆漚相，而不知爲大海水之顯；有成年人語以衆漚即是大海水，則漚相不待破，而自無漚相之縛矣。《般若》破相顯性者也，孟子即相顯性者也。孟子此言，蓋從乾元始物與萬物各正性命處體認得來，一言而發《大易》之蘊，蓋孔子嫡嗣，（孟氏去孔子未遠，而自稱願學孔子。）儒學之大宗也。識得形色即天性，則盡性所以踐形，（盡者，實現天性而無所虧欠也。於形而盡性，則形即性也，盡性即踐形也。）踐形即是盡性。故孟子之人生觀在集義、養氣，以究於至大至剛、充塞天地之盛，（此中天地一詞，猶言全宇宙。）是即人即天地，即世間即乾元性海也。（孟子之學出於《易》，確然無疑。）至此則何有厭離？又何有於玩？若言樂生，則非樂其小己之生也，非樂其與物相待之生也，非安於現實之謂也。嗚呼！凡夫不識此境界，諸宗教、哲學家識此境介者亦罕矣。漢唐迄清，注疏之儒，名儒而實無預於儒也。宋以來義理之儒則雜於佛與道，大概偏從虛寂測天命，其得孔孟之意者寡矣。何況近世僧徒，可了眞儒乎？

評者又云「物種的仁，即被解說爲道德的根源」，據此，評者於高深學術似太缺乏素養。文字之初興，多是表示實物，其時人智尚淺，即抽象的作用尚不足；及學術以漸發達，則每沿用其原有之字，離其本義而引申之，以表達其最高之理念。如我之一字，原本身見，其後引申爲法我，則已甚抽象。更引申爲涅槃四德之我，涅槃本眞如別名。設有攻佛者曰佛家以身見爲眞如也，評者以爲然否？如若不然，休誤言仁。

評文又云「論到出離，佛家從生者必滅而滅不必生的定律，確信苦痛有解決的可能」云云。此一定律，自是評者代諸佛所立者，諸佛斷未肯承認。諸經論說緣生法，固云此生故彼生，此滅故彼滅，如十二支中，無明緣行，無明滅故行滅，餘準可知，此明緣生法都無自性，似無須評者代諸佛別立一生者必滅而滅不必生的定律。須知有爲法一名生滅法，此是世間及佛法所共許，但生而必滅固已，而是否才生即滅，乃別是一問題。今評者忽爲諸佛代立生者必滅而滅不必生的定律，則有無量過。所以者何？佛家大有談緣生法，有染分依他與淨分依他之分。（他者，緣義。依他眾緣而起，曰依他起。故依他即緣生義。）於染分依他，應云才生即滅，才滅即生，但遇對治，則不續生，若泛云滅不必生，而不以對治簡，則無明遇淨對治，亦非決定不生也。將佛之修行，一切唐捐，此豈小過！淨分依他，若如評者滅不必生，則佛法將成斷見外道，又豈小過！經論克就緣生說，而云此生故彼生，此滅故彼滅，正顯緣生法無自性，立言恰恰如量。評者泛立生滅定律，自應包通各方面的法義，何可如此糊塗？評者悍然侮老宿只讀佛家半部唯識，竊恐汝半部佛書未曾讀過。又汝好言定律，亦知佛經所談與科學說物理不同否？而可以定律亂解佛說乎？

尤奇者，評者於其所立生者必滅而滅不必生的定律下，緊接確信苦痛有澈底解脫的可能而爲一長句，據此，則佛氏之解脫，只依生者必滅而滅不必生的定律以得之，凡佛教三藏所說萬行，皆成廢話。所以者何？一切法既循生必滅而滅不必生之定律，則無事於修行，而自然澈底解脫故。無怪評者滿紙緣起，而不悟佛家緣起義畢竟不同哲學家之關係論也。此不獨未通佛法，即就中國與遠西哲學言，人生超脫塵累之最高境界，豈是隨具自生自滅而得之者哉？評者身爲僧人，何故若斯愚妄？念此不覺愴然。

評者又云「對於苦迫的世間，稱此解脫爲出世」云云。解脫果只如此，則何須高談佛法？匹夫匹婦自經溝壑，便已解脫衆苦。即不如此說，而鄉村渾樸老農終生不作世間苦迫想，何嘗不解脫？何不可名出世？須知三藏十二部經，一方抉發衆生惑染相，何等深細！何等森嚴！一方闡明諸佛菩薩行願及果相，（修行爲因，所證得之境名果。）何等廣大！何等眞切！何等清淨莊嚴！評者於此等處若稍有觸，何敢如是而言解脫？諺云聾者不畏雷，以不聞故；不知有難說之境而敢說，亦以不聞故。至解脫是否離此世間而別有在？吾每遇人問及此。當知解脫亦不離此世間而別有在。衆生穢土，諸佛淨土，同處各遍故。（諸經論中已言之，茲不及檢舉。）亦非即此世間，淨穢雖同處而實個別，互不相入故。要之，解脫境界終是宗教的神境，與吾聖人與天合德之詣，當不必併爲一淡。吾人信之與否，別是一事，而其意義甚嚴格，萬不可以俗情妄作解也。

評文又云：由於正覺現前，情見與業習的治滅，開拓出明淨心地，不為世法苦樂等所惑亂。有此正覺行於世間，才能釋迦那樣的如蓮花而不染，迦葉那樣的如虛空而不著。如此的出世，似乎不可以呵毀，否則《新論》所標揭的自證相應，先該自動取消。不是這番出世的人生觀，《新論》從哪裡去發見空空寂寂的窮於讚嘆，儒家能有此一著嗎？

此一段話，評者直將佛教根本精神完全掃蕩。須知佛教中本富於哲學思想，其理境直是窮高極深，唯此土儒宗適與冥契，而遠西哲匠純恃理智思辨以見長者，解析雖精密，究無可攀援高深之理境。（須知，至此為長句。）今日僧徒疑熊先生毀佛，實皆不通《新論》；眞通新論，必不謂熊先生毀佛也。熊先生於佛教之哲學思想方面，確吸其眞精實髓而變化之，以明體用不二之妙，空空寂寂而生化無窮、健動不已之神，（以明，至此為句。）以救佛家耽空溺寂與性相不得融一之弊。後有達者，當識斯意。但余有一緊要語告評者：熊先生平日教學者，每謂佛氏發心是對眾生淪溺生死苦海起大悲心，而其究極之希願，仍在度脫眾生盡離火宅，而趣寂滅海。所謂度脫，即《阿含》所云「不受後有」，（後者，後世。有之一詞，省言之，則謂眾生身及世間。不受者，謂滅度已，不復於後世來為眾生也。）非謂既得明淨心在世間而不染，便是出世。（非謂二字，至此為句。）倘佛之出世果如評者所云，則諸佛菩薩何故有厭離生死海等胡亂語，豈非自暴露其心地染汙，竟於世間妄詬爲生死海耶？（豈非，至此為句。）若止在世不染即名出世，更無出世法者，則程子「廓然大公，物來順應」二語，（廓然大公，非如虛空而不著乎？物來順應，非如蓮花而不染乎？）已足抵消佛家三藏十二部經。而佛氏無量無邊說法，直可以老氏所云「多言數窮」者譏之。即付之秦火，無不痛快，惡用是紛紛者爲耶？佛家十二部經與儒者六經四子，兩相比較，其於眞理之無窮無盡各有證會獨深處。吾人若求融會貫通，自別爲一事；但兩家骨子裡不同處，究不可亂。一爲出世之教，一爲融貫天人之學，（天人不二，自無所謂出世。）須各存其精神與面目，此熊先生論學主張，萬不容忽。

佛徒順俗而言人世，則諸佛菩薩立教根本精神完全掃蕩以盡，名爲護佛法而適以毀法，不獨釋尊不願有此逆子，而佛法毀壞亦是人類精神界一大損失也。熊先生並不反對佛教，嘗言佛氏照察眾生無量無邊惑染相及諸苦相，與其大悲大願，盡未來際不捨眾生，我不入地獄誰入地獄、大雄無畏精神，眞乃念念服膺，而不敢失、不忍失。即其度脫眾生之願，不惜大地平沉、虛空粉碎，無論可做到與否，而人類無始時來在長夜中，亦應有此超脫智慧與勝遠情懷、勇悍力量，何必順凡情而諱言出世乎？（以上皆熊先生言。）先生固常言出世之行，未免行怪。亦常言向何處出？此則就其融貫天人，不落世間想之義據上說，當有是言；若就眾生無始顚倒方面而談，佛家出世思想，自是昏域中忽燃智炬，惡容毀熄！先生每云：天地間只儒佛二家之學足以表現宇宙精神。二者本有可融會，至理元無疆界；而二家思想出發處究有別，則有不當混亂者，切忌混亂。余嘗問：先生《新論》終歸宗於儒家《大易》何耶？先生曰：汝自會去。久之又曰：汝深玩《論語》，子曰：「天何言哉！四時行焉，百物生焉，天何言哉！」何言者，形容其寂也，寂寂而時行物生，此天之所以爲天地。聖人與天合德之旨，合之一字，只是措詞方便，實則說到合天，則人即是天，非以此合彼也，須善會。畢竟與佛家所謂證涅槃自有不同者在。（萬有之實體，儒者謂之天，佛家亦謂之涅槃，然佛證涅槃只是寂，天則不唯寂也，二家所證不全同。）此間確有許多大問題，惜乎儒佛二家學者都是膠執文字，不可得忘言默會之人與之窮極眞際，恐言之徒惹無謂糾紛，不如緘默。世愈衰亂，獨學無神解之人。昔羅什門下有三千四大之盛，什公有四大弟子。尚懷「哀鸞孤桐上，清音徹九天」之痛，而余之孤苦，則什公當日無從夢見也。先生此言，爲之心戚！

熊先生嘗言：出世之教與融貫天人之學，分明是對於宇宙人生根本問題而各有看法不同。佛家以緣起說（緣起與緣生二詞本通用，但亦有別義，見基師《述記》等，此中則據通義言。）明諸法無自性，（此中諸法，猶云萬物或萬有。至俗云宇宙者，本萬物之都稱。佛書雖無宇宙一詞，而諸法或諸行及有為法或生滅法諸名詞，則亦概萬物或萬有而總稱之也。無自性者，即謂萬物都無實自體，萬有都不是實在的也。）今之新物理學，幾窺見宇宙萬象學皆空，已爲佛法張目。（此中幾窺云云之幾字，甚吃緊，幾之為言，以其未能深澈也。物理學只將有實質的觀念打消，而近於空，實則此解甚粗。佛家觀空，窮玄究妙而極微奧，非熟玩《大般若》而得言外意者，難與談此。物理學家何足語《般若》哉！）至其抉發人生無量無邊惑相、苦相，可謂上窮霄壤、下達黃泉，無不究盡。此其所以普爲群生說法，欲令離生死海而趣入清淨寂滅海，所謂離欲，（一切惑染，總名為欲，寂海則遠離諸欲也。）滅（諸惑永滅名滅；寂海湛然，非諸惑所著處故，亦名滅。）息沒已。（據十二緣生義，眾生之生也，緣惑而生，惑相滅盡故，即生相滅盡，云息沒已。）有亦不應說，無亦不應說，有無亦不應說，非有非無亦不應說，甚深廣大無量無數皆悉寂滅。嗚呼！無上甚深微妙難窮哉！清淨寂滅海也。後來大乘雖言無往，（大乘無住涅槃，則以眾生未度盡故，既不住生死而亦不住涅槃，遂名無住涅槃。）對治小乘自了之私，盛言不捨眾生、不捨世間，此是悲智輔翼，用而常寂，（菩薩不住涅槃，常以非智輔冀發起無邊功用，而恆不失其自性之寂。）要其本願，終欲令一切眾生皆入寂滅海，與釋迦主旨，元無二致。若曲解大乘，謂其變更出世教義，即以在世不染名爲出世，則順世外道之名，眞可加於大乘，豈大乘所願受哉？綜觀三藏十二部經，總是悲愍眾生流轉生死海，起無量惑，造無量業，（業謂罪惡業。）受無量苦，故乃誓願拔出，令趣寂海。一切外教都無如是出世了義，（了悟最高，無不究竟，故云了義。）此乃人類思想界之最空脫、最奇亦最有趣者。陷溺現實之人生，亦應受此一番警覺，其可毀方爲圓以變更佛法本旨哉！

儒者融貫天人之學，明萬有資始於備萬理、含萬德、肇萬化之一元，所謂乾元。（備萬理云云，此雖《新論》之旨，而《新論》實發揮《易》義。）乾元遍爲萬物實體，即於一一物而皆見爲乾元，是故於器而見道，（器即道之著也。）於氣而顯理，（氣即理之顯也。）於物而知神，（物即神之顯也。）於形下而識形上，（形下即是形上，非可二之也。）於形色而睹天性，（形形色色，莫非天性著現，故睹天性則形色之見已亡。）於相對而證入絕對，（於萬物而識其本體，即相對是絕對。）於小己而透悟大我，（若悟在己之自性與超越萬有之實體，是一非二，則小己之相遺，而知天地萬物皆吾同體，是孟子所云萬物皆備之我，乃大我也。）於肉體而悟爲神帝。（上帝非超脱內體而外在故。）徹乎此者，不獨無生死海可厭離，實乃於人間世而顯天德。人生日新盛德，富有大業，一皆天德之行健不息也。範圍天地之化，裁成天地之道，（此上言天地者，即謂自然界。曰範圍、曰裁成，即因自然力而改造之、利用之，以適於人生。）曲成萬物，（曲成者，順物之性而成之，使各自治自主，非有強力者宰制之也。）輔相萬物，（輔相者，但導物以相互助而已，不可箝束之使失其自由。）極乎天地咸位、萬物並育，一皆天德之行健不息也。人稟天德以成人能，即於人道實現天德，天人本不二，非可求天道於人道之外也。《新論》體用不二之旨，亦是融貫天人，繼《大易》而有作，扶儒學於將墜。矧丁衰亂，昏弱托庇空王；（魏晉以來，每逢衰世，人心趨向空寂之教。今日軍人、官僚、商人、名士，其昏惡而不自安者，多虛慕佛法，其軟弱不自振者，亦稍捨佛書一二話頭以自遣，此為最不良現象。雖於佛法本身實無關，然其假託，甚可惡。）拯溺救焚，究非趣寂者所任。體天之健，儒學攸資，《新論》朋儒，非偶然也。

出世法，極高明而未能道中庸，其厭離生死海而高趣寂滅海之希願，可謂人類思想界最空脫之境。此等思想，非高明之資不堪鑽仰，而昏弱之徒托於此，則由其愚昧已甚，不解佛之法之眞耳。

融貫天人之學，極高明而道中庸。唯其一直上達，（上達，謂達天德，即人即天。覆玩前文。）故乃德用充周，（無虧欠曰充，無限量曰周。）渾然與天地萬物同體，不作小己流轉想，即無生死海想。又其於庸眾之騾難上達者，則因斯人之性（人稟天德而生，即為其性。）而興禮樂之化，輔以政制法紀，養成群體生活良習，並育而不相害。故《論語》曰「人之生也直」，又曰「斯民也，三代之所以直道而行也」。此直字甚嚴格，理非倒妄，故以直言。（佛家言真如，亦以理非倒妄故名，此義深微，切忌淺解。）人之生也，本具直理而生，三代聖者，即因人性本具之直而行直道之治。若夫臯桀之流，以野心與偏見宰制萬物，箝束生人，蠱惑眾庶，則是顛倒迷妄，違反人性者也。儒者實現天德於人間世，故不似佛氏以無明爲導首來說人生，以賴耶染汙來說人生，（賴耶骨子仍據十二緣生義，已如前說。德人叔本華之學，即受佛氏之影響而誤。故不似三字，至此為句。）亦不以世間爲罪惡稠林，爲火宅，爲生死海，爲大苦聚，爲如露如電、如幻如化。（亦不以，至此為句。）體天德而成人能，即人道而實現天德，（上二語，吃緊。）故曰極高明而道中庸。佛氏終不免捨人道而索天德於寂滅之鄉，雖復對彼眾生從無始來錮於形、囿於習，而不克顯其天德者，可以破其纏縛，（雖復，至此為一逗。）而衡以天人不二之旨，則失之遠矣。

科學精於析物，畢竟不可以知天。曾遇一精研物理學者，彼云：今日物理學已明宇宙無有實物，即已接近於佛氏之空觀，但吾意則欲究明宇宙由空而現爲有之理，以此欲研佛經云云。彼亦曾向熊先生道此意。先生對彼之探索此一大問題極感興趣。但謂此一問題之探索已進入本體論，而佛家之本體論絕不能對彼有所啟發，（佛家以真如為萬有之本體，而其談真如，只是寂靜，只是無為，只是不生滅。可參考《新論》中卷。）必須由《新論》以探《大易》言外之意，復以《大易》與《新論》反覆參證，而識體用之妙，則宇宙萬象雖有而未嘗不空，雖空而未嘗不有之故，可得而明矣。熊先生又言：科學純憑理智或知識去辨物析理，專從此用功者，絕不可證得本體。儒者之學，非反理智，非廢思辨。孔子曰「吾嘗終日不食，終夜不寢，以思」，孟子曰「心之官則思」，《易．繫傳》曰「智周萬物」，《大學》主「格物」，此皆可證也。但聖人知天合天之詣，知天之知，是證會義，非知識之知。合天者，即人即天。見前注。必於人生日用中，有極深極純之修養工夫，（極深云云之極字，吃緊。）而後可上達天德，而後可與天爲徒。（與天為徒，借用莊子語，所以形容人即是天，非但為徒而已，須善會。）若恃理智思辨以窮玄，只是以己測彼，（彼，謂天。）終不與實理相應也。譬如未親觸火者，其思維中構畫火相，而火之明相與熱度爲何等，究非其構畫所及也。《新論》卷下之二〈附錄〉曾言，哲學爲思修交盡之學，（熊先生嘗欲為《量論》暢發此義。）此中意廣大深微，非於東方聖哲之學有素養者，難與論此。又復應知，科學總以其所研究之對象爲外在世界，而所謂萬有之本體，從其爲吾人所以生之理而言，則爲吾人之自性，故不可妄計本體爲離自心而外在之境，誤以測物之方法推度之也。（故不可，至此為句。）先生嘗言：學貴知類，不可以科學萬能而輕毀儒者融貫天人之學。有科學而無儒學，則科學知識終不能探萬化之大原，將長陷於支離破碎之域，（科學解析宇宙，由玄學家視之，則謂其支離破碎，而科學之長亦在是。）科學必賴有儒學為依歸，由思修交盡而底於窮神知化、盡性至命，（盡性至命，見《新論》下卷〈成物章〉，《讀經示要》第二講解釋尤詳，此即聖人合天之詣。）則天地萬物同體之仁油然不容已，而人類不至以科學智能為自毀之具，此可斷言也。學不極於知天，（天，謂本體，可覆玩前文。）則天地萬物同體之愛（愛即仁。）終不顯發。佛氏唯證見眞如，即知眾生同體，始起大悲，此與儒學合符處，然其道在出世，究非天人不二之旨，則前已言之。

哲學家談本體者，大概以其理智推求所得之最後實在，說為宇宙本體，而不悟此實在者，是偏為萬有實體，亦即是吾人所以生之理，而為吾人之自性，固不待外求也。向外推求，徒滋疑眩，將如宗門所呵為騎驢覓驢，是不自識之甚也。故儒者盡人合天之詣，（人稟天德而生，故必實現其本具之天德，方是盡人道。能盡人道，則人即天也，故曰合天德。）非徒任理智推求者所可至。儒者之學，不反理智，而卒達於超越理智之境，（超越理智之境，謂聖人合天之境。）則修養於日用踐履之地，至於純是天理流行，（天理即天德。）離形氣之縛，（念念能循天理，則形氣皆天理之運用，故離縛；否則拘於形氣，而天理被障。如非禮忽視聽言動，即離形氣縛也。）亡小己之私，（離形氣縛，即法執破；小己之私已亡，即我執盡。孔子四毋及語顏子「克己復禮」是也。）是以即人即天也。熟玩六經四子而得言外意，則聖學固非僅任理智者，斯與哲學家專力處不必同，其所造之境自迥別。學不歸於儒，終與眞理為二，（眞理一詞，《新論》時用為本體之代語，此中亦謂之天，盡人合天，即天人不二。理智推求之功，未足語此。）此儒學所以貫百氏而宏納眾流也。

一切學術思想，必在儒者融貫天人之學為其依歸，人生始不陷於倒妄。出世之教，奇而失正，偏而不中，佛氏自稱爲大醫王，用其說以爲沉迷現實而不反者之攻伐劑，無論有效與否，治療不容已也。若有少數英資，熾然懷超世之感者，勇悍而逆造化，（造化，謂本體之流行。）高蹈寂海，則亦人生之孤詣，獨往焉可也。

評者自承佛家出世而詆儒者無出世想。及覈評者之言，則以在世不染名出世，乃欲陰托於儒，以變亂佛家本義。又不悟儒者盡人道而合天德，其於世間有經綸之盛，而一本天德之流行，元來不存世間想，即無所謂入，更何所謂出。六經四子中，尋不著入世一詞，大可玩味。

評文又云「涅槃是什麼，還有什麼生命去與涅槃冥合的」云云。異哉僧人自叛佛教而至於斯！佛家如果不承認有個體的生命相續不絕者，則人死而即無，何有生死海淪沒無依之可怖？且死而即無，又誰爲得大涅槃者乎？須知佛家得涅槃，與儒者合天大有不同者。儒言形色即天性，又言盡心則知性知天，明心性天三名而實一也。心者，言其爲吾一身之主也；性者，言其爲吾所以生之理也；天者，言其爲吾人與天地萬物之統體也。（同此本體，曰統體。）故心即是性，性即是天。吾人能涵養與擴充其本心之德用而無虧蔽，是謂盡心。盡心即性顯，性顯即吾人當下便是天，即凡所感攝之一一世界、一一境物，亦莫非天理呈現，（天是備萬理的，故亦言天理。）

故曰形色天性也。儒者言合天，理實如是；佛氏證涅槃，畢竟別有宗教意義。今引《成唯識論》四涅槃文，間引《述記》如下：

一、本來自性清淨涅槃。謂一切法相真如理，（按謂一切法相之眞如理，是本來自性涅槃也。眞如即本體之名。又言理者，眞如亦名眞理，此爲複詞。）雖有客染，（按自外至曰客，染謂惑障等。此非眞如性體上所本有，故名客染。）而本性淨。（按眞如之本性，恆清淨無染。）具無數量微妙功德，無生無滅，湛若虛空，（按無生故無滅，不生滅故，湛若虛空。佛家談本體，總是如此。）一切有情，平等共有，與一切法不一不異，（按是一切之本體，不異；非即一切法，故云不一。）離一切相，一切分別。尋思路絕，（按顯唯內證。）名言道斷，（按非名言安足處故，異有爲法。）唯真聖者自內所證。其性本寂，故名涅槃。

二、有餘依涅槃。謂即真如出煩惱障，雖有微苦所依未滅，而障永寂，故名涅槃。《述記》：顯其因盡，苦依未盡，（按因，謂煩惱，苦者微苦，苦依者，微苦之所依。此所依猶存，云未盡。）異熟猶在，（按異熟，謂第八識染業種未盡之位。參考《佛家名相通釋》。）名有餘依，依者身也云云。據《記》所云，身是苦之所依，故《論》云微苦所依。異熟猶在，即仍須受眾生身，未得出離世間，不受後有也，故《論》云微苦所依未滅。

三、無餘依涅槃。謂即真如出生死苦，（按眾生共具有眞如體，眾生淪溺生死海受諸苦，即眞如未出生死海苦。今者眾生斷煩惱障既盡，已離生死苦，即是眞如出苦。）煩惱既盡，餘依亦滅。（依，謂身，即上有餘中微苦所依也。上之有餘，以餘惑未盡，即微苦之所依身未滅，故云餘依。令此煩惱既盡，即不復墮世間受眾生身，云餘依亦滅。）眾苦永寂，故名涅槃。

《述記》：有漏苦果所依永盡云云。按有漏者，染汙義。苦果者，煩惱對所招苦而名因，苦對因而名果，苦果之所依，即身也。永盡者，惑因與苦果已盡，則永不墮世間，受眾生身，故云所依永盡。

四、無住處涅槃。謂即真如出所知障，大悲般若，常所輔翼，由斯不住生死涅槃。（不住生死海，亦不住涅槃，二俱不住故，名無住涅槃。）利樂有情，窮未來際，用而常寂，故名涅槃。

《述記》：出所知障者，顯唯菩薩得，謂得無住涅槃。非二乘，二乘不能出所知障。（所知障，從所障而得名。基師云：言所知者，即一切法若有若無，皆所知故。由法執類，覆所知境，令智不生，名所知障。二乘雖斷煩惱障，猶未斷所知障。煩惱亦名惑，此惑相甚複雜而深細，眾生由惑故生。二乘能斷此，而所知障猶存，可見其難斷。）

詳上四義，第一自性，則明一切法之本體，名眞如理，（此言一切法者，即通眾生或天地萬物而總目之也。）亦名自性清淨涅槃。（自性之名，則克就眾生分上而目之，宗門所云本心是也。）涅槃是一，（元來只此自性涅槃。）云胡於自性外復有三涅槃耶？理實涅槃本無四種，其後三者，則因眾生雖具有自性涅槃，而由有客染故，障蔽自性，結生相續，（客染，謂煩惱等。結者結縛，亦目煩惱。由諸惑結，不可解故，生死流傳，相續不絕。《二十論》即以相續名人，最有義味。）於生死海淪沒無依，故眞如體亦隨眾生墮生死苦，難有出期。是故三乘因聞佛法，勤策修行，斷諸染障，由障斷故，如體方顯，（如體，具云真如體。）障斷盡否，如體出障亦因之，如云障月，云消多分，月出多分，云全消，月亦全出。因此說有後三涅槃。則從眞如即自性涅槃出障之分位而別立三名，雖非如體可析以四，而依斷障所顯得言，卻有四涅槃可說。

已明後三涅槃依如體出障之分位而說，今次當知，二乘聖者，得二及三，（謂有餘與無餘。）其後三（有餘、無餘及無住。）通得者，唯菩薩。《述記》於第三無餘中云通三乘釋，可知菩薩非得無餘不能無住。何以故？無住中云，於生死、涅槃，二俱不在，若菩薩不得無餘涅槃，何能不住生死乎？三乘功修吃緊處，全在無餘，無餘則惑盡也。有餘中，異熟猶在，尙受後有，（謂於來世受人身或其他眾生身。）不得離生死海，即是住生死，障惑未盡也。及至無餘，則惑已盡，而不住生死，方是自度已畢。小乘至此，便爲止境，而菩薩不然，自度事畢，不忘他度，眾生同體故。他度亦自度中事，若只自了生死，不復度生，（生者，具云眾生。）即自度未得圓滿。是故菩薩得無餘已，不住生死，而仍不住涅槃。此所謂涅槃，即無餘涅槃也。有餘涅槃，未了生死；由得無餘，方乃不住生死。而今復不住此無餘涅槃，是謂生死、涅槃，二俱不住。其所以二俱不住者，則以眾生未度盡故。菩薩常以悲智用，（般若係譯音，其義即智慧。而不譯智慧者，以此云智慧，含義深遠，恐濫俗解故。）利樂眾生，盡未來際，不復捨離，用而常寂，故名涅槃。據此則無住涅槃即是已得無餘，而不住無餘，常以悲智度生，不捨世間，大乘之異於小宗者在是。夫無餘而終以無住，猶《易》之「既濟」而終於「未濟」也。聖人體大明而能愛，（此中體字，是體現義，即含有保任與擴充等義。「乾」曰大明，〈繫傳〉曰安土敦仁，故能愛。）吉凶與民同患，（亦見〈繫傳〉。）猶無住之意也。

四涅槃義，略疏如上。今欲告評者以三事：一、佛經雖云不壞世間相而說實相，（下相字，非相狀義。實相猶云實體。不壞云云者，即於世間相而見真實，佛書亦譯真如為真實。）究與孟子「形色即天性」意義不同。佛家是出世之教，菩薩必得無餘，眞如離障，進而無住，不捨世間，始於世間相而見實相，此其宗教思想與吾儒似有同而實不同者也。儒者證眞之談，無有宗教意義雜於其間。

二、佛之出世，決定是出離生死海，即斷苦依。（依，謂身，如人身或其他眾生身。）有餘涅槃，異熟猶在。微苦所依未滅，猶是住生死，必至無餘，方於生死而得不住。談何容易妄以在世不染名出世耶？在世不染，豈必佛教！稍能寡欲者，即可不染。以此等俗見而言出世，菩薩有知，能不心痛？儒者盡人合天，無世可出，更何所謂人！「等閒識得東風面，（喻知天也。）萬紫千紅總是春」，（此喻一切物皆天也，一切動念處與舉足下足處，皆天理流行也。）此等詩句，從孔門一貫、孟子左右逢源語得來，甚深微妙，非凡愚所了。無住菩薩，用而常寂，似此境界。然佛氏必出而後入，方能見得如此，卻是宗教異儒學處。

然復當知，吾言出而後入者，指菩薩已得無餘，不住生死，而亦不住無餘涅槃言，其不住涅槃，即不捨世間，故謂其出而後入也。但此所云入，絕不是變更佛教出世本旨，其入也，正所以完成其出世之希願耳。我已不住生死，（此中我者，設為菩薩之自謂，下準知。）自度事畢乎？猶未也。眾生與我一體也，眾和生未度盡，則我自度未完成也。是故不住涅槃，即仍入世。常以悲智，不捨眾生，盡未來際，我皆令入無餘涅槃而滅度之。此菩薩本願也。無住涅槃明明為度眾生而施設，僧人奈何不悟！妄以世間情見改易出世教義，叛佛至是，大可惜哉！凡經論中每有不捨世間等語句，皆就菩薩道言，即就無住涅槃言，菩薩入世，乃所以完成其出世之希願，切忌誤解。

三、佛家確信吾人本有個體的生命不隨形骸生滅，奘師言賴耶「去後來先作主公」。曰來先，則汝形骸未生時，汝之個體的生命無始時來已有之；曰去後，則汝形骸滅時，汝之生命豈斷絕耶？（賴耶一名，雖非大小各宗通用，而此詞所表者，即有個體的生命，則佛家皆不外此。如窮生死蘊等，亦與賴耶大旨不異。）汝試潛心深玩三藏十二部經，諸佛菩薩是為何發心？為何悲憨眾生墮生死海？為何於地前地上無量劫修行？為何得無餘涅槃而猶不住？託名佛子，而於世尊大事因緣全不求解、全不相信，妄臆入涅槃而苦依滅時，（謂身滅時。）即無所有。佛言：寧可我見如須彌山，不可空見懷增上慢。豈非預知來世有愚痴類將毀教法，乃嚴厲垂戒乎？夫有餘涅槃，苦依未滅，即猶受人等身，其有個體的生命在，固不待言。入無餘時，出生死海苦，煩惱既盡，餘依亦盡，（依謂身。詳前。）只是不復墮世間受人等身耳，非謂其個體的生命斷絕也。生命之具，而非即是生命，故菩薩入無餘時，世間身已滅，（《論》云苦所依者，世間身。）而菩薩之生命非斷絕也。如其入涅槃而生命斷，則諸佛菩薩何故長劫苦修，以求得涅槃而自絕其生命乎？佛菩薩果如此以求得涅槃，則與匹夫匹婦自經溝壑之情亦無異，豈不可痛而又可笑哉！又復當知，無住涅槃中，菩薩不住生死，即由其已得無餘故也，若未得無餘，何能不住生死乎？至不住涅槃之云，實即已得無餘而不住耳，此義前文明示，無可狐疑。倘如評者所云「涅槃是什麼，還有什麼生命去與涅槃冥合的」云云，則菩薩得無餘時，其生命即已斷絕無所有，則後之無住涅槃是誰所得？豈呼虛空來得此涅槃耶？叫虛空來利樂有情耶？夫無住涅槃，自大乘空宗肇興，首先提倡，大之異小，端在於是。無著世親力挽大空末流之弊，起而唱有，《成論》是世親以來十師之結晶。其末後談四涅槃，是佛家無量法義之總會處，是其精神與命脈所在處，是大小根本不二處，（小乘千言萬語，歸於得無餘涅槃；大乘千言萬語，亦必歸於得無餘，而後乃無住，否則無住無可談也。故大小有根本不二處，即無餘涅槃。誰有智者而於斯不了乎？）是龍樹、提婆、無著、世親同其大處，（二家施設異，而此真歸宿處不得有異。）是自《阿含》以迄《大般若》，乃至《華嚴》等經有一貫處。（詳玩上諸句義。）評者有云：涅槃是什麼，還有世間可出離的。吾且問汝：曾讀佛書否？任取佛家一部經或論，其所破的迷執相是世間相否？其所厭離的生死海是世間否？六度明明捨生死此岸到涅槃彼岸，是有世間可出離否？《成論》談有餘等三涅槃，明明曰眞如出煩惱障，曰眞如出生死苦，曰眞如出所知障，是有世間可出離否？曰餘依亦滅，是有世間可出離否？佛法若不出離世間，還可得涅槃否？評者若是在家人，亂談佛法，猶不足怪；託名佛子，而知見如此，眞堪悼惜！《新論》博大謹嚴，每下一義，都自其眞實心中流出，無半字虛妄，評者竟絕不虛心，身在佛門，何可若是？評者復以《新論》此處所談與外道神我離繫獨存、及小我與大梵合一相像，以謂誤解佛教，此實評者自誤。佛家破外道之我，只破其妄計或妄執之我，而其自宗實非無我論也。破大梵天，亦破其妄計，不如實知，（不能如其實而知之也。）而佛氏本來自性清淨涅槃，實與大梵有融會處。佛教徒不識世尊與諸大菩薩本意，遂與外道競立門戶，隔絕太過，而眞理之在人心本有同然者，遂不可見。（吃緊。）此實大道之巨障，而眾生迷妄與鬥爭，所由不可解出。《新論》寄託高遠，自非超悟之資，何堪論此！

評者又云「大乘的不同儒家，即以出世的空慧掃盡世俗仁愛的情見，而使之化為不礙眞智的大悲」云云。評者最令人痛惜者，即其染世間洋本本之毒過深，滿紙浮詞，無一明確觀念。如言緣生，而不知有第八識，元非無我。言涅槃，而墮空見，不知無餘涅槃，餘依亦滅，而非無物，使其無物，則後之無住，而利樂有情者其誰乎？至言出世，則評者明明言在世不染名出世，又明明言涅槃是什麼，還有世間可出離的，據此可見評者不承認涅槃是由出世間而得，此已謬極。斷煩惱障，方得涅槃，大義炳然，如何不覺？煩惱障者，非佛氏所謂世間相乎？若不出離世間，何涅槃可得？評者於佛家出世本義，根本無正確之理解，今乃忽然推尊大乘的出世空慧，既不明瞭佛家出世本義，徒拈得出世二字而言出世空慧，究是如何的一個空慧乎？且評者後文，力主大乘空宗非是破相顯性，何爲於此妄說空慧？小乘人空，未得法空。故無空慧；大乘證法空，故云空慧。法空是何義？汝云空宗不破相，是空個什麼？既不了何謂法空，云何妄言出世空慧？

評者以仁愛爲世情見，尤可痛傷。佛教與儒學雖出發點各有不同，而儒之仁愛與佛之大悲，謂之有異則不得。儒之仁民愛物是世俗情見，佛之大悲眾生非世俗情見乎？出世與否，確有同異，而人生本性之發用流行爲萬物或眾生同體之仁愛或大悲者，則不可以門戶愚見而妄分異同也。此處妄有異同，則人性將毀，佛種將斷，是而可忍孰不可忍！且愛字義訓有二：仁愛之愛是至善也；姑息之愛即貪愛，謂之情見可也。佛典談及染心所中之愛，則是貪愛，非仁愛也。字義未究，而誣儒佛，未知其可也。

評文列儒家於人天乘，此承往昔僧徒之謬說，而不自知其非也。儒者所言天命或天道之天，非佛教所謂人天之天也。評者如能理解吾上文所說，則天字之義，無須複贅；若猶不了，則余更無多言之必要。眞理自在天地間，能悟者片言而悟，不悟者終無如之何！

評者又云：「儒家何處說仁是空寂的？」吾且問汝：三法印結歸涅槃寂靜，寂義是靜義，故連屬成詞。又佛典寂字亦與空字連屬成詞，曰空寂。此土道典，亦以靜字與虛字連屬成詞曰虛靜。虛靜之與空寂，二家意義縱有淺深，而大旨從同，則無可諱也。寂靜即離欲，即無擾動相。故言寂靜即有空或虛義相連屬也。此等名詞既已審定，試檢《論語》，子曰「仁者靜」，非以空寂說仁乎？又曰「仁者樂山」，山者，無擾動相，所以象仁體寂靜。孔子作《易》，字字皆象，此處亦然。又有天何言哉，時行物生之嘆！（嘆者，讚嘆。）無言者，形容空寂也；時行物生，是空寂而能仁也。聖言高渾，非澄懷體之，未有能喻者也。

評者又詆《新論》讚美空寂，而怕說出世，即是《新論》的根本情見云云。此甚錯誤。熊先生嘗言：吾並不反對出世法，但不認爲大中至正之道。此中有無窮的意義，甚難與一般人言，佛教中人有教僻，更不好談。即如前文所云，儒者形色即天性與佛氏不壞假名而說實相（假名謂世間，世相不實，皆假名故。）畢竟不同者，儒者只稱實而談，緣其一直超悟，無有小己之迷執，故於世間根本不曾作世間相想，即無生死海可怖，無世間相可厭離，盡心即知性知天，本無客染，故乃直於形色而見天性。此是證量境界，始終不雜一毫宗教意義。佛氏起初發心，便同情庸眾，有小己淪溺生死海之熱烈感觸，開端便是宗教熱情，與儒家聖人直由智慧澈證自本自根者異轍。（自本自根者，謂萬有之原不離自心而外覓。）前云二家思想出發處不同者以此。但佛教有一特殊處，凡宗教家每任情感去皈向超越之上神，佛教則遮撥擬人的上神。不唯如此，而且戒定慧三學交修，由戒引定，由定發慧，其理智作用與思辨力之明睿，誠有超過世智辨聰處。然其空想與幻想處亦不少，佛教雖駁外道之神，而其自宗之神味確甚深。三界六趣諸天，自佛典說來，儼然親歷之境，人死而其生命非消滅，理所可有，（儒者祭神如神在，恰到好處。）而必曰諸天與諸鬼趣等世界如何如何，儼然一部信史，余以爲不如聖人六合之外存而不論最爲理智。（此中理智一詞形容其不作空想與幻想。）凡言神者，應分以二，曰宗教家擬人之神與哲學家所謂宇宙大心亦爲爲神。（宇宙大心即是吾人各具之心，實非二也。）佛家畢竟宗教神味過重，不獨非無神論而已。（其諸天與諸鬼趣，可謂多神論。）縱云界趣等說，隨順民俗而談，不必與其中心思想有關，然從其教理方面衡之，頗覺其富於懸空的辨析，（辨析極重要，但失之懸空即有病。）要令採者有荊棘多於寶物之感。（讀佛書，如入山採寶，必遍歷荊棘而後得寶。）佛家窮大極深處，無可否認；而夾雜空想幻想，亦無可否認。佛法畢竟是宗教，宗教精神吾人絕不可少；但出世主張，如有畸俊超然孤往，固無復反對，要非斯人常道。儒學極高明而道中庸，致廣大而盡精微，通天人而一之，至矣盡矣！高矣美矣！無得而稱矣！《新論》終融佛以入儒，其寄意深遠矣哉！

評文有云：我以為《新論》原期融會儒佛，然彼於有意無意中始終有一情見存在，即揚儒抑佛的觀念云云。

審曰：融會者，非於二者之中擇其有可類比之語句以相附會之謂也。附會則是拉雜，無可言學術。融會之業，必自有宗主，而遍徵百氏，集思廣益，取人所長，違人所短，以恢宏大道而無礙通途者也。譬如具有生命的人體，常吸收動植等養料而變化之，以創新其生命力，是爲融會；非自身本無生命，而東取一塊石，西拾一木頭，兩相堆集成垃圾桶可以謂之融會也。（非自，至此為句。）熊先生之學，據其自述，從少年以至中年，本經無數變遷。弱冠革命，曾毀宣聖、謗六經；中間曾歸心佛家唯識論；四十左右，復不滿於唯識師之一套理論，頗傾向空宗；其後對佛家出世思想，認爲是由厭離生死海之動機而有反造化之異想，此等出世法未免偏而失中、奇而失正，在熊先生本人頗不贊同。因此反己體認人生眞性，歷有年所，漸悟天人不二之旨。忽然回憶少時所讀《易經》，始覺已所驚爲自得者，乃吾聖人所已寓之於《大易》，但卦爻之理不易明，其辭皆象，又非泥於象者所可喻。自此乃歸宗儒家《大易》，而毀其舊日依據世親迄十師遺教所造之《唯識學概論》，遂改作《新唯識論》，明體用不可分而又無妨分，雖無妨分而究不二，融貫天人，融佛入儒，本諸其所自見與自信，非故意抑揚也。

又復當知，熊先生在其自己立場，本不贊同出世法，故有所融攝亦有所捨棄；在其對於思想而說，並不反對出世法。先生認爲人類對於其自己的生命有永恆之要求，同時有拔出其生命於塵海、以高趣寂海之希願，佛法於此確予人以強大之提振而堅定其信念。但熊先生又謂：吾人如有合天之詣，則於塵海而證得寂海，更無所謂出世。然眾生根器不一，其思想與信仰接近佛教者自不少，當任人之信教自由云。

《新論》融會佛說處自不少。即如種子義，僧家只謂《新論》對此橫施破斥，並有謂不應以種子爲多元論者。熊先生嘗面答某僧云：《攝大乘論》言「於阿賴耶識中，若愚第一緣起，或有分別夙作爲因，（如尼乾子等，計有先業，為諸行之因。）或有分別自在變化爲因」（婆羅門等，計有大自在天能變化故，為諸行之因。）云云。此中一大段話，明明將諸外道所自構畫安立之本體一一破斥，而創明第一緣起即種於者，是爲諸法之因，（諸法，猶言諸行，解見前注。參考《撮大乘論》無著、世親二釋及《新論》中卷〈功能下〉。）此有明文，何容否認？種子本爲多數，輕意菩薩云：「無量諸種子，其數如雨滴。」不謂之多元，而將何說？《攝論》是無著親造，以授其弟世親，厥後世親盛宣唯識，始終未失此規矩。無著兄弟是唯識開山，此不可據，其又奚據？某僧無以難也。實則《新論》於本體論及宇宙論方面，取消種子說，而於人生論及心理學方面，仍融攝種子說。中卷〈功能〉下談染習淨習處，與〈明心章〉談心所處，宏深透闢，得未曾有。縛於染習，即物化而不入，亦即失其天性；捨染創淨，所以成人能，即所以顯天性。人之創淨不息，即是實現其在己本具行健不已之天也。嗚呼！斯理微矣。成人能便顯天德，天人豈有二乎？種子義，經《新論》融化而意義頓異其舊，淺者莫之省耳。

評者謂《新論》不曾虛心理解完整的佛法，而只是偏見到一些似是而非的，《新論》以爲大乘還是出世的，不知佛家的入涅槃本與《新論》不同等語。此一段話，吾前文本已破訖，可不複贅。評者身爲僧人，而於佛教竟絕不通曉，似是而非四字，猶談不到也。評者談緣生，不知有第一緣起，即含藏一切種子之阿賴耶識，賴耶之名詞且置，究竟佛家是否以爲人死後即無耶？如其無也，還有甚佛教可說？經論中亦時有呵斥凡夫作死後有、死後無等計度者，此乃別有密意，切不可胡亂作解，謂死後便無也。如其果無，佛菩薩何故悲憫眾生輪轉生死海？何故修六度要捨生死此岸到涅槃彼岸？今日佛法雖衰，恐佛門中猶不少淨信賢達，未必悉與評者同其見解。假如佛法非謂死後果無，則入無餘涅槃時，菩薩餘依滅盡，（餘依即身，已解見前。）而其個體的生命可云消滅無所有耶？評者在前一段中已攻擊《新論》，而謂「還有什麼生命去與涅槃冥合的」云云，今在此段又胡亂輕詆一頓。禮之一字，吾無責於評者之必要。試問菩薩得無餘涅槃時，若如評者所計根本無生命在，此時只是空空如也、一無所有，佛氏之空寂果如此乎？佛菩薩長劫修行，只求如此，則與愚夫愚婦自經溝壑之見何異？更可怪者，評者說得涅槃時，全無所有，而在此段中，再行申明佛家的入涅槃本與《新論》所說不同云云。須知《新論》說三乘聖者入涅槃時，不是其生命隨身俱滅，即入涅槃不是斷見，不是空得無所有，因此大乘菩薩已得無餘涅槃，而爲眾生未度盡故，仍不住涅槃、不捨眾生。此在前文本已引據《成論》解釋明白，評者似一向少讀佛書，即讀亦不求了解，滿紙是鄉諺所謂橫扯。如評者此段有云「大乘涅槃畢竟寂滅，而悲智宛然，令一切眾生成佛」云云。夫評者談入涅槃，明明反《新論》，明明是斷見，而此中文又說悲智宛然，試問斷滅而無所有之空寂中，尚有悲智可說否？評者只橫扯一些話頭，而其胸中竟不問此等話頭當作何解，此眞怪事！評者此段提及完整的佛法一語，亦知完整的骨髓在何許否？如人身所以成其完整者，以有骨髓在故，若去其骨髓，則完整者立時消散矣。佛法之完整，自有骨髓在，否則何以別異於世間法？此個骨髓是什麼？緣生是同於哲學家之關係論，而無有所謂窮生死蘊或賴耶識乎？果眞無我乎？菩薩入無餘涅槃時，便生命隨身俱盡乎？此個骨髓一空，則佛之教法全盤俱毀。評者對佛法尚得許有似是而非之解否？

評者此文，橫扯不堪，實不必辨。但念世亂如斯，人人缺乏信仰，只迷執肉體，若佛教徒亦隨順世俗而忽視自宗骨髓，則世道復何攸賴！余欲辨正之動機，實在乎此。甚願評者多作靜慮工夫，擔當法運，毋自誤也。

評者謂《新論》有取於臺賢，隱而不言，爲掠美或藏拙云云。此不獨有意橫誣，而亦太不了解學問之事。中外古今談哲學者，著述雖極多，綜其大要觀之，哲學上之問題何在，名家皆不約而同注意到，至其對於問題之解決，則各哲學家之見解不能一致。然此不一致之情形並非極紛亂無緒，卻可類別之爲若干流派，（流者，類義。試檢幾部哲學史便可見。）不論何地何時之學者，觀其著述，總可分屬之於某一流派。其在同流共派之中，各個之所見或所說自有大體從同，或許多說法相合之處。至其從同與相合者，或後之於前，彼之於此，曾受影響；而亦有後未讀前之書，此未閱彼之籍，竟有遙契處者。此心此理自有同然，孟子、象山之言，深可玩味。評者必謂《新論》有合於臺賢即是有取於臺賢。而又坐以取則掠美、未取而不言即是藏拙云云，試問《新論》之體系果與臺賢同否？《新論．附錄》中答人書曾言臺賢淵源所自，不能外於大空大有，此語自是誠諦。一般人皆言臺賢是中國思想，此與詬理學實是禪宗者同一錯誤。凡一學派之思想，受時代影響或外來影響而有變易於其所承接之古學，此另是一事；至其骨髓與所承接之古學為相反、為相承，此個分別極緊要。佛法是出世之教，儒者為融貫天人之學，此是二家骨髓不同處。理學盡管受禪師影響，而其骨髓確與古儒學為相承；臺賢儘管以中國思想附會佛法，而其骨髓確已反固有而歸宗出世法。又復當知，佛教東來，宣譯之業，要以羅什之介紹大空、奘師之介紹大有皆為較有系統之傳譯，足資研討。奘師未出之前，眞諦古學頗盛行，臺賢多資於是，後來亦受奘門影響，此中不暇討論及斯。但謂臺賢淵源所自，不外大空大有，此語終無有錯。

《新論》體有不二義，一方由佛法中談眞如只是無為、只是不生滅、只是寂靜，其與有為法或生滅法無融會處，一方鑑於西洋談本體者，其於本體與現象亦多欠圓融；因此，潛思默識，歷年良久，而後斷然以體用不二立說。先生初欲求印度之眞，先從奘譯唯識入手，後乃上探什師，此土諸宗實所未究。《新論》文言本出後，有人謂其近華嚴，先生嘗涉獵一過，謂其有甚好處，惜不免混亂。閱《疏抄》時，以老病未及隨筆抉其得失，嘗以為恨事。臺宗則迄今未多翻閱，此實情也。華嚴理事圓融，以視大乘諸經生滅與不生滅折成二片者，誠有異，與《新論》體用不二義，本較接近。但其於本原處雖有見，畢竟失之渾淪，只說到理成事與事即理而止，事上欠解析，即不能施設宇宙論，此還是印度佛家本旨。宇宙是如何而有的？如何而顯現？在吾國之《大易》與《老》、《莊》，均有精透說明，印度佛家獨不爾。評者在第二段中所云「佛氏於此，照例默然不答」，此語卻是。佛家何故不許問宇宙如何而有？在佛教中人，固以不可思議四字來神聖與莊嚴此種意趣。其實，如果要說宇宙如何而有，則宇宙即是依本體之流行而假施設，佛氏出世法於本體只見爲寂滅，（亦云寂靜。）終不許於本體說流行或生化也。《新論》明由體成用，（用者，即依本體之流行而立名，本體是備萬理、含萬德而流行不息的物事，即於其流行中有一翕一闢之勢上，而名為用。詳在《新論·轉變》、〈功能〉諸章。）於用而設施宇宙，又即於用識體，而闢乃眞體之顯，故不妨說心爲體，以心之名依闢立故。翕便物化，心則恆如其本體之白性，故於此識體也。此體用義與臺賢相似有幾許，望評者且細心，若不會，姑置可也，何用相誣！全性起修，即元者善之長義，亦自誠明義。（孟曰「誠者天之道也」，其在人則謂之性。明，即見性工夫，一切修為，皆明也。自誠而明，是全性起修何疑？）全修在性，率性之謂道也。此等句子，時見稱引。小大無礙，莊子有明文。主伴互融、一多相攝等義，華嚴家實自卦爻中體玩得之。然西洋哲學家亦多能言及，何用少見多怪，以爲華嚴獨發之祕乎？海漚等喻，既是譬喻，亦何足言！即物遊玄，便自見得，心同理同，互不相襲，此皆枝節，無關根底。若云襲取，則佛教自其肇創，以至後來小宗大乘之發展，隨時皆有所取資於外道，而乃破斥外道不遺餘力，然世未有以此議佛氏者何耶？老子後於孔，今人考據殆無異議。儒言道，老亦言道；儒學陰陽，老亦言陰陽，此乃根本大義相同，非枝節之合而已。然老攻擊儒家甚厲，從來未有詆老氏學非自得，亦未有疑其襲儒言而反抹煞之者何耶？良知始見孟子，而陽明自謂其發明良知爲千古之一快，世未有疑陽明襲孟子者何耶？張人李人，五官百體無不似也，而世不謂張人即是李人者何耶？伯樂相馬，得之於牝牡驪黃之外，得其蘊藏故也。牝牡驪黃，天下之馬無弗同也，而馬各自有其蘊藏，則不得而強同也。豈唯相馬，讀書者若只求之於文句或理論之間，而不了解其中之所蘊藏，徒妄生異同、妄爲是非，則與著者本旨無干，亦無所損，只自誤而已矣。

評者又云：「《新論》繼承理學的傳統，以『寂然不動』、『上天之載無聲無臭』、『神無方而易無體』說明儒家知道寂然的眞體，此空此寂即是佛家所見的，於是乎會通《般若》與禪宗。其實佛明空寂，彼此間也還有差別，淺深偏圓不等，哪裡能憑此依稀彷佛的片言隻句，作爲儒佛見體（寂。）同一的確證。」此段話，卻是門戶見。華梵聖哲澈了大本大源之言，甲乙不約而同言到，其所以同言到者，實由其同見到，其所以同見到者，實由心同理同。孟子象山皆說同心同理，此是無上甚深第一義語，千聖莫能違。心有所不同者，必非大明之心，障染未盡也；（《易》之「乾」言大明，佛曰圓明。）理有所不同者，必所見非眞，要非理果無實，令人不得同見也。儒者窮理盡性以至於命，參考熊先生《讀經示要》第二卷，即佛氏所謂澈法源底也。窮至此究竟處，說「寂然不動」，（不動者，無昏擾義。）說「無聲無臭」，說「神無方，易無體」，（神者，神化；易者，變易。此皆就本體之流行言。換句話說，即就本體之全現為大用而言。無方者，無有方所；無體者，無有形體。）此與佛氏見到空寂，（無方所、無形體等義，名空，非空無之謂。）確是於大本大源處，同有所見之一方。此中一方二字吃緊。本體空寂，無方而化也神，無形而不窮於變易，所謂動而健、生化不測也。佛氏出世法於此一方，卻不與儒者同其所見，然於空寂之一方，卻是佛與儒同其所見。今評者必曰此空此寂即是佛家所見的，而於聖人所言寂然不動與無聲無臭、無方無體等了義語，竟悍然詆爲依稀彷彿的片言隻句，此等門戶見，實有未安。佛家浩浩三藏，蔽以三法印，三法印歸於一寂，《大智論》有明文。《大易》「寂然不動」一語，赫然確爾，與佛世尊心心相印，何得以私意抑揚？無聲無臭，無方無體，《大般若》千言萬語，無非密顯此義。上聖圓音，一字中含無量甚深微妙義，一句中表無量甚深微妙義。證眞之言，何事於多？喋喋多言，徒令眾生緣名言而起執，佛家小宗大乘諸論師，每有此失，宗門起而掃蕩，眞是一摑一掌血、一棒一條痕，可不悟哉！夫辨異同者，辨之於理而已。明明證眞之言，字字金科玉律，而曰「依稀彷彿」，虛懷究理者，何敢爲此言？何忍爲此言？評者甚至以無思、無爲、寂然等語爲談蓍龜，如斯戲論，未免侮聖言。明儒有詬佛家涅槃之寂爲厭生死而逃之冥漠反成鬼趣者，評者亦以爲然否？

無思無爲，即非有意想造作之謂。此即異乎一神教擬人的觀念，佛與儒此處有何差別？稍有頭腦者，當不至謬想孔子言天同於景教等也。評者疑《新論》談本體、談唯心，便與西洋學者混同，佛家眞如是遍爲萬法實體，又曰「三界唯心」云云，亦與西洋人混同否？《新論》談儒家修養，何曾說即是儒家的修養？明明謂佛家只證到空寂，而不悟生化之健，正由儒佛修養有不同處，故所得成效異耳。評者有云「以此爲彼」，不知果何所謂？獨復須知，萬事萬理總是同中有異、異中有同，克就異點而言，固無可強同，克就同點而言，亦無可立異。儒佛修養，有其異點，自亦有其同點，若一往談異，必佛法全不是道，而後可云耳。

學字有多義。〈學而章〉之學字，是覺義，則漢儒古訓也。五十知天命之命，非神的意志，非神的賜予，則《易・無妄》之象有明證，評者橫扯作甚。

評者又云：「儒家說仁、說良知，都是人類異於禽獸的特性，故仁或良知不是一切法所同的。」此實不究儒學。《易》明乾元始萬物，故曰萬物各正性命，注家皆謂萬物各得乾元大正之理，以爲其性命也。儒言萬物，猶佛書云一切法，萬物之本性，皆是乾元。漢儒言乾爲仁，又曰乾知大始，言乾以其知而大始萬物也。此中知字義深，顯乾是明照之體。大者讚詞。據此，乾元即仁，亦即良知，可見仁或良知即是萬物或一切法共有的本性，（言萬物，而人類在其中。）豈唯人類獨有之乎？程子言「仁者渾然與萬物同體」，即據《易》義。評者全不求解何耶？夫仁或良知，雖一切法同有，而植物及無生物則不能顯發之；動物已稍露端倪，互助論者所發見之事實，皆可證明動物已有仁或良知在，否則只有相噬，何能互助？《大易》之義，顯然不誣。但動物雖有此端倪，而畢竟甚曖昧，未能顯發，能娃發之者，厥唯人類。故從萬物本性上說，任何物通有仁或良知，不唯人類有之而已。從萬物不免受形氣之限而言，則唯人類能顯發其仁或良知，而可以謂之特殊。故儒學崇勉人道，使之盡己性以盡物性，達於天地位、萬物育之盛，而全體大用畢竟呈露，無所虧蔽矣。至矣大哉！孰得而稱諸！《華嚴．性相品》云，一切眾生皆具如來智慧德相。是從眾生本性言。然餘經又說闡提畢竟不成佛，又說修行唯在人道，諸天與地獄等眾皆難修。佛氏雖說得空闊，事實上還同儒者，人道為本也。

評者又云：「禪者不像儒者繳繞於倫常圈子裡的，理學家哪裡理會得。」此等語眞可哀！王陽明常嘆佛氏出家，想逃人倫之累，卻先已有累在心。儒家則不然，有父子，還他一個孝慈，何父子之累？有兄弟，還他一個友愛，何兄弟之累？有夫婦，還他一個有別，何夫婦之累？若以貪嗔痴三毒繳繞自心，即逃出倫常之外，畢竟造業受苦，有何好處？此可哀者一。儒者倫常，哪有圈子可說？《大學》三綱八目，格致誠正統於修身，自身推之家國以至天下，天下者，天地萬物之都稱，故儒者倫誼不限於人類。極至範圍天地之化而不過，曲成萬物而不遺，裁成天地，輔相萬物，終成天地咸位、萬物並育，修齊治平之效已舉，而猶曰愼以終始，猶如佛位有不放逸數也。儒道至大無外，至高無上，而評者橫計有圈子，作繭自縛，驢年出，此可哀者二。吾以誠心告評者，昭烈帝曰「勿以善小而不為，勿以惡小而為之」。今人渾是貪嗔痴，有甚倫常？出家人竟毀及此，忍不戒與！釋尊教人孝父母，度其弟及妻子以及眾生，與孟子親親、仁民、愛物，果何差別？其敬念之哉！

評者此段，極詆禪與理之渾沌。凡不同流派的思想並行，終當有出而融會者，此為中外古今之公例。拘門戶者，不知觀其會通，而大道始喪矣。理學家於禪，融到好處與否，是別一問題；而其志業，則不容菲薄也。猶復須知，自魏晉之衰，北中國全陷於鳥獸之俗，南朝亦失淳風，唐只太宗一代稱盛，藩鎭非胡帥者無幾，承以五代之主，又皆胡人，此長期中，人理殆盡，吾夏族之衰自此始。非以良心深研歷史而不同考據家態度者，殆不能感覺此長期之黑暗與慘毒。佛之徒，皈命空王，忘懷世事，民生無所賴，此是事實。五代最慘，而禪學於時特盛。熊先生言：自唐至五代，佛門中許多過量英雄，若戮力世法，爾時世運或別是一局面。此說不爲無理。兩宋諸儒，承衰微之運，又承漢以來儒學久絕於經師之手，而佛教適乘機以入，取中國文化與學術之統而代之，如今日全盤西化之局。兩宋諸大哲，始董理堯舜湯文以迄孔子之道統、學統、治統。自是而吾民族始知有人道之尊、人倫之重、中夏聖賢學術之可寶、數千年文明之可慕，於是興自信之念，有自大自立之風。雖元起漠北，掃蕩歐亞，曾不百年，因南宋昔在江浙，理學植根深厚，明祖卒藉之以興，成光復華夏之偉業。明代人才甚盛，晚明學術思想發達，則王學解放理性之所啟。此時本不當亡國，惜乎繼體之主皆昏庸，其亡國於邊區之東胡，則由其時民主思想未開，不知改革帝制，遂至群眾渙散而亡。故明季諸大哲，如船山亭林梨洲等，皆以理學家盛倡民治，而欲革帝制，不幸神州已臨厄運，而業考據者遂趨附胡主，斬理學之緒。中夏至今，民德日衰，民智日浮亂，社會無中心思想，危亡將甚於昔。稍有人心者，平心靜氣思之，理學自是中華民族一線血脈，何容輕侮！宋明諸老先生之學，上究天人之故，下窮道德與治化之原，（王伯義利之辨，正是今日帝國主義者與資本主義者之對症藥。）根柢深厚，踐履篤實，後生何忍過自輕狂，率意詆毀！論學術，求至道，無分於夷夏，外國有聖賢，吾人當敬奉，本國有聖賢，奈何欲鄙視？釋尊與宣聖，雖各有特異處，而必謂一在人乘，一高出三界之外，此有何種尺度可以量度？龍樹提婆無著世親諸菩薩與程朱陸王諸大哲，所學不必同，而互有短長，亦有何種尺度可判其高下？吾儕當以平等心敬禮中外聖賢，而學理異同與得失，則一衡以公明之心。熊先生嘗言：至理無窮無盡，中外古今乃至未來，任何上聖，其學之所造，總有異點，總有同點，乃至同中有異、異中有同、大同大異、小同小異，互相觀待，紛紜複雜，妙不可詰，唯無門戶見而善觀會通者，乃可漸近於眞理。惜乎千古學人，求有胸懷豁達者極不易！窮理之事，本乎神解，胸懷拘礙而神解得透者，星球余信其可毀，而獨不信有斯事。先生此言，大矣廣哉！曾是有知，忍不服膺？先生又言：「禪宗諸大德，視教中諸大菩薩，論長則各有其長，求短亦各有所短，入主出奴亦不必。混沌自是未流之失，而且任何上哲，其明之所在即其蔽之所伏，（於此有所明，於彼即有所蔽故。）此蔽處正是渾沌。誰能一口吞下眞理之大全，絕無渾沌？」先生此言，又有趣也。又曰：宋明儒病在拘礙，頗欠活潑。此意難言，吾人宜承其志願以上追孔門。據此，可見評者議《新論》承理學傳統，太隔閡在。評者又云：《新論》雖然不同情籠統與附會，可是並沒有離開這套作風云云。吾告評者：離開與否，且讓後來具眼人判斷。評文此段末後，純是意見作崇，大義均詳於前，無須贅答。

評文談空宗與有宗，今摘其談空宗之要點如次：

(一)《新論》談空宗，一言以蔽之曰「破相顯性」。然而我敢說破相顯性不是空宗的空，絕非《般若經》與龍樹《論》的空義，反而是空宗的敵論者有宗。

(二)《新論》根本沒有懂得空宗，以為空即破一切法相，於是想入非非，以為緣生是遮詮，而不是表詮。龍樹是否破四緣？《新論》慢作主張。《智論》三十二，論到四緣說「但以少智之人，著於四緣，而生邪論，為破著故，說言諸法空。般若波羅密中，但除邪見，不破四緣」。凡《中論》、《智論》破蕩一切，都應作如此解。《新論》以空為破相，可說全盤誤解。

(三)空宗的空，是自性空，當體即空，宛然顯現處即畢竟空寂，畢竟空寂即是宛然顯現，所以說「色即是空，空即是色」。空宗的空，非《新論》遮撥現象的空，遮撥現象即是破壞世俗、抹煞現實，也不是遮撥現象而顯實性，遮撥現象所顯的即是神化，玄學的神之別名。《中論》說「因緣所生法，我說即是空，亦為是假名，亦是中道義」，即空即假的中觀論者，與有宗大大的不同。空宗是緣起論的，說緣起即空，不是說沒有，所以與有宗唯識論不同。依此即空的緣起，在相依相待的因果論中能成立一切法，所以不幻想宇宙的實體作為現象的根源。與《涅槃經》等不同，空宗也說即空寂的緣起為現象，即緣起的空寂為本性，但本性不是萬有實體，即此緣起的空性。經說一切法自性不可得，即是一切法之自性，（中略。）真如涅槃，非離緣起而別有實體。

(四)《新論》誤解《般若》為只是發明生滅如幻，以為必須有一不空非幻的實體。（中略。）如《般若經》說「為初學者說生滅如化，（虛妄，空寂。）不生不滅不如化；（眞實，不空。）為久學者說生滅不生滅，一切如化」。所以《新論》如要論究《般若》義，還得更進一步。

審曰：評者謂緣生不是遮詮，當是表詮，故又云空宗是緣起論的，說緣起即空，不是說沒有。余望評者細心將《成論》與《中論》等仔細對讀。《成論》成立四緣，而說一切法仗因托緣而起，稍有頭腦者，知其是表詮。《中論》等卻將一一緣遮撥得一無所有，如何不是遮詮？此眞怪論。評者引《智論》「但除邪見，不破四緣」之語，以爲空宗是緣起論，此實誤解。《智論》於此語之前，有申明其密意之一段文云「汝不知般若波羅密相，以是故說般若波羅密中四緣皆不可得。般若波羅密於一切法無所捨，畢竟清淨，無諸戲論。如佛說有四緣，但以少智之人著於四緣而生邪論，爲破著故，說言諸法實空、無所破」云云。案凡言捨者，必是執有實法，方言捨：凡言破者，必是執此實法。方言破。般若波羅密中，無有所執實法故，即無所捨、無所破。《論》文於此段下又有云「菩薩行般若波羅密，如是觀四緣，心無所著。雖分別是法，而知其空，皆如幻化。幻化中雖有種種別異，智者觀之，知無有實，但誑於眼，爲分別知。凡夫人法，皆是顛倒虛誑而無有實，故有四緣。（中略。）菩薩於般若波羅密中，無有一法定性可取故，則不可破」云云。詳此論意，係據般若波羅密中無一法定性可取，即入第一義。無四緣相可取，即無四緣相可破，此無上了義也。愚者若起一毫誤解，便計空宗成立四緣，即住顛倒虛誑法中。此正《論》文所謂「凡夫人法，皆顛倒虛誑而無有實，故有四緣」，論主已預防誤解，而評者竟不愼思何耶？

《智論》三十二所說「般若波羅密中四緣皆不可得」云云，讀者務須注意般若波羅密中一語，此乃克就般若波羅密中說，易言之，即克就第一義諦說。讀者從「四緣皆不可得」至「畢竟清淨，無諸戲論」云云，細心玩味，當知是克就第一義諦說也。若未入第一義諦者，尚住世間顛倒虛誑法中，便須爲之破除四緣，令離顛倒虛誑而悟入眞實。易言之，即須泯除緣生相而證入法性，此即《新論》所謂破相顯性。《智論》此段文，須與《中論．觀四諦品》中世俗諦與第一義諦及〈觀法品〉、〈觀因緣品〉參互詳究，求通神旨。如終不悟，務望存疑，愼勿尋章摘句，遇著《智論》三十二有「不破四緣」一語，便謂空宗是緣起論，不承有法性也。佛書難讀，空宗爲尤，理趣幽玄，辭旨奧折，淺智粗心者讀之或全無解，或執取單辭片說以爲解，甚可悼也！

評者云：「說緣起即空，不是說沒有。」此中空字是何意義？如是空無之空，何故又云不是說沒有？如非空無之空，此是何義？但評者又有云「空宗的空，是自性空，當體即空，宛然顯現處即畢竟空寂，畢竟空寂即是宛然顯現。（中略。）空宗的空，非《新論》遮撥現象的空」。

據此，則評者所云空，畢竟無明確觀念。評者已云自性空，則是一切法之自體本來是空無的，不如此解，而將何解？下語又以宛然顯現處即畢竟空寂回互言之，則一切法自性幻有，畢竟不即是空無，是與句首自性空恰成矛盾，此於邏輯必不可通。假如云幻有之法即無自性，故可云空者，如此，必須了解《中論》所以施設眞俗二諦之故。《中論．觀四諦品》云「諸佛依二諦，爲衆生說法，一以世俗諦，二第一義諦，若人不能知，分別於二諦，則於深佛法，不知眞實義。世俗諦者，一切法性空，（言諸法自性本空。）而世間顚倒故，生虛妄法，於世間是實。諸賢聖眞知顚倒性故，知一切法皆空、無生，於聖人是第一義諦，名爲實」云云。據此中第一義諦，則一切法自性本空，（空無。）但世間顚倒故，生虛妄法，評者所云「宛然顯現」者即此。吾前引《智論》談四緣義，所云「凡夫人法，皆是顚倒虛誑而無有實，故有四緣」者，即《中論》之世諦，評者妙悟所得者即此。其實，「諸聖賢眞知顚倒性故，知一切法皆空、無生」，皇皇聖文，胡可不究？第一義諦中，無緣生相，（吃緊。）故言「一切法皆空、無生」。此與《智論》言「般若波羅密中無有四緣相可破」者，密意吻合。《中論》又云：「衆因緣生法，我說即是空，亦爲是假名，亦是中道義。」下文即自釋云「衆因緣生法，我說即是空，何以故？衆緣具足和合而物生，是物屬衆因緣，故無自性，無自性故空。空亦復空，（如定執空，即毀世諦，故言空亦復空以遮之。）但爲引導衆生故，以假名說，（言空之為言，亦是假名說也。夫言緣生法空矣，即非有也。今又言空亦假名，則非無也。故下言離有無云云。）離有無二邊故，名爲中道。是法無性故，（緣生法無自性。）不得言有；亦無空故，不得言無」。（無性故非有，此約第一義諦言；亦無空故非無，此約俗諦言。）又上文有云：「汝謂我著空故，爲我生過，我所說性空，空亦復空，無如是過。以有空義故，一切世間出世間法，悉皆成就；若無空義，則皆不成就。」（第一義空者，為破相顯性故，即破世間顛倒相故，方假名說空耳。說空，即知世諦不無，如無世諦，為甚說空？故知有空義，則世間出世間法，皆悉成就。）詳上述諸文，皆以方便善巧施設二諦，此是空宗大關鍵處。於此著不得一毫誤解，若有一毫誤解，便有差毫釐謬千里之患，可不慎乎！

評者以爲《智論》有不破四緣之文，便謂空宗是緣起論，於是不承認空寂有所謂本體。評文有云：「也不是遮撥現象而顯實性。」又云「空宗是緣起論的，說緣起即空，不是說沒有。依此即空的緣起，在相依相待的因果論中能成立一切法，所以不幻想宇宙的實體作爲現象的根源。空宗也說即空寂的緣起爲現象，即緣起的空寂爲本性，但本性不是萬有實體，即此緣起的空性」云云。評者之主旨在此，但未了解二諦義，則此論終不可通。評者所云「空宗也說即空寂的緣起爲現象」，此語不獨無義，而實顯違空宗。即就評者所引據《智論》三十二談四緣中文，明明言「凡夫人法，皆是顛倒虛誑而無有實，故有四緣」，而評者乃云空寂的緣起，以空寂的三字爲緣起之狀詞或規定詞，與《智論》言顛倒虛誑而無有實者，顯然違背。評者又云「宛然顯現處即畢竟空寂」，此與空寂的緣起一語，同犯大過。須知空寂一詞，絕不可與顛倒虛誑無有實者同其含義，此意後談。稍有頭腦者，亦能辨此，如何可以空寂的緣起大痴見誣墮空宗？評者又說「即緣起空寂爲本性，但本性不是萬有實體，即此緣起的空性」云云。緣起法，根本屬世諦中顛倒虛誑法，於世間是實，何所謂緣起的空性？猶復須知，如認緣起法爲空寂者，即無所謂世間顛倒虛妄法，是破俗諦。《中論》云「若不依俗諦，不得第一義，不得第一義，則不得涅槃」。皇皇聖文，如何可背？此處輕背，則佛教精神根本推翻。《中論》言「若人不知分別二諦，則於深佛法，不知眞實義」，此可深省也。

評者只欲反對《新論》以破相顯性言空宗，於是不承有實體，而不承有實體，又不好自圓其說，遂以空寂的勝義加入緣起法上，而曰「即緣起空寂爲本性，但本性不是萬有實體，即此緣起的空寂」云云，如此，適以自陷。余初審正評文，至談緣生義，有爲無爲不分，生死涅槃無辨，已甚詫異，今閱至此，乃知評者迷謬所在。評者若自講其緣起論，而聲明不同佛教之舊，亦可不亂佛法；但必以己意說空宗，且自負爲空宗之解人，則佛菩薩有知，自不免心戚也。

評者不承空宗破相顯性，余望評者放下胡亂知見，細玩《中論．觀法品》。今節其扼要處如次：

> 爲度衆生，或說一切實，或說一切不實，或說一切實不實，或說一切非實非不實。一切實者，推求諸法實性，皆入第一義，平等一相，所謂無相。如諸流異色異味，入於大

海，則一色一味。

一切不實者，諸法未入實相時，各各分別觀，皆無有實；但眾緣和合，故有。

一切實不實者，眾生有三品，有上中下。上者觀諸法相，非實非不實；中者觀諸法相，一切實，一切不實；下者智力淺故，觀諸法相，少實少不實。觀涅槃無為法，不壞，故實；觀生死有為法，虛偽，故不實。

非實非不實者，為破實不實故，說非實非不實。

綜上四門，第一門是密意說，第二門爲入第一義方便故說，第三門爲眾生於前二門中有執著故說，第四門爲破著故說。密意說者，爲眾生不了諸法實性故，方令推求，於一一法，皆入第一義。平等一相，所謂無相，然猶未能令眾生不著一切實相故，非了義故，云密意說。

其次，爲入第一義方便故說者，諸法未入實相時，（實相，猶云實性。）各各分別觀，皆無實，但眾緣合故有。欲令眾生於緣起法相，勿妄著故，方悟彼實相，如於繩相不妄著故，方於一一繩相悟知是麻，（麻，喻實相。）故云爲入第一義方便故說。

眾生根器不一，觀諸法相，多有著故。（此第三門，思之可知。）

故第四門說非實非不實。非實者，推求諸法實性入第一義時，若作實相想，亦是著相，爲破此著，故云非實。非不實者，若於諸法尚未悟入實性時，聞說諸法皆無實，便執一切不實，此復成著，應知說不實者，欲令於一一法悟入實性，非壞諸法，若見諸法實性已，即一一法皆實，（譬如於一一繩相皆了知是麻。）故云非不實。又諸法相皆入第一義諦已，而俗諦中不妨施設諸法，故云非不實。如是非實非不實，方爲了義。

如上引《中論．觀法品》文，並爲略釋。當知空宗非是諸法無實性論者，佛家大乘諸經，無論依妄識以樹義、本眞常而爲說，要皆未有持無體論者。（體者，具云本體，亦云實性。）空宗果如評者所云，只是緣起論，即往顚倒虛誑法中，此成何說？有人言，呂秋逸居士謂佛家思想當作整個的去看，其說之內容如何吾不悉，但各派所宗之經，雖各有扼要之義，而大本大原處，總有血脈相通。如空宗果爲無體論者，即是隨緣外道，《大般若》直是戲論，與《華嚴》、《深密》、《楞伽》、《勝鬘》、《涅槃》諸經全無可通處，龍樹諸大菩薩，何足爲大乘開山？

評文中有云：「幻有二義，一宛然現義，二無自性義。眞如、涅槃，非離緣起而別有實體，依相待施設安立的說，即具此幻的二義；依絕待離言非安立的說，即具幻的無自性義。」此等語不知從何說出？安立非安立，即眞俗二諦之別名。眞諦亦名非安立者，以心行路絕、語言道斷故，此唯證量所得，非言說安足處所，故云非安立諦。此必眞知有實性故，有第一義故，乃於眞諦名非安立。評者明明說緣起幻法無自性，即是《智論》所謂顚倒虛僞法，《中論》所謂世間顚倒故，生虛妄法，如何以可顚倒法，說爲絕待離言，非安立諦耶？如此侮聖言，終不自覺，佛法將如何？是可哀也。評者知絕待一詞作何解乎？唯諸法宛然幻現而無自性，故說諸法有實性，所謂眞如涅槃。（吃緊。）譬如說繩相是虛幻無自性，故說繩有實性，所謂麻。（繩，喻幻法；麻，喻實性。麻本非實性，乃設喻不得已而強為之詞。）評者已知幻法是相待的，而又不承有實性，則絕待二字作何解？須知絕待者，非離相待而妄想一個空洞之境名爲絕待也；即由於幻法而透悟其實性，（如於繩而透悟為麻。）便泯相待之相，直於一一幻法皆見爲眞如涅槃，即是絕待。（吃緊。）若只執取幻法宛然顯現無自性者爲有，而絕不承幻法是依實性故有，則只是相待的幻法，而絕待之名從何安立乎？宣聖曰「必也正名乎」，評者既用絕待之名，當求絕待之義，如何遮撥諸法實性成無體論？此眞怪極。

空宗非無體論，已說如前，今次略明破相顯性。空宗《大般若經》、《大智》、《中》、《百》、《十二門》四論，凡稍有頭腦者讀之，當知空宗一切掃蕩而實非空見，（非獨實性不空，即虛誑法亦不遮，二諦義宜玩。）實非空見而一切掃蕩。空宗根本意思，是欲令眾生見性，（性者，諸法實性。）方不墮顛倒虛妄法中。然欲見性，即非破相不可。譬如無知之孩，只執取繩相，必不能於繩而見其只是麻，成年人欲曉之，必示以繩相是依人工、時日、資具、造作等緣而幻現其相，無實自性，方令彼孩即於繩相而頓悟是麻。繩相不破，麻性不顯；諸法之相不破，即不能見諸法實性。此義不悟，便如長夜昏眠；此義說穿，確是家常便飯，元無奇特。《心經》是《大般若》之撮要，開首便空五蘊，非破相乎？破相非以顯性乎？《新論》已釋得明明白白，而評者毫不求解，橫持己見，不知果何所謂？《心經》且置，《中論．觀法品》云：「問曰：若諸法盡畢竟空，無生無滅，是名諸法實相者，（此中實相，猶云實性。克就實性言，唯是一真絕待，無有所謂諸法之相，故云諸法盡畢竟空。）云何入，（問如何悟入諸法實性。）答曰：滅我我所著故，（破人我執。）得一切法空，無我慧，（破法我執。）名爲入。」此中一切法空四字，不可滑口讀過。（空者，破除義。）一切法空，易言之，即破除一切法相也。法相不除，何可悟入諸法實性？空之爲言，非於世間顛倒虛僞法上迷執爲空寂故名空，（非字，一氣貫下。佛法中無此邪見。）乃於世間顛倒虛僞法相直破除之，而顯其本來空，（空者，空無。第一義諦中，一真絕待，諸法相本來空，非以意空之也。）否則不名悟入實性。譬如孩兒未空繩相，終不能於繩而見是麻。〈觀法品〉又言：「爲度眾生，或說一切實，或說一切不實。（中略。）一切不實者，諸法未入實相時，各各分別觀，皆無有實，但眾緣合故有。」此文不作破相解，將作何解？須知，此中所云將諸法各各分別觀，便見得皆無實，只是眾緣合故有，明明是破除諸法之相。各各分別觀之，便是其破相之方，（方者，方法。）析物至極微，則物相破矣，極微又析之，則極微亦破。又如分別諸法，知其但眾緣合故有，則諸法之相破，而四緣又各各分別觀之，便知一一緣皆非實有。《中論．觀因緣品》，即四緣一一破盡，（文繁不引。）還有甚諸法相。各各分別觀者，即解析術。用此術以破諸法相，如剝蕉葉，層層剝去，便無所有。諸法相剝落盡，都無所有，便乃豁然頓悟諸法實性，如孩兒聞繩相不實，便見麻也。破諸相故，說一切法自性不可得：自性不可得，即是一切法之自性。由捨相已，即顯其實性故。此義深微，凡夫難會。《論》文於各各分別之上，有「諸法未實相時」一語，宜澄心體究。所以破相，正以未見實性故，若已見性，何相可破？《智論》說「般若波羅密於一切法無所捨，無所破」，與此可互明也。《中論·觀法品》明揭破相顯性密意，而評者不悟，且橫攻《新論》，亦何傷於日月乎？

猶復須知，《中論》所以重視二諦者，即爲緣起義故。緣起法本是顚倒虛妄法，若不破之，則不可見實性，故欲令衆生入第一義，非破緣起法不可，此〈觀因緣品〉所由來也。若一往破除，則無顚倒虛妄法，亦無涅槃可說，無修證之事，還談甚佛法？故〈觀四諦品〉施設二諦，於緣起法，破與不破，兩無妨礙；第一義諦，非破相不可悟入，故緣起法在所必破。〈觀法品〉及〈觀因緣品〉，有明文可證。世俗諦中，顚倒虛妄法亦名爲實，即緣起法於俗諦非不許有。《智論》三十二說「譬如小兒見水中月，心生愛著，欲取而不能得，心懷憂惱，智者教言：雖可眼見，不可手捉。但破可取，不破可見。菩薩觀知諸法從四緣生，而不取四緣中定相。四緣和合生，如水中月，雖爲虛誑無所有，要從水月因緣生，不從餘緣有。諸法亦如是，各自從因緣生，亦無定實」云云。詳此，謂四緣雖無定實，而未嘗破斥爲無有，即依俗諦義故。余亦嘗遇人言：空宗談緣起法，或時決定破斥，或時似不破，甚似詭辯。余曰：非也！此中關捩子在二諦義，如不了此，便生眩惑。甚且尋章摘句，妄作主張，以爲如此如此，則微秕蔽目而天地全暗矣。可不愼乎！

《新論》根本在明體用，首須識得體，其討論及於空宗者，特取其第一義諦、破相顯性之方便法門。實則此方便法門即是究竟理趣,故可說空宗全部意思即在乎是,其餘千頭萬緒,要無不會歸於此者。《新論》不涉及宗教思想,故於顛倒虛妄與因果鉤連之緣起法,為俗諦所不遮者,《新論》無論列之必要,學者求之空宗典冊,可自得之。熊先生云:《新論》亦含二諦義,俟《量論》方詳。眞諦則於認識方面,遮撥現象而識體;俗諦即現象界一一事物,皆隨順世間不妨安立。〈成物章〉可考按也。評者謂《新論》遮撥現象即是破壞世俗、抹煞現實,不知《新論》首先標明從認識方面而談識體,(識者,認識。)則於現象而見眞體,自不執取現象,此非凡夫境界。肇公云「悲夫人情之惑也久矣」,目對眞而莫覺,此可味也!從認識上說,識取第一義,並無妨礙於俗諦之現實,《新論》微妙,評者弗思耳。

評者云「《般若經》說:『為初學者,說生滅如化,(自注:虛妄,空寂。)不生不滅不如化;(自注:真實,不空。)為久學者,說生滅不生滅一切如化。』所以《新論》如要論究《般若》義,還得更進」云云。評者於此中,引經說生滅如化下,自注虛妄、空寂二詞,大有過患,空寂與虛妄,何可並為一談?此不止差毫釐謬千里也。空寂是涅槃義,空非空無之空,亦非以幻現而無自性名空,幻現而自性者,如依他法固可言空,然與寂字連用成複詞者,則此空字亦是寂義,即涅槃義,空而不無,四德具備,所謂常樂我淨是也,如何可與虛妄一詞同解?虛妄是眾生顛倒法,屬俗諦;空寂是離世間顛倒法,所謂涅槃、眞如。《經》云「不生不滅不如化」者即此,評者注云「眞實,不空」是也,此屬第一義諦。評者因不解《般若》,而誤想空宗是無體論，遂以空寂一詞視爲與虛妄同其含義，不獨毀壞《大經》，而佛教根本歸宿處乃完全推翻矣。《般若》是群經之王、諸佛之母，果是持無體論，而安住顛倒虛妄中者乎？龍樹菩薩果如此，倘在吾前，當一棒打殺與狗吃；若不如此，此罪在誰？《經》云「爲初學者，說生滅如化」，即《中論．觀法品》說一切不實義；其云「不生不滅不如化」，即〈觀法品〉說一切實義；又云「爲久學者，說生滅不生滅一切如化」，即〈觀法品〉非實非不實義。此在前文已解釋明白。評者竟誤會經文爲久學者說生滅不生滅一切如化句，遂妄主張空宗果是無體論、是一切如化論者，謬解經義，稍有識者當能辨之。

熊先生嘗自言：弱冠時，一日登高，睹秋草零落，忽生悲感，推想天地萬物皆歸無何有之鄉。壬子，在武昌，一日正午，坐人力車過大街，天無片雲，白日朗然，車中無思無念，忽爾眼見街道石板如幻如化，形象與原見之石亦不異，但石體不實，猶如幻化。擬之浮雲尚不可，浮雲猶實在極矣！見房屋如此，見一切人坐者立者皆如此，見人說話口動亦如此，仰視天、俯視地，一切如幻如化。平常視天，即所謂蒼然大圜氣界，並無不實在感，此時頓覺大圜氣界如幻如化、毫不實在。視車及車夫，皆如幻如化。但視自身猶如故，無幻化感。吾視商店兩人對話時，口動，面帶笑容，皆幻化人也。忽起念云，哀哉！人生乃如是耶？愴然欲泣，即視覺一切復其舊。匀後思此境，不可再得，迄今就衰，終不再現。當時曾告友人李四光仲揆，彼大笑云：我知此意。並云彼在日本東京市上，見群眾擾攘狀，亦起一種異感，覺塵世可悲。余曰：此與吾之感，恐不必同也。又曾告蔡孑老，孑老曰：此幻覺耳。語一老僧，曰：此夙生定境發見耳。先生自述此事。又曰：平生探窮宇宙人生諸大問題，就現象方面言，一切猶如幻化，於此確信不疑；但有無眞實根源，苦參實究，老夫揮了許多血汗。求之宋明，不滿；求之六經四子，猶不深契；求之老莊，乍喜而卒捨之；求之佛家唯識，始好而終不謂然；求之《般若》，大喜，而嫌其未免耽空也。最後力反之自心，久而恍然有悟，始嘆儒家《大易》、佛氏《般若》，皆於眞實根源甚深處確有發明。儒者窮神，而不深體夫寂然處，將慮滯有之患；佛法歸寂，而過喻幻化，反有耽空之累。（《經》云「設復有法勝涅槃者，我說亦復如幻如化」，幻化之喻，本謂空寂至極，不可作實物推測。然不悟者，或謂涅槃、眞如只是假名，竟無所有，則幻化之喻適成大過，故云過喻。）於寂而識夫生生健動之神，於生生健動之神而見其湛然沖寂，反求諸心，理實如是。自此，復探《華嚴》、《楞伽》、《涅槃》等經，更回思無著、世親之學，以及此土晚周諸子，逮於宗門大德、宋明諸老，衆賢群聖，造詣不齊，而皆各有得力處。乃至西哲所究宣者，亦莫非大道之散著，析其異而會其通，去所短而融所長，則一致而百慮之奇詭，殊途而同歸之至妙，乃恢恢乎備有諸己。而後信、證眞，即妄法皆眞；隨妄，則淪沒無倚。感懷世變，亟欲宏儒，德治禮治，根源性地，所以挽失性者之慘酷，而使世間不異涅槃者，非可徒恃空教也。凡人爲學，眼光透上天去，還須遍視大平地上萬類始得。天在上乎？地面地下無非天也。仰視而不俯察，未可云見天也，況其未能仰視而妄臆見天者乎？先生此言，足爲拘守門戶者戒，乘便書之於此，今當回覆本文。

《經》爲初學說生滅如化，明是破相；說不生不滅不如化，明是顯性。爲久學說生滅不生滅一切如化，則慮人聞眞實法，（謂諸法實性，亦云本體。）又復執實，故說一切如化，以遮其執，要非否定本體成一切如化之論也。《大經》此文（《大般若經》，亦稱《大經》。）與前引《中論．觀法品》文，互相和會，是爲空宗所宗經論宏綱巨領所在。其說法雖變化萬端，不可捉摸，而執此綱領以刊定之，則如珠走盤，縱橫移轉，而未嘗無所守之範域出。《新論》言：空宗一往破執，破即成執。生滅如化，不生滅亦如化，聞者遂作一切如化想，無有眞實根源，將令眾生永墮顚倒虛妄中，豈不悲哉！清辨《掌珍》已云「無爲無有實，不起，似空華」，以彼聰明，猶惡取空，又何責於評者乎！朱子曰「教學者如扶醉人，扶得東來西又倒」，大哉斯言！至有義味。

先生嘗言：佛書未易讀，讀者必具四條件：一、抽象力極高，（天資低者，虛懷困學，亦可養成。）否則於其高廣幽深之玄境，不可攀援。二、分析力極強，否則於其方方面而無窮的義蘊，尋不著端緒與脈理。三、會通力極大，否則如盲人摸索大罟，十指觸入百千孔穴，將縛於一孔或數孔之間，終不得其綱領所在，而猶自謂提挈全網也，不大可哀歟？四、必有廣大心、眞實心，非徒在語言文字上作活計，以膚亂知解誑無知、趨勢途者。有此修養，方許了解文字而終會意於文字之外，與十方三世諸佛相見。智慧之神，不會來捨於雜染心，此事宜知。上四條件，缺一不得，而第四爲根本。如條件不具而談佛學，只墮煙海中，自害害人，有何了局？自佛法東來，吾國思想界少有好影響，而世莫之省耳。又曰：儒者之學，從人生日用中體現眞理，六經四子，皆因事因人隨機紀錄之詞，非有意述作也，非欲爲理論也，此與佛家根本不同處。佛家諸菩薩著書度眾，皆以工巧心經營一套理論，故於因明特爲遊意，而儒者不爾也。吾儕少時，輕堯舜、薄文周、非孔孟，宋明更不值一罵；中年而後，漸有所悟；老而日益親切。惜當衰亂，學絕道喪，此意無可與言。余相信，托於儒、托於佛者，始有儒佛高下之爭；眞儒、眞佛，則異而知其類、暌而知其通，絕不會起諍也。先生此言，至爲沉痛，隨機觸及，述之於此。空宗成爲一切如化之論，余不覺愴然戚戚於懷，因念吾儕讀書往往辜負聖賢心事，故引先生之言如右，所冀有實心作人、實心向學者，能勿以輕心遇古籍也。

將空宗說爲空的緣起論，說爲如幻知化，無有實體，無有根源，不顧《智論》有「凡夫人法，顚倒虛誑，故有四緣」之明文，（不顧二字，至此為句。）大乘無上甚深微妙法毀壞至此，稍有慧者，何能不爲諸佛悲痛？哲學中有現象論者，其在知識與理論方面自有精密可喜處，若就窮理而言，卻甚淺薄，以不足語於徹法源底之事故。（《勝鬘經》徹法源底語，含義極深廣。）佛家緣起說與現象論及關係論者，其骨髓全無似處，何可誤解緣起一詞，便否認諸法實性，取消本體？評者勿托空宗，吾無怪焉，以此壞大乘法，是而可忍，孰不可忍！

佛法千言萬語，無非歸宿證眞兩字。眞之爲言，萬法實體也，人生眞性也，萬有根源也，爲甚修一切行、斷一切障，求證眞故。如無眞實法，（謂本體。）則諸經論言修、言斷，如彼森嚴峻厲，如彼重複言之而不稍休，豈非瘋狂？《大經》與四論無量言說，只明個一切如幻化，只叫眾生永住顚倒虛妄中，是成甚佛？

《新論》談空，揭明從認識論方面破相顯性，此是正法眼藏。眾生所現見諸法相，（猶俗云現象。）確是《智論》所言「顚倒虛誑」，而無有實。今之科學發明已足證實此理。例如瓶子只是一聚白與堅等相，此即法相，此即現象。科學家分析此一聚堅白等相只是一聚元子電子，而此一聚堅白等相確是虛誑，無有實，然猶曰有元子電子也。及科學進步，又知電子無實質，不可作小顆粒想，則元子電子還是虛誑。無有實法。由此可知，空宗爲初學者說生滅如化，（《大經》，見前引。生滅，即諸法相之通名，以一切物皆有生滅故云。）說一切不實，《中論·觀法品》，見前引。）令凡夫人破除虛誑不實諸法相，即無顚倒執著，往日視爲玄談，今已得科學爲之張目。但科學只做到破相初步，（如佛法，則破相之意義甚深，此姑不談。）而不知有諸法實性，即不見本體，此與佛法太隔遠在。科學家只是憑析物的方法發見諸法相是虛誑不實，破相雖作到，而無可與之言顯性；空宗密意，卻是令人勿認取此虛誑的法相而當透悟其本體，（亦云實性。）所謂眞如、涅槃。猶如成年人教小孩勿認取繩相，而當透悟其只是麻。此義深微，吾且借《中庸》語以明之。《中庸》引《詩》曰「鳶飛戾天，魚躍於淵，言其上下察也」，程子釋曰「上下察者，天地間皆實理始著之謂」。夫鳶、魚，法相也；天、淵，亦法相也；飛、躍，亦法相也。今於此一一法相都不作一一法相想，（即鳶、魚、天、淵、飛、躍等相俱破也。）而直見爲實理昭著，（即見性。）此是何等理境！科學方法何能用到此處？科學知識何可湊泊得上？科學破相而不能顯性，此一問題非常重要，但此中不便討論，當還入本義。空宗一面破相，說生滅如化，說一切非實；一面即顯性，說不生不滅（實性，亦云本體。）不如化，（真實。）說一切實。（均見前引。）初學人聞此，始破相縛，（凡夫人見鳶魚只是鳶魚，見天淵只是天淵，見飛躍只是飛躍，而不悟實理昭著，是為諸相所縛；今聞佛說一切非實、如化，故相縛破也。）乃即於諸相而悟入其實性。（如破除鳶魚天淵等相，即於此而見實理昭著，見其性也。）故破相顯性者，只是認識的智性不受縛於虛誑之相而透識其本體，所謂法空慧即此。佛爲初學人說諸法相（即生滅法）。不實如化已，復爲說諸法實性（即不生滅法。）眞實不如化，所以啟發初學人法空慧，將自悟入實性。此其機權微妙，儒者所謂循循善誘也。佛明明說生滅虛誑相如化，而揭示有不生不滅法、即虛誑之實體是不如化者，大義炳如白日，評者胡爲妄臆空宗是緣起論、無有本體，竟以空實性而不空妄相誣墮空宗乎？評者鑄此大錯，或因爲久學人說生滅不生滅一切如化句，遂致眩惑；實則此末後語，正恐人於實性起執故，復來一番掃蕩。如吾國程朱諸師談心性，較之涅槃，其拘礙立見，正由諸師不免將心性當作內在一實物事執持之，所以差失。觀此，佛爲久學人說一切如化，實有深意。爲久學人說五字，最不可忽，久學人已深悟入實性，但恐於此起執，故與之說如化，恰是當機。若與初學人說此，則法相已破，又無實性，而無眞實根源可爲歸宿，永住顛倒虛誑中，則佛種斷、慧命絕矣。豈不悲哉！然佛雖爲久學人說，畢竟掃蕩太過，易滋眾生之惑，有宗起而矯之，誠有以也。《新論》衡空宗，洞見本原，字字不虛不妄，未容輕議。余於此往復申說，亦不憚煩，誠以大空之學爲大有各派所承，即禪淨諸家亦須匯歸於是，否則未能無執。哲學家談形而上學，不究乎此，無以滌除成見。空宗理趣幽玄，而其根底不容損壞，根底一失，即其無量言說皆成膚亂。余懷無限意，難爲今人言。

評者謂《新論》解說《心經》似是而非，共舉三點：一、謂「析至極微，分析至鄰虛，僅是分破空，而不能眞知自性空」。此等無知眞可哀！試問佛典處處將五蘊一一分析，以明無我。今用評者之言以難之曰僅是分破我，而不能眞知無我，諸佛受過否？

二、謂「對於空即是色，卻不能反過來說此眞如即是幻相宛然之色法，而增益爲離相寂然眞理即是色法之實性」云云。此則本其痴想空宗爲空眞寂實性，而不空顛倒妄相，因以曲解《心經》而妄詆《新論》。

三、謂「《新論》言《心經》空五蘊而不空無爲，不知《心經》明明說無智亦無得，無智即無能證得的現觀，無得即無所證得的眞如無爲」云云。評者不承有實性，故以眞如、無爲、涅槃等名，皆作爲假名說，因此，遂不許空宗有現觀。現觀，證解也。無實眞如，即無證解可說。《大經》與四論無一字本之現觀，即皆虛妄語，龍樹諸菩薩被汝一筆抹煞，而況《新論》乎？須知，無智者，無有能證得之相，非謂無現觀也。若果無現觀智，佛法成甚東西？無得者，無有所證得之相，非謂無有眞如無爲法也。若於智證眞如時，有所得相，即墮虛妄，經所以遮執，非遮智與無爲也。使遮智與無爲，即佛法根本推翻，汝何故爲僧？此眞可哀！

評者謂「破相顯性不是空宗的空，反而是空宗的敵者有宗」。此等無知語，眞屬創聞。余極力排除主觀，虛衷以逆索評者此種實想之所由來，久之發覺評者卻未解得一相字，故有此痴想，成大矯亂。在有宗唯識論，分別法相（相時或省言法，或省言相，或亦言諸法自性。）法性，（有時或省言性，或易文曰實性，或亦曰實相，或亦曰諸法自性，以於諸法而識真如，即可說真如是諸法之自性故。此與在法相上亦言自性者，意義絕不同。凡諸異名，可隨文求解，毋勞舉證。）本甚明白。（性相二字，有時互用，並非淆亂，須求訓釋。）《唯識述記》卷一疏釋頌文「稽首唯識性」處，言唯識性相不同。相即依他，唯是有爲；（中略。）性即是識圓成自體，唯是眞如，無爲無漏，唯識之性，名唯識性。（本文前曾節引《記》文，並附注，可覆玩。）又曰：「爲簡依他，故說識性。何故須簡？有漏依他，不可敬故；無漏依他，亦俗諦故，非最勝故，非諸聖法眞實性故，（此真實性，是聖者斷障之所顯得，凡夫雖具，而不得顯，故以聖法簡之。）非所證故，略不敬也。」據此，則性相二詞之義界，基《記》卷端便已訓釋明確。相即依他，唯是有爲。性即是識圓成自體，唯是眞如無爲。（此中識字是廣義，舉能緣即攝所緣，故此言識，即無異言一切法也。）相字之所指目者，即是依他、有爲法。基師親譯《唯識》，又經奘師審定，其說自是確據，如謂不可據，則中國譯籍只合一概推翻，還談甚佛教！

如評者以爲性相之分只在有宗唯然，則基師明言「相即依他，是有爲；性即圓成眞如，是無爲」，據此，性相之分即是有爲無爲之分，亦即是生滅不生滅之分。（生滅，即有為之別名；不生不滅，即無為之別名。）豈止有宗分別性相，佛教各宗皆同茲義據，基師此疏，可罵他謬誤否？餘意，只有痴想《般若》爲只空法性眞如無爲，而不空緣起虛誑相者，（餘意二字，一氣貫至此。）可以大罵特罵基師無知胡亂。基師親稟奘師，空宗所宗之《大般若經》，即奘師所特別竭其其全副心力以譯出者。《般若》所說法，有生滅或有爲與不生不滅或無爲之分，猶之哲學上有實體與現象之分，《易》家有形上形下之分，此等名詞之分別，皆非不根於實義者。若泯此類分別，必是於本體信不及而妄持說者，此輩唯依現象界構畫而成一套理論，即只談有爲，無所謂無爲；只談生滅，無所謂不生滅，只談法相，無所謂法性；只談現象，無所謂實體；只談形下，無所謂形上，（此輩二字，一氣貫下為句。）此乃思想與理論之必然。（吃緊。）如其不解此意，便無法與談學問事，又談甚佛法？若果識此意，即基師說「相是依他有爲，性是眞如無爲」，確是綜佛教各宗同稟之大義而通言之。佛教中絕無有以虛誑之依他法爲立命之地者，故性相之分，在佛教各宗皆然。唯一義諦中是否破相，則大空、大有爭端所在。評者於空有兩無所知，並於一極重要之相字尙未知是指目什麼，豈不哀哉！

評者如知相即依他，唯是有爲，則何至有「破相顯性是空宗敵者有宗」之夢語？須知依他即緣起義，他謂緣，依他眾緣而起曰依他起。故依他即緣起之別名。有宗經論有哪一部曾如《中論・觀因緣品》之破斥四緣乎？稍有頭腦者，讀幾部有宗書，當不至痴想有宗曾破緣起義也。評者年力尚少，自居佛弟子，我慢異常，而於佛書字句竟不仔細理會，出家一場，何苦如此？評文言有宗有兩種類型：其一，虛妄爲本的唯識論，如無著世親學云云。如此妄誣菩薩，毫不畏罪可乎？無著、世親何至以虛妄爲本而造論乎？以此自害害人，當墮地獄，尚足爲菩薩乎？唯識之論，明明歸於轉識成智。轉有二義，轉捨、轉得，謂轉捨雜染，轉得清淨。故虛妄是其所必捨，而謂其以虛妄爲本，二菩薩受此不白之冤，於汝安乎？無著世親學，只矯空教末流之弊，其骨髓仍在《大經》、《四論》。《成論》「歸無所得」，猶《般若》密意也。爲唯識正名，當曰明妄趣眞宗，不可誣以虛妄爲本也。評者以空實性而不空顚倒虛誑法之痴想墮空宗，並復誣及有宗，今日佛教雖衰，而中國之大，賢比丘猶當不少，豈盡受汝誑乎？無著世親短處，只在其種子論，一切錯謬皆緣此而生。種子論之最不可通者，莫如法爾本有種，二重本體之嫌疑在此。（即立真如，又立本有種，且於二者之關係無所說明，非二重而何？）又種子與果，俱時而有，評者既已承認，尚未至如粗涉佛典者，根本不了果俱有義而恣妄談。（尚未，至此為句。）但評者必反對《新論》種現對立之評判，則又挾私而自陷錯誤。評文中有云「我要指出唯識宗是緣起論的，是以因果、能所成立一切的」云云。此處忽爾將破相二字忘卻，既知是緣起論，何故道他破相？（相即緣起，如前已說。）此事且置。今應問：果俱有義，如何不是種現對立？種子是能生者，故名因；現行是所生者，故名果。評者已者唯識宗是以因果、能所成立一切，則能生之因法即種子者，與所生之果法即現行，既是同時並在，如何道種現非對立？又就唯識種現說之體系而言，賴耶識亦有自種子，賴耶之種（種子，省言種。）與前七識之種，均藏在賴耶自體內而爲賴耶之所緣相分。（即為賴耶所知之一種境相。）賴耶於種爲能緣者，種於賴耶爲所緣，亦是能所對立。又前七識從其自種生時，既自爲現行界，而其自種此時則猶眠伏賴耶自體中，故前七種與其所生前七現行識（現行，即識之別名，今合用為複詞。）並不同處，非能所對立而何？彼種現說之體系確如是，何必爲之曲諱？種現對立既無疑，則其犯兩重世界之過失，又何容否認？不一不異，若就大海水與眾漚之喻上說，方爲恰當。舊唯識師種子，於俗諦是有實自體的，於眞諦亦是幻有而非無；從種而生之現，是與其自種同時並在，此於俗諦是有實自體的，於眞諦亦是幻有而非無。種現明是一潛一顯兩重世界，（種藏伏賴耶中，是沉隱的世界；現行識，方是顯現的世界。）雖強以不一不異言之，究是異而不一。佛家諸菩薩任何說法，總是要劈得極開無融會處，而後又來說個不一不異，譬如將一小動物的生機體切成幾段幾片，再將段段片片說爲不一不異，終不與生機體相應。唐李泌謂德宗曰：「陛下與濮固懷恩，譬如破甕不可復完。」吾於佛家諸大菩薩之說法，總不免有此感，非獨有宗如是，空宗亦然，（例如生滅與不生滅開作兩片說去，卻不肯說生滅即是不生滅的實性之顯現。）非獨大乘如是，小乘無弗然者。此意茲不及詳，明者當自得之。

熊先生嘗言：舊唯識師談種現，如在心理學上說，（此謂哲學的心理學，若科學的心理學則不涉及本體，而只依據生理與經驗以說明精神現象，與哲學之談自有大不同者，此不及論。）而不以之組成宇宙論，則有重大之價値。如依據《楞伽》、《涅槃》、《華嚴》、《勝鬘》等經而談眞常心，另以種現義作爲習氣或妄心之說明，而歸於順眞常心以創淨習，即融會孟子擴充義，救耽空滯寂之流弊，儒佛可一爐而冶，理實如是，反己體之自見。

《新論．明宗章》首揭出性智，即通《楞伽》等之如來藏，與《華嚴》之合毗盧遮那文殊普賢觀音而爲一性海，並《成論》之四智，及《大易》之仁，宋儒德性之知，陽明良知，皆融會爲一。〈功能章〉談習氣、及〈明心章〉說習心，則因舊師種現義而變通之，至本體論與宇宙論方面，則以體用不二爲宗極。即依本體之流行而立用名，用上說爲一翕一闢而成變化。

用由體現，不可離用而覓體。不可離用覓體故，即於用而識體，易言之，即於流行識主宰。然復須知，用一翕一闢，翕即有物化之傾向，疑於不成爲用矣，嚴格談用，唯闢是用，以不失其本體之自性故。此云自性，猶言本體自具之德，德有二義，曰德性、曰德用，如空寂、虛靜、（空、虛，皆非空無之謂，以無形體、無方所、無作意故，名空、名虛。寂者，無迷暗、無擾亂之謂，靜亦然。）清淨、剛健、純善、生生化化流行不息、進進不墜，（進而又進，曰進進。以其具向上之性，恆不墜退，云不墜。）皆其德也。萬德咸備，萬理具足，不可勝舉，故總說言本體有其自性，是其流行不已而自性恆不改易也，否則不成實體，云胡現用？

用具翕闢二勢，翕勢物化，唯闢不捨失其本體自性，故可於闢而名爲心，亦不妨於闢而說爲本體。故內在於吾人之眞常心或性智，即是宇宙實體；宇宙實體，亦即是內在吾人之性智眞常心。吾人與天地萬物本爲一體，無二本故。就吾人分上言，此性智、眞常心，即是吾人之眞己；（《新論》所謂本心或性智，即真常心之異名。）就一一物言，即一一物各各具有眞常心。然克就眞常心遍爲萬有之實體而說，即眞常心是超越天地萬物而獨立無匹。（言天地萬物，猶云萬有，即攝吾人在內可知。）本文前面曾言萬物各具之自性神，（言萬物，即晐吾人在內。）即是絕待之一神；絕待之一神，即是萬物各具之自性神。所謂一爲無量、無量爲一是也。此神即眞常心之目，與宗教家言神而雜以擬人之觀念者絕不同。《新論》性智，即眞常心，（亦云本心。）由即用見體義故，便於用上說體。夫心之名，本依闢而立，闢，用也，今以心而說爲眞常者，（真常，即本體之名。）由即用說體故耳。《新論·明心章》首明此義。空寂而生化不測，虛靜而健動不屈，（不屈，謂無窮竭。）是吾人所反求而自識者也。《新論》匯通《大易》與《般若》，自明自見而始言之，非取兩不相容之說而強求其通也。

翕之勢似與闢反，而實爲闢之具，故翕終從闢，即物隨心轉，而物莫非心也。

空宗只以不生不滅言體，以空寂言體，（空，非空無之謂，詳《新論》。）故不於體上說流行，即不能依眞體之顯現而施設宇宙。《新論》議其短在此，可謂精核之評。空宗雖於俗諦不破緣起，然但視爲虛誑法，由眾生顚倒故有，第一義諦於四緣即破除。《新論》救此失，故明由體成用，而用上即可施設宇宙；復以由體成用義故，便可於用識體，即一一物皆是全眞。此《新論》骨髓，所以有異乎空宗也。

有宗之學，（即無著世親學。）其短處只在種現說，以阿賴耶識中一切種子（亦名功能。）說明宇宙人生，而遮撥外道之梵天神我等說，（參考《攝大乘》等論。）彼計含藏一切種之賴耶識，亦從其自種而生，賴耶與其自種係同時而有，故賴耶能藏其自種。詳《成論》及《述記》等。彼又以器界（即俗云自然界或天地。）與吾人根身，均是賴耶識之相分，此根器相分各從其自種而生，至其分別八個識爲一切相分、見分，皆各從自種生，其說極繁瑣，今不及詳。有宗之宇宙論，確太穿鑿，《新論》廣破，無可曲諱。然《新論》雖彈正其種現說之失，並不以此減損有宗之價值。熊先生嘗言印度人頗好爲鑿空之論。種現說，在吾人今日衡之雖不滿，然在當時，爲融攝各派思想與理論計，自爲精密而有力之偉論。種子義，實從數論自性及外道極微說修改而成，賴耶識亦從外道神我說而修改得來，其間枝節之義又多與小乘對照而立，茲不暇論。且有宗之以種現成說變更以前之緣起義，而寓構造之旨，雖不必應理，然試探其所以矯正宗教之本意，則有大不可忽者。空宗於第一義諦破一切相，遮撥四緣不遺餘力，《心經》爲《般若》撮要，首曰「照見五蘊皆空」，五蘊，有爲法也，亦即緣起法也，言空，即遺除盡淨，竟無所有，《新論》斷爲破相顯性，確爾無疑。有宗之興，正爲空宗破相（即破緣起。）而矯其失，故盛演三性義而成立依他。（依他，即緣起之別名。）二者相爭之基地，即是依他有爲法，一破一成，顯然互不相容。《新論》（語體本中卷。）〈功能〉下章明明揭示此事，而評者竟絕不通曉，反謂有宗破相，豈不愚哉！

空宗重要關鍵在二諦。俗諦不破四緣，有世間顚倒法故，方有涅槃，亦由第一義中說空故，知有世出世法。（說空，即知有世間法，否則何所空？由空世間顚倒法故，知有出世間法，詳玩《中論·觀四諦品》。）眞諦（即第一義。）則破緣起法以顯性，而於性體亦不許作實物想，所以破執。非破性也。評者不了此勝義，乃謂空宗是無體論者，豈不哀哉！

有宗重要關鍵在三性，三性主要義在成立依他，此與空宗針鋒相對。但有一問題，空宗第一義中破一切相，即得法空慧而不墮法執，今若成立依他而不破相，豈非自墮法執乎？有宗爲釋此難，故說三性，三性中初性即解決此問題。

三性者：一遍計所執自性，二依他起自性，三圓成實自性。三性名義，《新論》（語體本中卷。）〈功能章〉已疏釋明白，但非字字注意亦難解了，所望學者肯虛心耳。

遍計所執自性，應分三項以明之。

一、能遍計，謂意識周遍計度，是能遍計。

二、所遍計，謂依他法。（依他起，省云依他。）

三、遍計之所執，謂人我與法我，如依五蘊而執有實我，此是人我執；如於五蘊中一一法上而堅執著此是實物，當知才作是想，便名法執。

依他起自性者，即諸有爲法，（省云有為。）亦名生滅法，（省云生滅。）其實即是五蘊法。五蘊中總分色心二聚，（色，猶云物，聚者類義，五蘊法，總分心物二類。）此色心諸行，（行者謂有相狀幻現，遷流不住，猶俗云現象也。有問：心無相狀？答曰：否。雖非如色法之可目見，而非無相狀，汝反體之自知。）唯依眾緣合而現起故，（眾緣，謂四緣。）都無實自性故，（性者，體義，無自體者猶云不是兒立的實在的物事。）故以此色心法說爲依他起自性，亦云依他法，亦名緣起法。有宗說依他，於俗諦是實有，於眞諦則謂之幻有而非無，此是與空宗根本不同處。空宗緣起，（即依他。）俗諦是顛倒虛誑法，（詳前。）第一義中（即真諦。）四緣則破除淨盡。

圓成實自性，即是眞如，此是一切法之實性。（此中一切法，謂色心諸行，亦即依他。）詳此三性義，有空之中堅思想在第二性依他，此與空宗恰恰相反，稍有頭腦者，一對照便可知。

空宗直下破相，（相，即依他有為法，詳前。）所以顯性，而於性體又恐人作實物執著。原夫人生習於實用，其於一切事理無往不堅執爲實，本此心習而猜度宇宙根源，即於一切法之實性亦將當作實物而想像之，且堅執之，如此，則性亦成相，直是作繭自縛，其何以堪！故經復說「生滅不生滅，一切如化」，（見前。）所以防人於性體上起執，其用意深微已極矣。而評者乃妄臆空宗是空法性而不空緣起虛誑相，豈不哀哉！余昔遊熊先生門下，有人問：空宗蕩一切相，似乎中外思想界罕有如是者何耶？先生曰：佛家之學自止觀來，空宗修空觀，自不容著一毫相，故於法性不容起執，於性起執即於性體之上增益妄相，此空宗所以力遮也。從來哲學家只作思辨工夫，不修觀行，（行者，修為義，觀即是行，曰觀行。）宜不了此。昔馬大師言「即心即佛」，後言「非心非佛」，其門下梅子和尚聞之曰：這老漢又誤煞天下人，儘管他非心非佛，我只是即心即佛。人以告馬祖，祖曰：梅子熟了也。世之習空教者，烏可妄執一切如化而惡取空，以自害害人哉！

有宗不破相（即成立依他。）而妙演三性義，則以爲法執之起，正由能遍計（意識。）對於所遍計法（即依他法。）而妄起我法執，此我法執純依妄情上有，（妄情，謂能遍計。）理實無有。（無有如妄情所執之實我實法也。）但所遍計之依他法，不可說無，（吃緊。）即此依法之實性，所謂圓成眞如，一眞絕待，理絕言思，不可於此著空見，自不待言。有宗以爲只破遍計所執，即是於依他法上無有執，亦即是於依他法而透悟其實性，圓成眞如，都無妄執，此其所以不破相而自不墮法執也。空宗破相，即空法執。有宗分別執與相（依他。）是兩事。執，依妄情故有，照妄即執空；相，則眞諦不無，去執乃於相而見性。此有宗矯正空宗之功，實有不容忽視者。三性確是有宗勝義，不必爲空宗所及。《新論》於有宗矯正空教之本旨，固極贊同，惜乎今日學子莫知注意，乃妄疑《新論》詆毀無著世親學，豈不痴哉！

然有宗矯正空宗之本旨雖善，惜其於法性眞如，仍承空宗之舊，只是不生不滅，不許言生；只是無爲，不許言無爲而無不爲；只許言如如不動，不許言流行。而所謂依他法，究與實性眞如爲如何之關係，終不可得而明。若唯以不問宇宙如何而有爲佛氏密意所存，不容於此作批評者，則既已說依他法，又說實性眞如，獨以何義而於依他法與眞如之關係竟不許發問？豈非怪事！又有宗之言依他，只是種現互爲緣，而首立法爾本有種爲現法之因。（一切現行相分、見分，得名現行界，亦得名現法。）其於現法又析得極零碎，則推求其種，自不得不極多，輕意菩薩言「無量諸種子，其數如雨滴」。此無量種皆聚集賴耶識中，而與其所生現法判爲潛顯兩重世界，且既以本有種爲現法初因，又復承有法性眞如，並不說明種與如之關係，（如者，具云真如。）則兩重本體之嫌亦無可否認。況復種分染淨，新熏係後起，可云無關實性，本有種之染性者，是否與眞如實性有關，此皆未有說明。若細核之，其所謂依他，即種現說者，實含無量矛盾，難以言之成理，不徒有鑿空之患而已。自斯學東來，歷千餘祀，聰明睿智之儔，不知凡幾，皆驚其奧賾，苦其難通，《新論》出而後肅清霾霧，此功何可沒哉！

《新論》明由體成用，則用即是體之顯現，體與用本不二而究有分，可分而實不二，故不必問體與用之關係，以其本不二故。佛氏之依他法與眞如，一爲不生不滅，（即無為。）一爲生滅，（即有為。）明明說成二片，即不能不問其關係。而佛氏畢竟未有說明，此可謂根本缺憾。《新論》發明體用，始徹法源底，無支離之病。又復由大用流行之跡象上假說萬物，一方可隨順俗諦，說萬物條然宛然相依相待而有，融攝關係論；（關係論與緣起説，貌似而實不同，則以緣起說之骨髓在有個體的生命，即妄識流轉故，《新論》不涉及此。）一方可趣入第一義諦，乃即用而識體，即流行即主宰，即現象即眞實，不待破相而性顯，（此與空宗異。）亦無性相不圓融過。（有宗相即依他，不可說由體現；性即圓成真如，不可說流行，性相終欠圓融。《新論》即用而識體，便無此失。）《新論》在宇宙論方面可善巧施設，而與本體論血脈相通，（在本體論方面，不說本體是不流行的；即在宇宙論方面，可依本體之流行，即所謂大用之一翕一闢，而施設宇宙。故血脈相通。佛氏法性是不生滅，相是生滅，便說成隔絕。）自有談玄以來，至易簡、至圓融無礙者，無如《新論》，誰是有知而可妄毀！

> 評文談性相與體用，有曰：《新論》分辨性相與體用，貶抑佛家，是非常錯誤的。不知性與相對立的說明，以相為現象，以性為本體，在佛教經論中不是一般的，唯有在能所證知認識論中，才有以相知性、泯相證性的相對意義。在一般的因果、體用、理事、真俗中，或說性，或說相，二者可以互用，並無嚴格的差別。

審曰：性相、體用，余在斥評文談空有中已極分明，本無複贅之必要，唯念評者思想總不入軌範，又不忍無說。評文謂「以相爲現象，性爲性體，在佛教經論中不是一般的」云云，此甚錯誤，評者總由誣墮空宗是空法性而不空緣起虛誑相之妄相在中作祟，故作是說。須知佛家性相二詞各有所指，絕不是兩個空名詞，此處正須忘言默會。佛教小乘且勿論，大乘空有兩輪，確由人生論發展而談實性，即相當於哲學上所謂宇宙本體。空宗施設二諦，而有第一義，即依實性而設，若只承認緣起虛誑相而無所謂實性，則何有第一義可言乎？《般若》明明分別說生滅與不生滅，（或有為與無為。）明明說涅槃，何可誤解《般若》爲無體論？有宗開山無著、世親二大菩薩，雖別唱有教，而與空宗根本不同處，只是三性中依他，一於眞諦破而不立，一則認爲幻有非常而已。其立淨分依他，尤有深旨，此中不便申釋。關於法性眞如，空宗破執之語氣過重，有宗雖意存矯正，然終不謂龍樹有空法性之邪見也。《成論述記》自是基師親稟奘師之緒論，其攻擊惡取空者，只在空教末流之清辨，而絕不涉及龍樹提婆。且空宗唯一根據之《大般若經》，實譯自奘師之手，倘《般若》果爲空實性而不空緣起虛誑相之妄說，奘師爲有宗大哲，何至宣譯此經，備極尊崇？降一步言之，《述記》何故攻惡取空者性相皆空，只在清辨，而不及龍樹乎？《般若》明明爲初學人說生滅如化、不生不滅不如化，明明法性眞實，其爲久學人說一切如化者，只是遮執，非破法性，不可誤解也。《中論．觀四諦品》說「因緣所生法，我說即是空，亦爲是假名，亦是中道義」。首二語，即空除緣起法。第三語，空亦假名，則緣起雖空，而非一切空無，於俗諦中非無緣起虛誑相，於第一義中明有實性，故空之一同亦應空除，不可妄計一切皆空也。此語意義深微，非深心體認不得其旨。第四語，明中道者，緣起法空故非有，第一義中諸法實性不空故非無，所以爲中道也。大乘空有二輪都無空法性之淺見邪說，此乃無上根本大義，必須認定。王輔嗣說《易》云「會之有宗，統之有元」。斯義誠千古不磨。在知識上說，世間學術，（如科學等。）各部門的知識，在每一部門中雖自成體系，而對於宇宙之渾全以言，畢竟是各限於一部門，故一切知識之學，必須有其統會之宗與元，否則知識終陷於散殊之域而無統會處，人生將無最高之嚮向，有日趨墮落之憂，此義非淺夫俗子所逮聞也。如俗暢言，當別爲論。猶復須知，人生具向上之要求，（如無此要求，即不成為人類。）故常有一種超越感，超越感者，即恆自覺有超越小己與萬物之無上眞實根源爲其所中誠歸仰。一神教者，視此根源爲外在。儒者之言性與佛家之言眞常心，則視此根源是遍爲萬有實體，而亦是內在於吾人當躬，即爲一身之主者。（此非靈魂的意義，須善會。）儒者有殺身成仁，即爲平日富於超越感，其生活非虛浮空蕩而無所歸宿，故臨難有此勇氣。佛氏有投身飼虎，亦以此故。宗教與玄學雖分途，而窮究眞實根源之精神則有其大同，不容否認。但一由信仰，（此就耶教言，佛教固篤於信仰，而極尚理智思維。）一任理智，（此就西洋哲學家言，若吾儒之學，雖是理智的，而非僅以思辨為能事。）故有教與學之分耳。空宗首唱無住涅槃，不捨衆生，悲願弘大，豈不究眞實根源者乎？求之《大經》、《四論》，本無此淺見邪說。區區之忱，唯望評者悔司。

評者又謂「唯有在能所證知認識論中，才有以相知性、泯相證性的相對意義」云云，此誤不小。評者完全不解證量一詞。須知克就證言，便無能所相可分，如何可說以相知性？既云以相，即有相存，有相存矣，胡云知性？又云「泯相證性的相對意義」，太不成話！既云泯相，何有相對？評者於此大根本處，何乃絕無理會？證量是何境界，評者知否？《新論》說空宗在認識論方面破相顯性，此爲導引學者趣入證量，而非克就證量立言，不當誤會。至云說性、說相，可以互用，則隨行文之便，而意義自當隨文領取，未堪淆亂。如實性，亦得云實相，則此相字是體相義，非相狀義。又如說識以了別爲自性，識即相也，則此自性是克就識相而目之，此性雖亦作體字釋，卻是自體之體，與實體之體字絕不同義。舉此二例，可概其餘。評者每於佛書辭義不求眞解，更無論言外之意，任在這裡涉獵得一義，那裡復涉獵得一義，終於眞義沒理會處，古今學人不蹈此敗闕者無幾，眞修行人，務須痛戒。

評者有云：「佛法本來不以性相爲對立的根本論題。」余則謂佛法是否以此爲根本論題，不妨暫置，望先了解性相二詞。佛教三藏十二部經，謂其於哲學上所謂宇宙論元所涉及，則非教僻至深，未有以爲然者。今試從宇宙論以究佛之旨，則佛教如非安住虛妄法中而不究眞實根源者，自不能不於法相而窮其實性。（法相略當於哲學上現象一詞，實性猶云實體。）基師《成論述記》分別性相，非其臆說，亦非限於有宗一家之言，各宗皆可以義准，倘於此猶疑基師，則必其人頭腦不清，難與析義，置之可也。佛之徒有言，佛教不許有離心外在的宇宙，故無宇宙論，而只談人生。余詰之曰：汝知佛教析觀五蘊都不可得實人乎，爲甚有人生可談？性相二詞，如已解得。則是否根本論題，似不待論。

評文有云：佛以為諸行是虛誑妄取相的，不可執為實有，所以以幻化陽焰比喻他。又云：流轉不已的諸行，觀為無常、無我，而證得涅槃，說為不生不滅的無為云云。

評者此段話，還是空法性的痴想橫梗於中。今應問者：既云諸行是虛誑妄取相，卻須知諸行者，色心二法之都稱，色法且置，汝心既是虛誑妄取相的痴物，憑誰而修無常無我的正觀？又云「即於諸行，觀爲無常、無我，便是證得涅槃，說爲不生不滅」，據汝此言，則涅槃、無爲、圓成、眞如、不生不滅等名，皆變爲虛用之詞，不得爲實性或本體之目，（目者，名目。如仲尼即為孔子其人之目。）十二部經被汝一手推翻，吾疑汝頗大膽。然看到下文有云「有爲實性即無爲」，始知評者只緣不通辭義而陷此罪過，是可哀也！須知有爲實性之云，本於有爲下、實性上，中涵一之字爲介詞，而佛書譯者求高渾，往往不用介詞，讀者非精通文理，便易誤會。夫言有爲之實性即無爲，則無爲是有爲之實性，而不即是有爲明矣。有爲是相，前引基師語，相即依他，是有爲，此義無可搖奪。空宗說有爲相純是虛誑無實，只言無實，不謂無此虛誑相也，俗諦不破四緣者以此。但評者竟只認取此緣起虛誑無實之相，而橫欲空法性，妄計有爲即無爲，且疑性相分別只在有宗唯識爲然，其文中於實性一詞全不求解，只滑口讀過，悍然以空宗爲無體論者，（無體，謂無本體。）豈不哀哉！夫法性一詞，具云諸法實性，（猶云宇宙本體。）或時亦省言性，圓成、眞如、涅槃、無爲、不生不滅，皆其名字也，稍讀佛書者當知之。評者身爲僧人，於此無上甚深大根本處不能悟，而亦不求悟，且欲泯性相之分而即以相爲性，妄臆有爲即是無爲，卻不悟有爲實性即無爲一語中，其實性二字萬不可忽、萬不可不求解。譬如說冰之實性即水，冰相只是虛誑無實，雖現此相，（此相者，謂冰相，下同。）而本來空，（冰相無自性，即本來空，非以意空之也。）但冰之實性即水，此非空無。有爲相不實，而有爲之實性即無爲，此不可說空，（冰相，喻有為相；水，喻有為之實性無為。）應知理思。（當如其理之實而思之，不可妄猜也。）評者談空宗，只承認緣起有爲虛誑相，而空除有爲之實性，即所謂眞如涅槃，（通觀評者全文意思，只是如此。）以此誣空宗爲無體論。評文分量頗不少，其糾紛與浮亂令人難閱，本不足辨，而卒反覆以辨正之者，誠念佛法不當誣亂。今世之眞志乎佛法者既少，能解佛書文字者益少，誤墮煙瘴，即損慧命，吾是以不忍無辨，而此苦則無可言矣。

《智論》卷三十一云：「智者於有爲法不得其相，（有為之相，虛誑無實，其自相本空，故云不得其相。）知但假名。（曰有為法者，但假名耳。）以此假名導引凡夫，知其虛誑無實，無生無作，（有為本無自性，何生何作？）心無所著。（中略。）復次離有爲，則無無爲，所以者何？有爲法實相，即是無爲，（此中實相，猶云實性。）無爲相者，則非有爲。但爲眾生顛倒救，分別說，有爲相者，生滅住異，（有為法生起，名生相；生已而滅，名滅相；方住時，名住相；有變異故，名異相，是有為法之四相。）無爲相者，不生不滅，不住不異，是爲入佛法之初門。若無爲法有相者，則是有爲。」（為初學人分別說無為相異有為相，其實，無為法不可以相求之也，若妄計無為有相者，則無為何殊有為乎？）又曰：「第一義空者，第一義名諸法實相，不破不壞故，是諸法實相亦空。何以故？無受無著故。」（以無受無著，名空，非空無之謂。）又曰：「一切有爲法及虛空，非智緣盡。（智緣盡者，如說正智是能緣，真如是所緣者，則足猶有智緣之相，今智與如相俱泯，即能所相俱空，是謂智緣盡，此明證量義也。《心經》云「無智亦無得」，即此義。）云何無上法、智緣盡？（智緣盡，即無上法也。）智緣盡即是涅槃，涅槃中亦無涅槃相，涅槃空是第一義空。（中略。）貪等諸煩惱斷，是名有餘涅槃；聖人今世所受五眾盡，（五眾，即五蘊。）更不復受，是名無餘涅槃。不得言涅槃無，以眾生聞涅槃名生邪見，著涅槃音聲而作戲論，若有若無，（以眾，至此為一讀。）以破著故，說涅槃空。（注意。）若人著有，是著世間；若著無，則著涅槃。破是凡人所著涅槃，不破聖人所得涅槃，聖人於一切法中不取相故。（聖人得涅槃，不於涅槃作有相或無相想，故云不取相。）貪等諸煩惱假名爲縛，若修道，解是縛，得解脫，即名涅槃，更無有法名爲涅槃。（若已得解脫而更計有法名為涅槃，便是將涅槃當作一物事來猜想，便是取相，故《論》言「得解脫即名涅槃」云云。《論》只遮於涅槃取相，非謂涅槃空，此處須虛懷體究，切勿誤會。）如人被械得脫，而作戲論：是械是腳，何者是解脫？是人可笑，於腳械外更求解脫。眾生亦如是，離五眾械，更求解脫法。」（五眾，即是虛誑法，亦即是械，離此械已而更求解脫法，即又取相，又復被械，經論不許人於涅槃作有相想者以此。）據《智論》此文，只遮於涅槃取相，實非空涅槃。《新論》談空，無一字妄下，而評者不善會經論文旨，實爲可惜！《智論》卷三十七云：「法性者，諸法實相，除心中無明結使，（無明即惑，亦名為結使。結縛人故名結；惑能役使人故，亦名使。除者，斷除之，猶儒者云克己也。）以清淨實觀得諸法本性，名爲法性。（注意：緣起諸法自有本性，若只認取虛誑相而不見其本性，便妄空法性，此自陷使結中也。）性名眞實，（注意：只認取緣起虛誑相而不承有緣起之實性，是無真實，明明違經論。）以眾生邪觀，故縛，正觀，故解。」（正觀，即解縛也，除無明結使，即得諸法本性，無有我邪法執，是名正觀。）據此，以清淨實觀即得諸法本性，性名眞實，則緣起虛誑相不即是諸法本性甚明，何可執相而空性乎？

佛家在量論方面，（量論，猶云認識論。）就斷惑證眞言，即於相而識性，故性相不一不異。然從本體論方面衡之，佛家以相與性，剖作生滅（相。）與不生滅（性。）或有爲無爲二片說去，其於體上不許言生、不許言變、不許言流行，故不可說由體現用，即無以施設宇宙。（有宗成立依他，已談宇宙論。但其圓成真如與為現界因緣之本有種作何關係？未有説明。）因此，佛家之量論與宇宙論無融會處。（宇宙論一詞有廣義、狹義，狹義即謂現象界，廣義則通本體與現象而總言之。令此中宇宙論一詞，即廣義。）《新論》謂佛家在本體論方面由有出世情見故，不悟體用不二，此千年來暗室孤燈也，後有達者，當知抉擇。

評者謂法相一詞不是斥指已成物象而名之，以此攻《新論》卻是自安迷霧。《智論》明言「四緣是顛倒虛誑，無有實」，此虛誑相不實，而於世俗亦非無者，正是物象，汝不悟哪？且評文明言「緣即相依相待的關係性」云云，若未成物象，豈有相依相待的關係可說乎？以相依相待互相關係而有，說明物象不實，此則誠然。卻須知，相依相待互相關係而有者，正是克就物象上說，如無物象，說甚相依相待？說甚關係？《新論》克就用言，即無物象。佛家不說體現爲用，然說有爲之實性即無爲，此實性無爲，即第一義，是有物象否？第一義中破四緣，汝不悟哪？評文隨處引佛典而皆不求解，又何怪不通《新論》乎？

評文又云：「佛法所說體用的體，與《新論》的自體相近。」此是無端添一葛藤。《新論》體用二詞，須從《新論》之整個體系中求解釋，此與佛書及他書中有時用體用二詞者不必同，稍有頭腦者，讀《新論》絕不至誤會。而且《新論》中卷〈功能章〉對此二詞特爲解說，鄂省三十六年印行本中卷末有後記，更闡發精詳。（商務館本缺後記。）若以《新論》體用義準諸佛法，則《新論》所云體者，相當佛家之法性眞如，但弗說爲不生滅或無爲法；所云用者，略當佛家之生滅法。（亦名有為法。）此中略字，注意。佛家生滅即緣起法，是染汙性，（有宗淨分依他，當別論。）彼不說體現爲用，其緣起法非眞如現爲，故與《新論》所云用者異義。《新論》用由體現，即非染汙，汙染則是人生後起惡習，與用無干。據此，則《新論》用義似與佛談生滅法者迥異，而復云略當者何耶？應知《新論》於用上施設宇宙，佛家緣起法，俗諦實有，亦即於此說宇宙萬象，（緣起法者，即色心諸行，俗云宇宙，即色心諸行之都稱。）故云略相當也。評者於《新論》及佛法，兩無所解，而曰「佛說體用之體，與《新論》的自體相近」，不知果何所指？

評文又曰「佛法是沒有以體爲眞如實性的」。此眞愚極！實性之性在佛書中即作體字釋，汝未讀唐人注疏乎？如前所說，有爲之實性即無爲。此實性一詞與哲學上言實體及明儒言本體者，其所指目者都無有異，但解釋不必同。所指目同而解釋不必同者，如桌子一詞，兩人說此詞時，所指目者全同，而一人據常識說桌子實有，一人據哲理說桌子不實，此解釋之異，而二人於桌子一詞所目者，未嘗有異也。各家於實體一詞，其所指目者無不同，但解釋不必同，亦猶此譬。有爲法者，色心諸行之都稱，俗云宇宙萬象，即此有爲法是，故佛法中言有爲之實性，猶云宇宙實體，辭義分明，而汝不會，豈不惜哉！此義屢詳前文，茲複贅說，誠念佛法根本處不可晦也，余豈不憚煩哉！眞如雖有十一名及七名見諸經論，而皆以諸法實性爲言。如流轉眞如一名，非謂流轉即是眞如也。經論明曰「諸行無始世來流轉實性」，此實性一詞，實伏有之字爲介詞，而汝不會，妄意眞如即目流轉，實則正顯眞如是流轉法之實性，曰流轉眞如，依主釋也。自餘諸名，皆應準知。辭義不通，誣亂大法，身托佛門，如何不戒？評者又有「佛法以爲存在的即流行的」云云，凡一大段話，無一語不浮亂，總由只認取虛誑相而不知有實性，所以陷濃霧中，曾無一隙之明。

評者誤會《新論》遮撥現象，不悟《新論》明由體成用，即於用上施設現象，稍有頭腦者自知之。又謂《新論》神化，而神字作何解？評者尚不知。此則余已詳說如前，無複贅之必要。又謂《新論》離開常途的因果觀，此則誠然，《新論》不涉及宗教，故不談果報。然評者謂佛法中談緣起只是相依相待的幻相，而絕口不談賴耶識，則因果何存？既無世間因果，即無涅槃，則勝義從何開顯？無怪評者抵死不承有實性。又復應知，《新論》明由體現用，則萬有無非勝義，即俗全眞；又修正舊師種子義而明業習流轉並未毀壞世間因果之所依據，汝乃一無所知何耶？

評者謂空宗絕不是離用言體，此甚錯誤。須知空宗所謂顚倒虛誑的緣起法，不謂之用而何謂？評者文中曾引《阿含經》中佛稱世間法爲行，也稱爲有爲，行與有爲的字根，與作業及力用相同云云，據此審定佛家有爲法（亦名生滅法，亦名緣起法。）即屬《新論》所云用。評者原無異議，用字之所指目者，既已決定。再說體字，評文引述推宗龍樹之天台學者談證悟，有見眞諦及見中道二說，西藏所傳龍樹中觀見，亦有主絕無戲論及主現（有。）空雙聚二家，而自斷之曰「這可見離用契體，應說泯相證性及即用顯體，應說融相即性」云云。評者於此處明言離用契體，則一切法之本體不無可知；明言泯相證性，則諸法實性非空可知。如此，則評文中體字或性字與哲學上本體一詞所指目者亦不能有異。體用兩詞義界都已核定，今從宇宙論的觀點審察空宗，彼（空宗。）於體上唯顯空寂，而無有生生化化不息之健，非離用談體而何？彼於用上唯說顚倒虛誑，此虛誑法不可云由體現爲，是又離體而談用也。

自釋迦唱教，首說十二緣生，以宇宙從迷暗而開發，人生從迷暗而肇有，此乃不向眞實明淨源頭上理會，直從吾人有生以後拘於形氣成乎染習處著眼，以視吾《大易》直由乾元始物及萬物各正性命處開顯，孰得孰失？如有具慧眼者，自當明辨，不必期凡愚之共了也。《新論》歸宗《大易》，良不偶然。

至云「一切法即是畢竟空，畢竟空不礙一切法」，正是《新論》理趣。本體無形無象、無作意、無惑染，非畢竟空而何？由體現用，雖翕闢宛然而都不暫住，無有定相可得，一切法即畢竟空，何消說得？然大有流行，雖不暫住而翕闢宛然，眾相俱成，卻是畢竟空不礙一切法。

評者又舉經中「依無住本，立一切法」等語，佛家慣技，既一切法析成各個碎片，及知其不可通，又來說向圓通去，無如粉碎之各片終究無法圓融。彼之無住本元是空寂、是不生不滅，其一切法即諸行元是力用、是生滅，既已碎成二片，今卻要說「依無住本，立一切法」等語，吾不知一片不生滅與另一片生滅如何融會？此一關捩子轉不得，休言依無住本立一切法，休言不動眞際建立諸法，休言我說空、緣起、中道爲一義。評者不須忿詬《新論》輕議諸大菩薩，其實《新論》只救智者千慮之一失，而於其窮玄探微之理趣，未嘗不有所依據與推演也。禪與淨諸大德不縛於教，而其所深造自得者，並不與教中言外之意相背，可惜束教之徒死於句下，難與語斯事耳。評者又謂《新論》誤解虛空喻，彼義實如是，非執喻以相責也。

《心經》「色即是空，空即是色」，《新論》疏釋正確，而評者絕不留意，乃妄取以附會其空實性而不空緣起虛誑相之謬說，且以成佛說空寂即是生化，欲破斥《新論》評佛失當。不悟佛說本性相分清。空寂是斥就性體而言，非謂本無實性，只於緣起法上說之爲性也。（非謂，一氣貫下。）緣起是就虛誑相上言之，是染汙性，與《新論》所云生化絕不可相混。《新論》生化是用、即體之顯，前文曾略辨，如何可以緣起虛誑之生化混同眞體流行之生化？評者此說，於佛法及《新論》，兩皆無據，兩不可通。

評者有云「《新論》的根本謬誤，以佛法的泯相證性爲離用言體，即於佛法作道理會」云云。評者自陷根本錯誤而不自省，反誣《新論》。佛家浩浩三藏明明說了許多道理，且用邏輯爲破他宗、立自義之工具，與儒者體現眞理於人生實踐之中、不尚理論者，根本異趣，此事顯然。佛家本以說道理爲能事，故宗門不滿之，而首唱不立語言文字以救其失，宗門雖矯枉嫌過，然諸菩薩及論師好說道理則無可諱言。《新論》從其說道理之闕失處而繩正之，與宗門用心略同，而態度較好，以其不廢教理之探討，足爲實修之助也，道理且置。評者此中本意，似謂諸佛泯相證性之談爲導引學人入證量之階梯，此即偏從量論的觀點來理會佛說；然有萬不容忽者，佛氏無量無邊言說，不限於量論一方面，還須從多面去理會。如汝所舉《經》云「依無住本，立一切法」及「不動眞際，建立諸法」等語，此則明明屬宇宙論方面之談，未可作泯相證性理會也。但試究其如何建立諸法，則見夫一片是不生不滅的空寂眞際，（亦云無住本。）一片是生滅的緣起虛誑相，以《新論》衡之，分明體用成二片。其於道理上有闕失，《新論・功能章》辨析精確，聖人復起，不能易也。《新論》明由體現用，而即於用上立一切法，大乘空有二輪未竟之緒，至《新論》而始完成。《新論》本繼述大乘菩薩之志事，非違反大乘也，而佛門中必欲攻《新論》，誠所未喻。余閱至此，尤感興趣者，昔從遊熊先生門下，嘗叩體用義於佛經有所本否？先生即舉「依無住本，立一切法」及「不動眞際，建立諸法」二語，曰：此與乾元始物意思可融會，惜空宗二諦，仍未圓融。（先生意謂，雖說真俗相依而有，但生滅、不生滅究是二片。）有宗三性成立依他，更由斷染而說淨分依他，以視空宗說緣起不別說淨分依他者，用意較深；但其說眞如不生滅，仍與空宗同，則本有淨種即與眞如成二重本體，云何可通？余潛思累年，始揭體用不二義。明由體現用，而於用上立一切法，緣起之義但可於大用流行之跡象上施設，乃空宗所謂虛誑相也。如不明體現爲用，則如空宗俗諦中緣起承十二緣生之說，宇宙人生無有眞實根源，只是無端而有一團迷暗現起，此成何說？有宗看透此失，故成立淨分依他，宇宙人生自有本有淨種爲因，不可說爲染汙，其染汙者客塵耳，非其本然也。有宗此處確正空宗之失，有功大法，惜其淨種生滅與眞如不生滅終成兩片。余乃斬斷一切葛藤，直說由體現用，而依大用之一翕一闢建立諸法；又修正種子義純言習氣，染汙則是客塵，淨習則率性以成人能，人極立而天道顯，天人實不二，此《新論》所以融儒佛而一貫也。先生自明述作之旨如此，宏廓深遠，莫如《新論》，眞切易簡，莫如《新論》。雖世道衰微，此學此理無可講於今日，眞理自在天地間，老氏所以有下士聞道大笑，不笑不足以爲道之樂也。

又復應知，佛書中說泯相證性，（此即《新論》評空宗處所云「破相顯性」，評者在前面反《新論》，今忽又與《新論》一致。泯者泯滅義，及泯除義，皆是破義。）爲導引學人入證量故說。（導引二字，注意。）若克就證量言，便無所謂相，更何所泯？此屬量論方面之談。若夫顯示性德，則屬本體論方面之談。佛家在本體論方面，總是以空寂或寂靜顯性，（顯者，獨言明示其為如此如此也。）一切宗派，說法無量，印以三法印，前二印會歸第三涅槃寂靜。此與《大易》無方無體、寂然不動而有生生化化不息之健者，（此中不動，非靜止之詞，乃無昏擾義。）兩相對照，其於性德之證會有偏全，灼然可辨。佛氏爲出世教，宜其於空寂之領納特深，亦提揭獨重，無足怪者；《新論》融會儒佛，始無偏蔽，未見性人只在言說上轉，終不喻斯旨也。評者讀佛書，不能從各方面去理會，乃謂《新論》評佛離用言體，是由誤解泯相證性、引歸證量之淡，而妄有此評，自家讀書用思不入軌範而妄攻人，大可惜哉！《易》家曰「辭也者，各指其所之」，此語含邏輯上無量義，辭之所之屬於何方面或何範圍，此不可不深辨也。於此不辨，一切大迷亂由茲而起，可不愼乎！評者此處一大段話，矯亂不堪，如諸佛菩薩有知，恐只合付之一嘆。

評文中有云「無爲與空寂當然可說爲諸行的否定，但這不是自性的否定，當下含攝得否定之否定的」云云。余閱至此，適一佛學家至，見之頗動悲憤，曰：無爲空寂，奈何做諸行的否定說去？佛法乃至此耶？余曰：評者本不承有諸法實性，無怪其然，但不應以此說佛法耳！否定之否定，此語原出馬學，馬學本之黑學（黑格爾學。）而已異於黑，評者用此語是否有當於馬氏，此中似不必談；唯評者用此語而演之曰說無生，而更說無不生，此言無生是生之否定，但此否定當下含攝得否定之否定，所以更說無不生，評者以此爲妙之又妙。但據評者之主張，說無不生，當下又含攝得否定之否定，必更說無生，若依此式循環轉下去，如下：

生　　肯定
無生　　否定（含攝否定之否定）
無不生　　否定之否定（又含攝否定之否定）
無生　　否定之否定

依上式，無生又再否定，遞轉下去還歸無生，如此循環演去，佛法談體畢竟無生，《新論》所言未堪搖奪。

「佛家最初說五蘊，色心平列，近二元，《新論》似曾說過。」一近字，甚吃緊。非謂佛氏持二元論也。就法相上言，色心相依俱現，心非色之副產物，色亦非心之副產物，故近二元。但諸行之實性，即自性涅槃，（諸行者，色心二法之都稱。）此乃本心，（與色法相依俱現之心，是依本心之發用故有，而非即是本心。）不可謂之色法也。佛法究是唯心論，但與西洋唯心論者所唯之心不必同，彼等未能發見離染之本心耳！《新論》自是唯心論，但已融儒佛爲一爐，即以空寂而有生生化化不息之健者，是諸行實性，名爲本心。《新論·明心章》融通仁寂而談，此乃從來所未有，惜乎今人以馳逞雜亂聞見爲學而不務反己，難悟此理趣耳！

物質宇宙本來是無，此說何可否認？《易》曰「變動不居」，此不居二字甚吃緊，不居哪有物質存在？由科學言之，可以說宇宙是能力之發見；自《新論》言之，如計能力爲實有，尚是一種執著相。故應說言大用流行有其翕之一方面，即此翕勢漸轉而粗，可以謂之能力，但不可計執爲實在的物事。故科學上所云能力，猶不即是《新論》所云用，此義宜知。能力尚不可執實，而執有實物質可乎？

神者，不測之稱，窮理至極，（無復有上於此者，故說為極。）心行路絕，語言道斷，（心行者，心之所游履曰行，如思辨或思考時，即謂心行。語言即心行之表出諸口或文字者也。理之極處，思辨所不及，故云心行之路絕；言說形容不到，故云語言之道斷。）故言不測，故說爲神。《新論》神義，是否宗教家擬人之神，稍有頭腦者自知。

五蘊之色或四大，皆就俗諦立言，即順世間情見而言；《新論》談生化是就眞體之德性與德用而言。世俗在實色上，見爲不滯礙、不凝固，自是俗見。名家云「雞三足」，俗只見雞兩足，行動無滯礙，哪有三足？然名家曰三足者，有所以能行者，神也；其神亡，而兩足立成僵物，即滯礙而不行矣。執物而不能窮神，難與言哉！

《新論·成物章》後，談「坎」、「離」義，最有沖旨。須知萬物各具之生命，即是宇宙大生命，此大生命之顯發其自力也，不得不凝成爲一切物以爲表現其自力之資具；然已成資具，即生命本身將有爲其所縛之患，是謂坎陷。自然界之無機物階段，其時生命或心靈只是「乾」之初爻，隱而未見。後來生機體發展，而生命心靈始盛著，卻非本無今有，乃由隱之顯耳。如本無生命心靈，焉得後來忽有？無能生有，絕無此理。有無二詞與隱顯二詞，須分別理會，不容混亂。有而未顯，只是隱，不可謂無，顯而可見謂之有，不可謂無，人皆知之；隱而不顯只是隱，不可說無，則人能知之者鮮矣。通乎隱顯之義，則無機物階段，只是生命在其運用資具或通過物質之進程中必經之坎陷。然生命要是備萬德而健進不已，畢竟解縛而顯其主宰之勝用。如老子云，五色令人目盲，五聲令人耳聾，乃至馳逞發狂，此皆見吾人生命有被縛於資具或物質之患。然儒經曰「視思明，聽思聰」，乃至思曰睿，又曰非禮忽視聽言動，則又可見吾人生命或心靈究是官天地、府萬物，而不失其主宰之勝能。唯人生若自墮沒，如《禮經》所謂「人化物」，孟子所謂「從其小體爲小人」者，則乃錮蔽其大生命與心靈而不得顯發，是則人能不修所以致此。佛法在未得有餘涅槃以前，眞如不得出煩惱障，亦是此理。評者乃疑心的本身不夠健全，然則眞如未出障時，豈是眞如身不夠健全耶？斯理玄微，非可以凡情猜度，能悟斯貴，未悟何若存疑？

善惡問題，中外古今紛無定論。《新論》本已說得明白，而評者竟不體會。其實孟子性善，千古定論；孫卿復言性惡，似與孟水火，而實互不相妨。抉擇孫孟而知各有其所明。以孫還孫，以孟還孟，互不相礙者，清儒汪縉大紳其人也。（世皆以汪子為佛之徒，不知汪實儒者，玆不及論。）然評者已不會《新論》，縱聞汪說，亦復何補？

法空慧及一切智智，豈可從雜染中得來？欲斷雜染，非定不濟，定力不深，智慧不生。熊先生《讀智論抄》有一段可考證，此處不容浮語虛詞諍論。武侯戒甥書猶曰「才須學也，學須靜也」，而況求得一切智智，可無定乎？爲佛之徒而輕視靜定，未知其可也！

《新論》所謂慧，相當於俗云理智，《新論》亦謂之量智，故別於智而言之，文言本〈明宗章〉已有自注申明。評者誤會爲觀察慧，則未審《新論》但據凡位立言，觀察慧必轉依而後有，得此則周通萬物而無所謂逐外也。然非定力深、惑障盡、智體呈露者，不得有此，談何容易！《新論》注重靜定工夫，是就發見性智（即得本體。）而言，凡夫逐物之知正是妄識，不可返識自性，千聖同此見地，非《新論》創談也。

評者所以棄絕禪定，由其不承有諸行實性即本體之根本謬誤而來，此根本謬誤不除，自無法與言禪定。評者極力反對廓然離繫、顯發性智、契會本體，以此爲一般神學及玄學者同一路數，如印度婆羅門教及佛教末流，佛梵同化，與儒佛一家者，大抵如此云云。余以爲諸大學派雖各各有互異處，然同歸於廓然離繫、顯發性智、契會本體，此根本處不容有異，唯各各所造有淺深、偏全與實證、相似之分。諸大、學派間所以有異同或諍論，即因淺深、偏全與實證、相似等等不齊而起，但於根本處絕無異論。因此，諸派學者有互相商討及攻難之餘地。今評者極力反對廓然離繫、顯發性智、契會本體，已將根本處推翻，還有什麼深遠道理可說？（理之極處，至大無外，極高無上曰遠，幽奧難窮曰深，凡愚不得攀援及此。民國以來學子，有打倒玄學鬼之聲，無怪其然。）捨此根本而言學，唯依亂識尋求世智，（亂識一詞見《攝論》等。凡夫雜染或散亂之心，名為亂識。世智亦佛書屢見之名詞，凡世間知識技能之學，通名世智。即凡為知識之學者，其知識不成體系，技能未有專長，但務膚雜見聞者，亦世智所攝。）自不感觸禪定重要。

評文有云「釋迦本教，不但不由靜證體，而且還有不必深入的。如慧解脫阿羅漢，沒有得到根本定，僅得未到定，甚至一剎間電光喻定，即能證得涅槃，與深入禪定者的俱解脫羅漢，在息妄體眞的解脫方面毫無差別。從定發慧，不過說眞慧，要在不散亂心中成就，哪裡一定要靜慮之功造乎其極」云云。評者身在僧列，竟有「釋迦本教，不但不由靜證體，而且不必深入」之言，此眞愚極，稍有頭腦者，讀過半部佛書，恐不會贊同此言。評者所舉不必深入之例，大粗心在，得未到定、甚至一剎間電光喻定（一剎間之定力，喻如電光之一閃，其促不可形容，曰電光喻定。）即證涅槃者；在其未證以前之未到定中，不知經歷若干長劫修持始有此頓證之效，電光喻定，亦是此一剎以前，有無量功修，方獲頓證。頓之爲頓，實積漸而至，捨漸言頓，是末學未通教理之過，不宜襲之以自誤也。眞慧，要在不散亂心中成就，評者已知，而又謂不要靜慮工夫造極，此正病根所在。須知不散亂心，非就有漏心中暫時染緣不至及遇勝緣妄念乍伏，可以謂之不散亂心也，（非字，一氣貫下。）佛家地前地上無量修行是爲什麼？如不散亂心毋須費大力而得到，則諸佛何故徒自苦爲？孔子言求仁必由克己，又曰「仁者先難而後獲」，此亦與佛法相印證。人生不可自甘墮沒，幸勿以時俗知見自誤。

評者疑《新論》偏於定而略於觀，此甚錯誤。須知禪定與般若，雖分言之而實際上不可分。禪定之義爲靜慮，靜即止而慮即觀，止故無囂亂相，觀故照了一切法相，（法性及法相皆如實照了，而離虛妄分別，方是慮，亦云觀，此慮義與觀義極嚴格。）非制其心於不用之地可云禪定也。般若是智慧義，非禪定已深、亂識已捨，不得有此智慧。故言定，即有觀在；言觀，必由定發。不定之心，恆是虛妄分別，雖於俗諦知識有所當，終不可入眞理，非佛法中所云觀也，此義宜知。

就證量言，能證之智與所證之理，本非二事，佛說無有如外智，無有智外如，此是了義語。證量中本無能所之分，有能所即不名證量，此義須認清。宗門說自己認識自己，此話老實，用不者許多閒言語，悟此者可與談證量。

評者好談緣起論，其實佛家此義，是由破斥外道之神我說而自成其另一神我說，始有此緣起義，余屢聞熊先生言及此，深思之極有味。余初研佛書時，見其破外道神我甚力，然說佛法本旨言，則確不謂人之生無所自、死無所有，卻明明是爲吾身自有去後來先之主公（見前。）淪溺生死海，期拔出之，此非神我而何？胡爲破外道乎？及聞先生言，乃知佛氏以緣起義來說明神我，確高明於外道者甚遠，此意如要說，便太麻煩，姑不論。評者將佛教之神我置請勿論而空言緣起，茲不論其違教與否，須知空言緣起，亦不過如哲學家之關係論。只在物象上著眼，發見一切事物互相關聯而有，絕沒有獨立的固定的實物，（即無自性義。）其見地只及此而止。倘由此而進窮之，或可悟入本體之流行，即歸於《新論》之體用義，始識宇宙自有眞源，人生自有眞性，（人生真性，即是宇宙真源，宇宙真源，即是人生真性，雖分別為言而實非有二。）不空而空。（體用真實不空，而一切物象最依流行之跡象假為之名，所謂化跡是也。化跡如旋火輪，此則是空。）空而不空。（一切物象緣起不實，是空義；本體流行即所謂大用不息，是不空義。）老云「玄之又玄，眾妙之門，吾無以名之，字之曰神」。

評者言心，只認緣起法，即色心相對之心，而不見眞常心。是可哀愍！評者誤計空宗是空法性，不空緣起，遂執取緣起幻象爲立命之所，此如認賊作子，適以自害。評者因妄臆空宗是空法性，遂謂談眞常心者，如《楞伽》、《勝鬘》、《涅槃》等經，屬有宗之另一派。其實空宗早談眞常心，《大智論》卷四十一云：「心相常清淨故，如虛空相常清淨。煙雲塵霧假來覆蔽，不淨，心亦如是。常自清淨，無明等諸煩惱客塵來覆蔽故，以爲不淨；除去煩惱，如本清淨。」此非眞常心而何？此與《新論》所言性智或本心，亦非二物。評者必謂談眞常僅屬有宗之一系，是將空有判爲絕不相通之二途，甚違教理。昔奘師爲有宗上哲，而空宗之根本大經，即由彼所宣譯，基師亦承宣空教，足見空有雖各自成宗、各有獨到，要未可謂其根本處不一。誠宜辨其別異，以觀其會通，而後不至以一曲之見蔽大道。

評文有云「如佛教的唯心論者，從相分見分而到證自證分，從六識七識到如來藏識」云云。評者於四分義似絕未索解，此眞怪事！每一心心所，各各有四分，只是以分析法來分析每一心爲此四分而已，（言心，即攝心所可知。）並非內向的工夫由相見至第四分一步一步的體驗進去。又如八識之談，亦是分析說來，不是內向的工夫從眼等識一步一步體驗到賴耶或如來藏。

攝色歸心，並不壞色，只是色不離心獨在。攝智歸理，元不廢智用，良以智即是理，理遍現爲色心而無礙，故智周萬物而無閡。（智即心，亦即理，色亦即理，故理周通乎萬物而無閡，為其理之一也。）評者於此不悟，余欲無言。

評文舉《新論》不大不小的錯誤共十項，今審決如下：

第一，謂《新論》不知經部師可以緣無生心云云。評者似指《新論》卷上第二章破經部師極微計處而言，不悟《新論》此處只明和合色是假法，無有爲五識所緣緣義。《觀所緣緣論》頌云「和合於五識，（和合，具云和合色。）設所緣、非緣，（設者，縱詞。縱許和合色是意識之所緣慮，而終非是引生眼等識之緣。）彼體實無故，（彼者，謂和合色，和合色是假法，無實自體。）猶如第二月」。（經部師亦不說五識緣第二月，故以為喻。）《新論》據此說和合色是假法，不得爲引發五識之緣，（此緣，謂所緣緣。）有何錯誤？汝自向善知識問《觀所緣緣論》去。陳那菩薩豈不知經部緣無生心而說和合色於五識非是緣？此必有故，汝妄吠作甚！（大乘非不緣無，而云變似無之相分為所緣緣。）

第二，色法無有等無間緣，據佛家各宗多數主張及大乘論定之義而說，何容妄難？如說佛家破我執，縱有以犢子計我難之者，而說者終無過。

第三，剎那即妄念之異名，基師明文，《新論》引據之以爲非時間義者，此有深義，汝自不了耳！妄念才生即滅，無有暫住，詐現而非實，故假說剎那。而時間義，據佛家說依諸行相續流轉假立爲時，若法已生已滅，立過去時；此若未生，立未來時；已生未滅，立現在時，故時有過現未等分段。《瑜伽》及《百法論》中說爲不相應行法之一，《雜集》等論，並可參考。佛家雖以時爲分位假法，而不妨隨順世俗說有過現未等分段，故時間相與妄念頓起頓滅之相，實有不同。因作時間解時，即計有分段，便成空間之變形故；（空間是有分段的，今計時間有分段，即是空間之變形。）妄念頓起頓滅，無有分段可得，故基師以妄念言剎那，方可表示生滅之無住與不息者，唯是妙用不測，（不測之謂神。）正未可作分段相。此中理趣深微，非達於化者，無可與語也。但如了解剎那本非世俗時間義，卻亦不妨假說爲時間，唯此時間是內自體認生生化化、健動而無住與不息之流，一向新新而起、故故不留，因假施設時間義，但不容以世俗時間觀念應用於此。自非超悟之資，深解《新論》，未有能識斯理趣者也，而於評者何尤？

第四，評者不承認空宗是站在認識論上說話，《新論》認爲空宗所說雖包通許多方面，但主要的意思在破除情見、導入證量，故如是云。

第五，賴耶見分說爲不可知，評者謂《新論》只說了一半。據《成論》云，不可知者謂此行相極微細故，難可了知；（《述記》云「見分行相，難可了知」。）或此所緣內執受境，（《述記》，內執受境，即有漏種，及有根身。）亦微細故，外器世間，量難測故，名不可知。詳此，則《論》文於所緣相分但置或言，實重在顯示見分爲不可知，《新論》即據《論》旨而談。此中尚別有解，茲不及詳。

第六，因緣（種子。）名爲作者，餘緣名作具，《成論述記》確可檢，此際不暇查卷數。

第七，評者謂無著無本有種義，確不然。《攝論》等談三法展轉、因果同時，三法者，本有種爲因，親生現行，現行復爲因，親熏生新種，此無著義也。彼計無始創起之現行，必有本有種爲其因故。

第八，佛家所謂根，雖通攝者多，畢竟以五淨色根爲主要，佛說淨色根明明別於扶根塵，如何道他是物？六塵境方是世俗所謂物。（五淨色根，非心法，自不待言。）

第九，成佛方捨賴耶，此佛氏究竟了義，《新論》據此而談，誰云錯誤？地上入觀雖無漏，出觀則否。如瘧根未斷，終不可謂無瘧人；十地未成佛，終不可謂無漏顯現。

第十，自性涅槃，既眾生本有，爲甚又立漏無漏種？且評文云「無漏種子無始以來成就」，何故第七項中不承認無著立本有種？評者自相矛盾且不論，唯此無漏種與自性涅槃作何關係？唯識師究未有說明，若細推之，其過甚多。總之，唯識師於本分事畢竟不曾究了，徒恃聞熏，勤求外鑠，如木無根，雖外蒙雨露，何可滋生？《新論》繩正，其功甚大，百世俟聖而不惑可也。

附識：本文有一段云：智即是理，理遍現為色心而無礙，故智周萬物而無閡。自注云：智即心，亦即理，色亦即理，故智周通乎萬物而無閡，為其理之一也。熊先生攝智歸理，義極重要，而難索解人。可參玩鄂省印《新論》語體本中卷後，〈附錄〉釋理一則，及本書答徐見心君言「心即理、物亦即理」諸文。

與馮君談佛家種子義

佛家派別甚繁，說法極多，非以思辨謹嚴之態度治之，未有不混亂也。種子義，《瑜伽師地論》頗採有古義，與後來無著兄弟唯識論之種子說全不相同。《瑜伽》爲類書，無著所總輯，其中收集材料甚富。然無著編輯此書，其每分之大意，（分猶篇章。）則自有匠心運其間也。

古種子義，此土無專譯，今不可詳。余著《佛家名相通釋》部甲於種子條下曾採《瑜伽》五十二說「云何非析諸行別有實物名爲種子？（言非分析諸行，而謂離諸行本身別有一一實物名為種子也。非字，一氣貫下。）亦非餘處？（言非別有實物潛存他處可名種子也。）然即諸行如是種姓、（種姓，猶言種類。）如是等生、（如一葉剎剎前滅後生，自類相續，曰類相續、曰等生。一葉如是，他物準知。）如是安布，（諸種類物，各各等生，現前顯現，曰安布。）名爲種子，（即依諸行種類、等生、安布諸相上，假名種子。）亦名爲果。（果對種子而得名，種子既依諸行而假說，則果亦如之。）果與種子不相雜亂，若望過去諸行，即此名果，（現在諸行望彼之過去而言，即此現在行相名為果，以現在從過去而生故。）若望未來諸行，即此名種子」（現在諸行望未來而言，即此現在行相又名為種子，以現在為未來續生之因故。）云云。據此，種子與果均依諸行相上假爲之名，非異諸行別有實物可名種子。例如現前一棵樹，自其根言之，此根從其前前剎剎不住。（謂無一剎那頃有故物留住也。）易言之，即剎剎滅故生新，是其前前恆爲後後作生因，故應說其前望後名種，後後恆續前前而生，故應說其後望前名果。此根一向剎剎前滅後生，而因滅果生恆在一剎頃，不可妄計從因滅至果生中間尚有時分也，如前滅後生之間有時分，則後不續前而中斷矣，故此云前前與後後，皆不得已而爲之名，未容以世俗鐘錶計算之時間觀念應用到此，是義宜知。就樹根言，此根前前爲後後作生因，假說其前爲後之種，已如上述。更就樹根言，義復同上，乃至樹葉及花與實一一皆如上義。是故一棵樹，其根幹枝葉花實各各自類等生而安布者，皆非個別有實種子故生，只是各各剎剎續前而生，現在一剎頃之根爲前一剎頃根之果，現在一剎頃之乾果爲前一剎頃乾之果，乃至現在一剎頃之實爲前一剎頃實之果，（凡言乃至者，中間略而不舉故。）諸果同時並有，亦可云果俱有。但此與無著兄弟唯識論之種子義絕不可並爲一談。若見種子及果等名詞，便不管各派異義而混同作解，黑白不分，麥豆莫辨，此之謂大混亂，以此言佛學，未知其可。

上所引據《瑜伽》文，吾名爲古義，次說無著兄弟唯識論之種子義。彼等成立賴耶識以含藏種子，賴耶一名藏識，以是種子所藏處故。種子在賴耶中，爲賴耶所緣之境，有宗經論，皆有明文。

種子是實有的，是個別的。易言之，即是異諸行別有一一實物名爲種子，並有其所藏之處，恰恰與古義相反。輕意菩薩《意業論》言「無量諸種子，其數如雨滴」，此印度菩薩明文，非吾臆造。八識各各不共種，甚至每一識更分心與心所，而每一心心所且各各不同種，又復每一心與其心所各各析爲二分，雖有四分三分之談，此有別義，可略之。二分者，相與見也。如眼識所緣色境，名相分，了色境者，名見分，餘可類推。護法諸師說每一心或每一心所，其相見二分，各各不同種。據此可見種子爲無量數，輕意菩薩擬之雨滴無量，誠哉然也！

一切種子皆爲能生；一切相分見分，皆是種子之所生。

種子既爲實物，已如前說；一切相分見分各各從其自種子而生時，即此一切相見各各爲實物。如眼識相見二分是實有，乃至賴耶識相見二分亦是實有，故一切相見，通名現行，現者，現前顯著義，行者，遷流義，俗云宇宙萬有者，即此所云現行是。

既明定種現各有自體，（現者，謂一切相見。）所以種生現時，現行已另成一個顯著的物事，（故名現行。）而其種子始終潛藏在賴耶識裡面，並非捨失其自體而轉變爲現行，此時種現兩物同時並有，一隱一顯。無著兄弟唯識論談種子六義中之果俱有義，正謂此現果與其因即種子同時俱有，（現行對其種而名果，故云現果。）《成論述記》疏釋詳明。《新論》駁其如母生子爲兩人，自是的論，種現各有自體，一隱一顯，明明成兩界，豈容曲辨？

此土唯識之學，唐以前眞諦所傳，頗多不同於奘師所介，吾常欲董理之而鮮暇。奘師所宏，只是無著世親一家之學，十師推衍世親學，愈以懸空解析爲能，吾《新論》所斥破者，奘師所介之學而已。印度有宗古師各派之說，今難詳徵，吾意眞諦學比奘師所傳宣者較好，惜乎今之作佛教史者於此無考。

自抗戰結束，國家危機益甚，老夫無心談學，乘便寫此，冀供研治經論之功，如不謂然，即可姑置。

與林宰平

前日哲學會，弟最後言推理之事，皆先有一全之觀測，次乃致察於分，終必遍察眾分，皆足以證實其全，而後其最初之觀測乃得成立。否則必捨棄之，又別設臆。但此時設臆，仍是先觀其全而後致察於分也。兄疑全之一字或可以言哲學，而於科學方法似不可通，此則由弟當時言詞簡略，致兄有此疑耳。弟所謂全之意義，本有簡別，就科學言，則某種公則或原理對於其所統馭之許多散殊事物自可說名為全，而散殊事物則其分也。因明三支比量與三段論式排列不必同，而意義則一。茲舉因明比量五分法為例：

聲是無常（宗。）
所作性故（因。）
凡所作者皆是無常（同喻體。）如瓶等（同喻依。）
凡非所作皆是其常（異喻體。）如虛空（異喻依。）
聲是所作故聲無常（合。）

如上比量，當其設臆聲是無常時，實已有統馭一切所作法之一公則，即凡所作者皆是無常之公則在，此即吾之所謂全。以此公則對於其所統馭之一切所作法而言，可名爲全故。次則求同、求異，而見夫同品定有，（如瓶等是所作，定是無常。）異品遍無，（如虛空非所作，皆是其常，而無無常。）因以斷定聲是所作，故聲無常。據此比量，雖似先測眾分而後歸納於一公則之下始得其全，實則設臆聲是無常時，已有一凡所作者皆是無常之全理，（即公則。）方據之以實測眾分。及其匯同簡異、一一不爽，而同類事物中之全理乃的然昭著無疑耳。弟謂推理，先觀全而後察於分，科學方法實亦不外是者，意只如此。倘設臆時無全理爲據，則於一一事物不取共相，如聞聲只知是聲，見瓶等只知是瓶等。而心上不作凡所作者皆是無常的全理的觀測，即無有所據以分測瓶等一一所作法，而聲是所作、故聲無常之斷案，又如何得立？此中有甚多意思，茲不及詳。

弟所云全，自科學言則全者對曲而得名，（曲謂散殊。）即依許多散殊事物之公則或原理而名之爲全，亦云全理，似無不妥。若就哲學言，（此云哲學，實即形而上學。）則全者乃無對之稱，所謂萬化之眞源、萬物之本體是也。（此言萬物，而人在其中可知。）前在會中，東蓀兄似曾言人生有一根本要求，即我人與宇宙不可分離而實打成一片，因此而小己之生死見自然泯絕云云。東蓀在國難中，不以生死易節，其得力蓋在此。孟實繼起發問：哲學發端，如果是因有個總的要求，此總的是什麼？余因舉《易》之「觀」卦曰：「觀我生。」於此反己理會，自然一針見血。大凡哲學家如只任理智或知識去推求宇宙第一因，則層層推求終不可得最後之因，《大智度》所謂「推求愈深，眩惑滋甚」。《般若經》掃蕩一切知見，寄意深遠，惜乎古今少人會得！唯超悟人，初亦未嘗不任理智推求，但迷途知返，於是不肯過分信任理智，乃返而觀我生。觀之爲言，神明離染，湛然睿照；生者，《易》所謂生生不息之元也，天地萬物統資始乎此一元。故觀我生則知天地萬物與我同體，無內外可分，無彼此之間，子玄所云「稱性玄同」是也。東蓀云「打成一片」，猶是強爲之詞，本來一片，何待打成？孟實問總的是什麼？反己自識而已矣。但此境界非理智推求所及，唯放捨推求而默然內證乃得之。宋人小詞云「眾裡尋他千百度，回頭驀見那人正在燈火闌珊處」，正謂此也。（回頭云云，喻反己自識；燈火云云，喻推求不起，默然內證時，正是本體呈露也。）

玄學求見本體，本體自是全的，是不可剖分的。此唯證相應，非可以推度而得，故哲學之極詣是超理智的。

然則哲學必反理智歟？曰：否、否！言超理智，非反理智之謂也。哲學求見本體，初未嘗不任理智推度，莊生〈齊物〉曰「若有眞宰，而特不得其眹耳」，玩此語氣，似亦自述當初推度之情。及其悟到自本自根與「朝徹而後見獨」之云，（獨謂本體。）則已超理智而歸諸證會矣。從來哲學家由理智推度而達於超理智的證會境地者，自不乏人，但莊子進於超知之境而遂至反知，則吾所不許。此中有無限意思，茲不暇論。

觀與證有分，此意難言，證之詣極矣。觀者，智慧初啟也；證則智慧盛顯矣。知識富者，不必有智慧，以其未離雜染故也。智慧盛者，知識皆轉爲智慧，不可曰求智慧者無事於知識也。

刻急理行裝，心緒紛亂，又時有客至，寫此不能達意。（此民三十六年，吾父返北平，及冬初回漢時，與宰翁書。今於故紙中檢出，存之於此。次女仲光記。）

仲光記

父囑同學研究船山書，語之云：船山在哲學方面之發明，余嘗綜以明有、尊生、主動、率性四義，見《讀經示要》第二講。此所以救宋明溺於二氏之弊，功緒甚偉。其爲學之方面甚多，如哲學、（本體論、宇宙論、人生論、認識論。）政治、社會等學，多有獨闢之處，爲漢以來群儒所不逮。然其於各方面雖有許多精思妙語，但未能分別門類、詳細發揮。如盧君共和之論，船山明明說到，而只寥寥數字，不曾盛闡明之。諸如此類，不可勝舉。是不足爲船山病，中國學術界，自漢以後，諸子百家之業久廢，分類研究尚無其風，思辨之術更非素講，船山雖天縱，其能絕不爲時地所限乎？余平生於古今人，多有少之所歆、移時而鄙，獨至船山，則高山仰止，垂老弗變，其書感人之深如此。

又曰：船山不幸而宗橫渠，故於本原處始終不透。余嘗欲取其《全書》中凡談及道體者，條列而辨正之，卒以心所欲爲而未得爲者極多，竟鮮此暇。

李仲強，粵梅縣人，從吾父問學，爲人樸實篤厚。嘗言其父國圻少與程壁光同學，甲午日寇，我海軍失利，壁光時在某兵艦，曾向日軍遞降書。其後李鴻章起用壁光，入見時，李公大呼壁光名，斥責之曰：爾曾向日遞降書，知罪否？聲色俱厲。壁光抗聲曰：大帥勿提此役，大帥亦不得無罪。李公遽改笑容曰：程壁光，很好，很好。自此對壁光信任益專，壁光卒為海軍名將。國圻亦海軍界耆德，與壁光至交，常道其遺事云。吾父曰：李少荃以雄才，學於湘鄉，明足以知人，智足以自反，大度足以容物，故為一代巨人。自昔衰世逞志者，昏狂自恣，喜用僕圉，朝夕獻諛，不聞己過，卒至危敗。少荃深於史，故成就卓然。

與友人

弟近來殊怕用心，然不用心時，雜染習氣亦易紛擾於中，憧憧擾擾者不可名狀。內經云「種種諸識浪，騰躍而轉生」，此可畏也。欲得乾元性海流行無間，此事眞難。六十餘年爲學，尙是凡夫，能無愧悚？

與某生

夫邏輯之所可貴者，以其術存乎解析故也。自家用思時，恆注意解析，則意理之條貫與底蘊一經精剖自然昭著，而免於模糊與籠統之弊矣。《易．繫》所謂精義入神，至可玩也。審核古今人立說之當否，亦妙於解析，蓋凡浮妄不根之談，未有經解析而不立破者。雖然，苟非其人，道不虛行，既非天才，又未曾按步就班作過困勉工夫，或任一己浮亂思想，或涉獵書籍，而自無深根固蔕之道，任何學問都無幸成之理，邏輯何獨不然？吾望汝勿效世人輕談學問，且以少年寶貴光陰及有限之聰明與精力，找著一種學問死心踏地鑽研去。汝既卒業大學，普通知識應有相當基礎，今後便當開始專門研究，如其一意專精佛學，則聚精會神於此，日就月將，不求速獲，久道化成，必有深造自得之一日。至與佛學相關之諸學，如心理學、名學及中西哲學等等，亦皆隨時用心探究。英文勿曠廢，閱西洋書籍原文較易了解，譯本乃多不通。汝曾學過英文，則時時練習，無令生疏，不獨便於看西書，將來或可譯中為西，豈非快事！汝且安心所業，每日公餘靜坐看書，汝勿謂事務牽擾未能多讀書也。天下事只要勿間斷，今日看五頁書，了解若干義理，明日看五頁書，又了解若干義理，日日如此，行之十年，自當六通四闢，豁然貫通，此患汝不為耳。

汝今念念不安現狀而只欲求學，只此便是而耗心力於無用之地，易言之，即自尋死路，若將不安現狀而欲求學之念放下，卻落落實實即在現狀之下安心所學，不急不迫，無怠無荒，日日行之，絕不間斷，吾敢斷言，汝學問之進步將若決江河莫之能御矣。人皆具有心力而不知所以用之，此眞可惜！吾久欲寫一信與汝，苦無精力；然不寫，卻不安於懷。汝畢竟是誠篤人，吾故不能已於言也。某生於吾不相信，此不足怪，乃其可憐耳。其識不及此，非其心術有差謬也。新年見子，總有不通暢意思，望深切自省，心不通暢即與道理隔絕，不堪學問，務反求其不通暢之根，必努力拔去。

與李生

吾子勤於讀覽，習於思索，頗以爲慰。然此等工夫，只合以無怠無荒、不急不迫八字行之，若操之過急，不唯無益，而且害生，不可不愼也。

學問之要，儒曰立志，佛曰發心，今人視此爲閒言語，學之所由絕、道之所由喪也。吾已衰年，自計少時亦是狂妄度日，三十後漸有眞懺悔，自是迄於衰境，猶是知及之、仁不能守之域，吾不敢欺天也。世之知我者，見吾一生未輕表襮，未謀名利，未涉官場，以爲吾亦庶幾不愧古人。其實，此但以跡論耳，若夫洗心藏密之地，出王游衍之中，（《詩》「昊天曰明，及爾出王；昊天曰旦，及爾游衍」。）中有主而不昧，外肆應而無窮，吾間有之而實不能常也。顏子之三月，吾實不敢自許；程朱陸王諸老先生之誠切謹嚴，吾有愧多矣，可自欺乎？所堪自慰者，一生不敢作僞，以自欺欺人天耳。夫吾爲學至老而自嘆尚如此，汝曹錮於時俗，但以聞見與思索爲務，尚不知有立志與發心之事，（汝必自謂已志學矣，而非吾所謂志也。）此吾所深懼也。夫心定不眞誠，即私欲與惑染日益增長，私欲與惑染增長，即神智蔽塞，而欲悟至理與大道，此實不可得也。理道與神智非二也，（吃緊。）佛家唯識言眞如是所證、正智爲能證，此戲論也。

正智、眞如，不可分能所也。詳玩《新論》，當自得之。若就妄識分上言，則分能所誠然，理見極時，是名證會，則非以能行於所、非以此知彼也。學至私盡惑斷，即眞理顯現，自家身心渾是眞理呈露，由其自明自了，謂之神智，實則非眞理別爲一境，神智又別爲一物也。嗟夫！此學難言，於今尤甚。汝若悟及此，當知爲學於見聞思索外，更大有致力處也。若只是各以知解構畫組成一套理論，所謂言之成理、持之有故者，古今中外，實繁有徒，彼乃學其所學，非吾所謂學也。

與友人

世間學，只要天資不太蠢，血氣未衰，肯用功，便足期成。特別學術，特別人物，非恃尋常天資、尋常血氣之勇所能爲力，須有一副眞願力。願力培養得厚，火然而光徹，鼓枻而舟行，浩然而天地塞，所謂大自在者此也。聰明知慮，器也，鑿之深入、斧之利斫，視用斧與鑿者之力量爲如何，此俗所知也。聰明而無大願力，則斧鑿雖具，亦奚爲哉？老哥之病在獨善而擔荷之願力不足，此所以常有老而學不成之懼。弟固亦兢兢焉，恐所願之不得達，然與兄之情乃大異。弟所慮者，非一己之學無所就，特欲深造而導無限無盡之人類於光明之域，終夜而徬徨，嚶鳴而求友。問何以然？不自知也。自反亦嘗有夾雜及浮泛不眞切處，然棄暗就明、捨狹致廣、背小向大，則嘗以之自勵也。甚願老哥豎起兩肩，充其願而強其魄，一日千里，弟敢預祝。至於世間文籍，取捨宜嚴。昨歲以來，嘗投藥石，而兄似未大採用者，此亦吃虧之一端也。弟於學，最善用掉背不顧之精神，自省卻不至走入粗疏。如兄看僧人緣論疏，弟則極不願以之入眼，此層友人亦多異於我者。彼等於僧俗雜誌亦喜瀏覽，弟則斷斷乎不多閱也。不閱亦何害？如精力有餘而翻閱之，猶曰藉以覘庸俗之情懷；若忙如吾兄，則願自惜眼力可也。唯古今專家宏著，則當窮探力索而必不可畏難，優哉游哉，日日而探索之，久則自有豁然油然之樂矣。漱溟欲為曲阜書院，不知果進行否？文化事業，定須倡自民間，一涉官場，便無絲毫效用。弟若在國立大學，講學有年，想不能有一毫影響於學風。國庠人物複雜，譬如阿賴耶識含藏無量無邊雜染種子，縱有一二清淨種子儲蓄其間，而力微勢孤，終不能發起現行也。（此札係由高君民國十二年日記中抄寄來者，非本年之稿，姑存之於此。三十七年冬，女仲光附識。）

與林宰平

前得由寧轉杭一信，似問及諸友由學涉事之情況，據聞精神頗不差，此可慰，唯將來事功如何，不敢斷言。吾料二三君子，亦猶李剛主諸儒之所志而已。李氏承顏先生之學，以有用爲臬極，欲一矯兩宋以來儒者疏予濟世成務之短。會當胡虜盜據，不便入仕，因以遊於在朝公卿，下及州縣之幕。本三物之旨，俗佐主者以化民成俗。此就世儒言，其魄力不可謂不宏，其心願不可謂不偉。然吾若高懸一格以衡之，則不能不爲李氏惜也。夫就社會言之，其各方面相互影響之故，至蕃變隱約而難言也。凡一社會之生存，自外表以言，若專恃乎政治生產等方面領袖倡導之人物，坐而言者，似非所貴；又凡開導一世之人物，其學說或思想之傳播，亦必其爲一般人所共了。至若括囊萬有、超出物表，即與社會上現實問題無關之人物，其所實踐而獨喻者，不獨一世所不能了，甚至歷千百祀而不可得一遙契之人，此等人物、此等思想，縱可謂爲社會之寶物，究何所影響於社會耶？今之持此論者頗不少，實則此輩僅泛觀社會之外表而不能深窺其根底也。凡社會所以生存之根底，即由超出物表之大人有其實踐獨喻、眾所不知之偉大精神，無形中感觸庶類，有如春氣潛運、百昌昭蘇而不知其所以，莊生所謂「尸居而龍見，淵默而雷聲」者，正謂此也。大底衰亂之世，乾坤幾熄，將欲起死回生，必有此等出類拔萃之大人獨凝生理，徐以感被眾槁而反致諸同生之域，所謂剝極而復者以此也。言及乎此，則李氏之所短，可得而詳已。彼其汲汲皇皇於用世之術，而根底之學修之不深宏、養之不樸茂，講之於人人莫不相悅以解，其感人之效也淺，李氏所以無救於皇漢民族之傾覆。而當時甘心事虜、無復人氣者，反批李氏以爲名高，斯豈其本懷所及度，直由其根底尚欠深遠故耳。跡諸友用心，彷彿李氏，吾所望之者，本學以施之於事，即事而驗其所學，又且於應事外，尚有閒適而孤往之工夫，使根底強大而枝葉暢達，則遠非李氏之儕。即與吾輩行藏殊異，要自不害其爲同。但慮感觸多端，神解難期超拔。又書生善持大正，濟變之才不足，當世猶未有曾、胡，匡濟徒成虛願。此所云云，未審有一節之當否，乞兄審度見示。自來中央大學，忽忽二十日，不得好住處。神經衰弱最怕擾，而同住多男女生，日夜狂叫不堪。近移來杭州西湖廣化寺，高樓俯瞰明湖，前對吳山，後倚葛嶺，如星小島孤峙湖中。憑欄而望，蒼蒼者天，明明者水，（湖不波，如鑑明，故云。）悠悠遠山，浩浩東海，目窮於望，遙感於懷。況復錢江若帶，帆舟往來，時有鳥聲掠過虛空，獨如梵唱。會此眾妙，幾忘亂離。兄與漱溟皆不得偕，以此相思，何堪惆悵！

前信發後，昨又得由杭州轉來掛號信。對於南來，仍是尼父無可無不可之態，此大不可也。兄既無所取於寂寞之幽燕，來此尚有二三樂與數辰夕之人，奚爲其不決耶？興趣是生命，亦即是學問。滔滔天下，吾儕可與煦沫以相提撕激發而不孤寞抑塞、淪於退墜梏亡者，當世有幾？

詩人伐木之歌、宣尼不孤之嘆，寄意深長，此豈可一旦忽哉！兄年將五十，弟亦四十餘，皆耿耿孤衷，不捨蒼生憂患，又臨天地玄黃之會，感物興懷，若非同契相助以精進，恐力量不充而易流於波動之情懷，將如昔人所謂憂能傷人者矣。以此相思，所關極大，吾儕何忍拆散，成為勞燕分飛，寧不為平生志願計耶？漱溟及平叔、艮庸二子，本約之共聚於寧。渠既留粵，則彼尚有四五人堪慰寂寞。若我兩人，則斷斷不容異處。弟之在寧也，氣味薰感，殊無多人，石岑迫於生計，不能離商務館而赴寧。若吾兄者，內抱孤貞而外不戾俗，誠不似弟之過僻，然孤寄予鳥棲獸走之荒城，所見者何事？所聞者何事？所與往還周旋者何物？稍一觸思，其能不黯然神傷而欲盡耶？弟不可無兄，而兄又何可無弟耶？又錫予渾含，兄嘗服其雅量，耦庚天眞瀾漫，秋一為學縝密，素履沖澹，宜黃一代大師，氣魄甚偉，兄皆當與遊處。更有石岑，野氣縱横，兄雖與之神交有素，尚未促膝共發狂嘯，久懷愛而不見之忱，空興在水一方之感，奚不翩然遵海而南、勷成盛會？江南地衍物博，值此新秋，天高氣爽，登鐘山遠眺，大江東注，海不揚波，上矚遙空，迴遠無極，我歟人歟？天歟地歟？渾兮浩兮，欲辯忘言！孰謂宰平不肯同此樂哉？（以上與宰翁二信，似是民國十六年間事，亦宰翁交來者。女仲光記。）

與林宰平

世事至此，眞是民族存亡生死關頭。朋友中如有留心政治者，不必問其能力長短，只看他有無興會。若彼眞有興會，即望肯去努力。都來談學問，亦是不得了也。弟與兄對政治鼓不起興會來，這個莫可如何；然憂時之念、救世之心，未嘗不切，只是性情不耐與政途爲緣。自問不合供疏附與後先奔走之任，而又無導引萬類之宏才，只合以書生終老而已。漱溟願力弘大，思想多獨到處，年來研究鄉村建設問題，不欲問政權，卻慮迂緩難有濟也。

今年決心不念世事，恐念及有礙所學。政治爲大家利害所關，群力橫衝直闖，總有闢出一條道路之日，但迷途與險難自所必經，無可倖免耳。學術有各人神解獨到處，不但並世賢豪未必同調，即千載而上、千載而下，或莫有測吾心之所偏至者，吾安可自捨自荒耶？今當把握此心，任他天翻地覆，吾不離學而從政。（以上二信，由宰翁交來。民國十四五年間，吾父與梁漱溟、石蘅青、林宰平諸先生同在舊京，念北洋軍閥將傾，天下事不堪復壞，常商量出處，其後吾父與宰翁終不出。此即吾父當時與宰翁決定不出之二信也。姑存於此。三十七年冬女仲光記。）

父親舉《華嚴疏抄》四十八引《經》云：「佛性者，名第一義空。（無形相、無惑障，故名空，非空無也。第一義空，即諸法實性之名。）第一義空，名爲智慧，此二不一，以爲佛性。」（第一義空，以其在人而言，則名為智慧。故第一義空與智慧二名，實非有二也，總名佛性。）又曰：「以性從相，則唯眾生得有佛性，有智慧故。牆壁瓦礫無有智慧，故無佛性。若以相從性，第一義空無所不在，在牆壁等皆是第一義空，云何非性？」愚按牆壁等從其本性而言，即是佛性，但不顯耳。

問《十力叢書印行記》中引大人語，似有融思辨入體認義，此何謂？父親舉《大論·八十三·攝異門分》云：「現量爲依，說名思惟，比量爲依，說名分別。」此義宏深，難得解人。世間所云思辨，只是比量分別；（如科學知識經證明不誤者，固是比量，而異非量。哲學家之推求與推論等，或是比量，甚至成乎非量者為多。）吾所云思辨，即佛氏所云思維。此以體認爲依據，（體認猶云現量。）遠離倒妄，《深密經》所云「如理作意，無倒思惟」是也。此等思辨冥應實理，故云融入體認者，以其不同虛妄分別故，須善會。

《智論》卷九十二有云：「畢竟空，唯是一法實，餘者無性，故皆虛誑。」余讀至此，問父親云：此云一法實者，當指諸法實性，所謂眞如、無爲而言乎？父親曰：汝已會得，但不可於實性作物想。

問：如瓶等物，依俗諦言，皆是實有，佛氏說爲假名，何耶？父親舉《成實論》卷十三云：「俗諦謂但假名，無有自體，（俗諦中所認為實在的事物，其實但是假名，非有一一獨立實在的事物也，是云無自體。）如色等因緣成瓶，（如以白色及堅度等因緣而成立瓶之名，實則無有實瓶，但假名瓶而已。）五陰因緣成人。（如以色等五陰為因緣而成立人之名，實則無有實人，亦假名人而已。以上參考《佛家名相通釋》部甲。）上古時人欲用物故，萬物生時爲立名字，所謂瓶等；若直是法，則不可得用，故說世諦。汝熟味此段文義可也。」又舉《成實・卷十・無明品》云：「隨逐假名，名爲無明。」命予小子終身細玩。凡夫日常生心動念以及一切學問知識，無往不是隨逐假名，可哀也！（萬事萬物無量名義，皆假名也，而人乃於諸假名種種分別、種種執著、種種追求、種種爭論，是謂隨逐假名。）

父親偶舉《疏抄》七十六引《經》偈云：「我今解了如來性，如來今在我身中，我與如來無差別，如來即是我眞如。」謂此偈極親切，初學宜深體之。

父親序王伯尹《清閒齋詩稿》有云：余平生不能詩，亦未學詩。析物則強探力索，侈於求知；窮玄則深極研幾，究於無始。究無始則神斂而遺感，侈求知則思密而沉輿。詩也者，感物起興，得天理自然之妙機，接乎外而動乎中，亦緣其素所存於中者裕，故其接於外也融融。余於詩味，非全無領納，獨惜所學異方，未及致力於此也。

問：體認一詞，後儒始言之，大人今以爲現量之異名，恐佛教徒不謂然。父親曰：哲學之術語，有可承舊名而更定其義者，即不須別創名。余談現量，不全同佛家本義，擬於作《量論》時特爲說明。《量論》雖未及作，而吾之意思於《新論》及《語要》中時有散見，若細心人自可看出。《新論》卷四附錄答謝幼偉曾略談體認一詞，《語要》卷三王准記語中談證會義即是現量義，亦即是體認義。余以最高之體認即現量，亦名證量。王准記云：每日宜有一段時間凝神定氣，除浮思雜念及一切想像與推度，唯是澄然忘念，此中至虛至寂，而意不同木石，卻炯然自了，即是證也，即本體呈露也。又曰：夫證會者，一切放下，不雜記憶，不起分別，此時無能所、無內外，唯是眞體現前，默然自喻，而萬理齊彰者也。余所謂最高之體認即現量者以此。注意涵養工夫，久自識得。

仲光記語

父親與一人函，口授不肖代筆，未能達意，然於當世學風足資警惕。略云：今宜發揚孔門之學，以爲吾國中心思想，此中有千言萬語難說，略明此意。人類進化，學問與知能方方面面日益複雜，誠如華嚴家言宇宙無量，然則紛紛岐岐可乎？王輔嗣云「統之有宗，會之有元」，此不刊之論也。徵之物理，八大行星各各自動固也，然皆以太陽爲其共繞之中心。假令八緯各各紛歧，還成甚宇宙乎？元子電子之系統，亦如日系。足知物理界雖萬殊，而必有宗以統之，有元以會之，思想界又何獨不然？一國之學術與思想，總應有其宗元之所在，一國家之教育必本此宗元而定爲宗旨。宗元既立，而後學子有共同信守，足以維繫身心、激揚志氣、淬厲風發，堪爲齊民矜式。今自清季以來，四五十年間，學校之教唯日以稗販爲能事，不知宗旨何在。人習於卑下，而反盛自高賢，事之可痛，無適於此。試考察各上庠名家學者之所成就，理工諸科，其專家之業深造至何等，吾儕門外漢，姑不妄論。法科之教者、學者，對世事研究、對國計民生諸實際問題有能窮析條流、眞知利弊、究了得失根源而後定救治之方案、坐而言者可以起而行，如唐之姚、宋足爲救時良相者其誰乎？夫相曰救時，並不足言開物成務與百年大計，則其爲良，亦有限耳。今乃並此無之，稍有心者思之，能不痛耶？文科當爲一國思想之發源地，爲各科學之主幹，尤其中心思想之闡揚必有賴於文科。今各大學文科，鉅子顯學，最上不過考據之業，下者猶不敢與以考據之名，只是耳剽目竊、多所雜綴、擴大篇幅、出洋本本或騰報紙以馳聲譽而已。至其所考核而陳列之題材，尤瑣碎無謂，誠不知其居上庠而神遊目注者，如是之瑣碎卑陋！既不能窮神知化，又無一材一藝之長可資實用。若夫哲學有國民性，凡有高深文化之民族，其哲學上家派縱多，而其一國家或一族類特有之精神必彼此不約而皆能盡量表現之，此之謂國民性。例如印度佛家談本體，究極空寂，中國道家談本體，證會虛靜，表面看來似相近也；然印度人有出世思想，（奘師云「九十六道，並務超生」，超生者，超脫生死海，即出世，不獨佛家如是。）中國人不爾。故老之言道，（道者，本體之名。）曰「無爲而無不爲」，佛氏談體，則只曰無爲而已，絕不於眞常體上說無爲而無不爲也。（眞常體，複詞。有則眞常，即謂體也。）此例不勝舉。道家無出世主張，故自老莊迄宋明之爲道者，多攻獨裁、倡自由，（《十力語要》及《讀經示要》二書，曾略及之。）吾國僧徒，從來遇夷狄盜賊爲帝，則依附以弘法，眞正治道家學術者，卻無此事。哲學不宜失國民性，於此可見。今海內爲哲學者，於本國學術既賤視之若無物，不知古人著書雖無體系，而其思想囊括大宇、窮深極幽，絕非零碎感想也。善學者由其散著之文以會其無盡之意，而因以自窺天地之純全，則道備於己，官天地，府萬物，富有日新而無窮盡，孰是有知而謂無物哉！今學子都不肯虛心求固有學術，本根盡剝而唐慕外人。誠使有深造於外人，若玄奘於無著世親學，吾猶俯首稱慶；不幸今人於外學絕不深求，甚至於中外均無所究，而急欲以邏輯自標、以論道自貴，吾恐大道非淺薄可窺，邏輯亦不當如彼瑣碎。董子《繁露》，根本《易》、《春秋》以明邏輯旨要，有曰：「物莫不有凡號，（案凡號謂玄名與公名。）號莫不有散名，（案散名者，謂於事物之散殊而以分析之術求之，乃隨物名為之名，孫卿所云散名之加於萬物者是也。）是故事各順於名。（案事物萬殊矣，而有散名以舉其自相，有凡號以舉其共相，乃至賾而不可亂，故曰事各順於名。）名各順於天，（案天者，自然之理，理實如是，非吾人以私意妄構也。佛家窮理至竟，歸本法爾道理，法爾者，自然義，與此云順於天同旨。）天人之際，合而爲一，（案名發於人而應於天理，故天人合一。）同而通理，（案依於散殊而求其統類，觀其會通，即於散殊而得共相，是謂同而通理。）動而相益，（案先物而起判斷，徵之動用，而效益不爽，是謂動而相益。）順而相受，（案各個命題於其全體系中，互相順成而無相違反，是謂順而相愛。）謂之德道。」（案德者，得也；道者，由義。思維所以得成規範而行為所必由也，故云謂之德道。）詳此云事各順於名、名各順於天與同而通理、動而相益、順而相受，皆邏輯上甚深宏大之義，中外談邏輯者，奠能外也。今人只鑽瑣碎，無有遠旨，學不宏通，思苦狹陋，故知任何學術，不窺古人堂奧，難啟新猷。後生崇尚浮虛，弗求深造，視名聲易得、學問易談，古人暗然日章之業永絕於今世，豈不悲哉！各上庠名教授，以哲學稱家者，孰是中外之學眞正虛懷誠意樸實頭地下過工夫？吾年向衰，丁茲衰亂，實不忍媚世。浮淺混亂，無如哲學界，盲以導盲，醉以扶醉，中心思想從何得有？國民性焉得不斫喪以盡？人才從何養得？危亡雖不一因，而此則其主因也。不肖謹案：此段話切中時弊，自愧未能暢發。然此等意見具見《讀經示要》，當世竟莫之省，此誠無可如何者。父親嘗言：一個人必有自立之精神，而後可採納他人之長；若自甘暴棄，未有能學人者也。一個有高深文化之國家，歷史悠久，自有其特殊精神。此等精神之表現固在其民群生活種種方面，難以概述，而凡一有文化之國家，其哲學思想界之主流尤為其特殊精神之寶藏。此等寶藏可以隨時演變與擴充，斷無可根本遺棄之理。若根本遺棄，即無所據以為演變，無所據以為擴充。譬如園夫接木，必厚培其根本，而後可以他木之枝接納於此木之莖，使之吸收異質、發榮滋長、別成一新物事，未聞此木根本摧殘無餘而可接納他枝以自活也。今人之智不及園夫，妄欲完全毀棄其所固有，而唯學東施效西子之顰，自清末廢科舉、設學校以來，於今五十餘年，步步趨入全盤西化之路，實則西洋人之精神與學術思想及其行動，皆非今日擁上庠稱名流者所得有其分毫，而固有之積累，則不分好壞而一切唾棄，乃至掃蕩以盡矣，而國人獨不自省何耶？

父親丁亥返北庠，曾與胡先驌氏談及今之大學無可言學術及養才。胡氏謂今人知識實比民初進步，勿太悲觀。吾父曰：公所言者，我非不知。然真學術不是浮泛知識，首須脫去依傍，有獨立研究的精神，有宏遠的規模，有深沉的風範，有雄大的氣魄。若只以耳剽目竊之功，稍襲外人膚表，涉獵本國古書，都不窮源徹底、析條分流，（都不二字，一氣貫下。）更不尋言外之意，只管粗心浮氣、逞妄立說、洋本滿天下，果何當於理道？又曰：公言知識進步，卻須明白知識之多於前是時代的進步，如今鄉村婦孺皆知有原子彈，此等知識在民初爲老師宿儒所不聞，公以爲今之婦孺其知識果高於昔之老師宿儒乎？今之一切刊物，自無識者觀之，驚嘆許多知識，自有識者見之，都是無根底的浮話而已。此意難爲今人言。佛說有法眼、慧眼，孟子曰我知言，今世如有佛氏或孟子出，其於今人之言，正不知作何感想？又曰：今日各大學教者學者，知識似多於前，但與之論理、論事，便覺其理解力太差，說向深遠處與眞是處，他便不會，許多浮雜知見梗塞其胸次，雖墨氏之辯、釋尊之廣長舌，恐也無如他何！言至此，胡氏頻點首。

仲光記語之二

父親避寇難於川時，常規設中國哲學研究所，卒無法募款，事遂罷。三十六年回北庠，頗有意商胡校長於北庠附設之。繼知其不必言，終未言。父親茲談及當時講學意思，記錄如下：今日各大學文科，皆習先雜碎考據，哲學與文學方面，既不足言思想。歷史為民族精神所繫，前代大政治家，其涵養身心之道與經綸世務之業，多由精研歷史、鑑觀往事資其觀感、益其神智、養其氣魄，而後能據既往以測方來，不迷於得失成敗之故，不失其因革損益之宜，其於古今人物見賢思齊、見不賢而內自省，所以激揚其精神志氣而完成其偉大人格者，歷史教訓尤為重大。近世曾、胡、左諸公，皆深於歷史，甚至千軍萬馬中，日必讀史，其成為一代偉人絕不偶然。今日各大學法科學政治經濟者，只知讀外籍，玩空理論，而於本國人情及當世利弊曾不留心考索。至其憤激現狀，往往因自身利害之私而不自覺，乃自居公憤，實無《大易》所謂「吉凶與民同患」之一心。吾在清末，見革命黨志士，實未有以反己之意去研經史者。蓋清代漢學家，純是考據風氣，治學與其作人無關係，其治史不過以考定故事自務博雅而已，於世務素漠不關心，雖熟讀百代之史，終不能開啟其德慧，不能引發其精神志願，故於歷史中不能得到政治經濟等知識。其本既虧，一切無感觸。清末志士無救於國、無救於其自身，此事彰明，追原作俑，不能不歸咎於考據學風之爲害烈也。此等學風深入社會，使人失其爲學之本，而一般人終不悟也。今之學風士習比清儒尤變本加厲，治歷史者，形形色色，吾不欲言，即欲言之，亦無從說起。

余欲籌辦中國哲學研究所，以哲學爲主課，而史學、文學及政治社會諸科學皆須兼治。（史學以廣義言，亦攝社會科學，今此別出之。）哲學以中國哲學思想爲主，而西洋與印度皆須兼治。文史政治社會諸學，並須中外融通不待言。

哲學方法，則思辨與體認須並重，余欲爲《量論》一書明此義，茲不及詳。體認非修養不能臻，故余常以哲學爲思修交盡之學。

哲學之至者，固期養成超世人物，如古所謂聖賢，而尤期養成各方面事功人才。捨事功而言理道，則理爲空理、道爲迂道。猶復須知，科學知識，其長在專門，而短亦在是，莊生所謂天下各得一察焉以自好，不睹天地之純全，科學家不免此病，唯哲學不限於某一部門的知識，故宜求通識。

史學以本國史爲主，而外國史須旁考。治史必有哲學家作人之精神，經世之志願，而後可運用考據方法，搜集史料，以窮究民群治亂並運會推遷之故，與一切制度、法紀、風習沿革之由，及個人對歷史上人物覺感所繫，在在運以精思，不可徒作故事玩弄。凡治史者，必以鄭所南《心史》、方正學《正統論》、王洙《宋史質》、顧亭林《日知錄》、王船山《黃書》、《讀通鑑論》、《宋論》等書為根本，然後可博覽歷朝專史及諸編年史與通典、通志、通考等書，旁及歷代名臣文集之類。中國自漢以來，二三千年間長為夷狄與盜賊交相宰割之局，吾自受書以至衰年，常痛心於此。此事，漢以後之史家須負責任，民族、民主二種思想被歷史家毀棄盡淨，完全失去《春秋》經旨。《春秋》三世義歸趣太平，國界種界終於泯除，人類一切平等，互相生養，猶如一體，無有相陵奪相侵害者；然在未入太平之前，則國家思想、民族思想必須涵養肫摯，不容捨棄。但其所謂民族，亦以同一國土、能敦義禮，而認為同一族類，並非狹隘之血統觀念，此所以為人道之隆也。國各自愛自立，族各自愛自立，則無強淩弱、智欺愚、眾暴寡之事，而世界乃大同，人類始太平。倘有一國一族不自愛不自立者，則人間世無可望平等，而弱者必見奪於強，愚者必見害於智，寡者必見侮於眾，世界惡乎大同？人道惡乎太平？《春秋》最高之蘄向在太平，而必以國家民族思想為達到太平之階梯，此義無可易也。但國族思想不容狹隘，自愛其國而不可侵他國，自愛其族而不可侵他族，若懷侵略之志，如今帝國主義者所為，則世界終無由大同，而人類將趨於自毀。《春秋》於侵略者，斥之以夷狄，等之於鳥獸，其誅絕之嚴如此，聖人重人道而憂天下來世也無已，其仁矣哉！漢以後史家，受豢養於夷與盜之帝，即尊之如天，親之如父，為之謳頌其鳥獸之行，而何有乎國家民族思想？可痛哉！可恥哉！二十五史也。民族、民主諸思想不發達，漢以後史家賤獮，不容不負責也。二三千年間，有明聖間出焉，鄭所南《心史》，則民族思想上繼麟經也；方公《正統論》，黜夷狄，民族思想也，黜盜賊，民主思想也；

王洙《宋史質》，以明朝贈皇，上承宋統，亦民族思想也；船山、亭林之書，並富於民族、民主思想，皆《春秋》經之羽翼也。有此數部書端其本，而後治群史方可避史家汙賤之惡毒，但取其材料而究明得失可也。史家之至鄙賤、至無知無恥者，無逾魏收。唐太宗雖得統於北庭之夷，而不直收之所爲，此其所以爲千古之英也。司馬溫公《資治通鑑》，昔人推尊備至，足見奴隸思想入人太深耳。溫公於民族、民主思想全無所有，純是以帝制思想爲根據而造此書，其大旨不外希望爲帝者鑑過去成敗興亡而致謹於用人行政之際，行政毋病民，用人唯賢，則以成以興，否則敗亡。《通鑑》之書，予人主以鑑者如此，至於人臣事君之道，尤其所致詳。故此書純爲帝制之書，揆之《春秋》，則聖人惡之，必不稍寬也。然其書終不可不讀。近世政體雖變，群治雖複雜萬端，然當一國行政之任者，於用人賢否、行政得失，必敬愼周詳而不敢忽，其可於歷史取鑑之處猶不少，凡夷與盜及愚賤官僚市儈等禍國禍民之奸謀與惡事，必不可容於今之世。能如是取鑑，則吾民國治定功成亦久矣，然則溫公是書可輕棄乎？吾國吾族經二三千年夷與盜之摧殘，人民在暴力之下偷生，習於種種不幸之敗德，如效順外人爲虎作倀而無恥，（初清，湯斌、陸隴其之徒皆然，況武人乎？）自私而不知有公，偷避而不能見義勇爲，此皆在暴力下偷生必有之惡果。然中國人有唐虞迄春秋戰國之高深文化，民質甚優，其智力頗不低，高明俊偉之人物衰世猶不無，中華民族畢竟有優點；但須領導者能寬大以養之，而勿操之過急、束之太嚴，須如慈母之扶育小孩然。如此，不數十年，中國人必爲大地上最優良之民族，吾敢斷言。吾望今後歷史家能以愛國愛族之心而治史，幸勿自毀！

政治社會諸學，須研西洋書籍自不待言。然於六經、四子、諸史及歷朝名人文集，雖不克全讀，總宜擇要熏習，一則感受先聖賢成己成物之精神志願而不甘凡鄙，二則熟悉過去社會得失。如某家子弟對其家族先世至現在之一切情形，聞見愈親，關切益至，將如何興利除弊，如何革故鼎新，其下手必不鹵莽滅裂，而有實事求是之效矣。今各大學法科，教者學者，其心只爲利祿而來，其生活又深染於都市惡習，其所讀之書又只是遠西學者之理論，而於本國社會一切脫離，欲其卒業從政，可以爲治，不亦難乎？民國垂四十年，革命不知幾度，吾總覺革命不難，革命而能建設誠難之又難，此非注意養才不可也。猶復須知，吾國自清季以來，只是逐層崩潰，而實難言革命，吾人不可不自省。

文學自漢以後之詩文家，甚少有可道者。詩人除少數觸境抒情、表現其閒適、悠遠、沖澹之生活爲不容菲薄者外，自餘感遇之作，得君而喜、失官而戚。散文如序、傳、碑、志諸作，亦以記述職官、讚揚榮寵，居其大半。中國人卑鄙之官僚思想，由於漢以下愚賤詩文家之養成者爲多。余於詩古文辭甚少嘗玩，魏晉人詩文華而無實，氣勢復薄，尤所不喜。學者宜熟讀《三百篇》、《楚辭》、《左傳》、《國語》及於《史》、《漢》，能味其質實意味，亦大佳；至於練習著述之文，則諸子書、佛經、宋明大師語錄，皆不可不讀，船山、亭林遺書，讀之意味深長。

余在川時，籌辦研究所，原想寫一文字詳述教學旨趣，後因其事不成，即不復寫。今閒談及此，殊略甚。當時意思自多，茲不盡憶。余年未二十，即投身兵營，以謀革命。三十左右，自審非事功之才，故專力於學術一途。老而感世變愈深，覺得今日中國人，過去之毒根未拔，一旦接觸外化，則又群習於浮淺混亂，依外力轉，而無自樹之道。抗戰時，吾作《讀經示要》一書，確甚重要，惜乎今人不省也！

答唐生

劉念臺言意，係依《大學》誠意而言，吾故不能不就《大學》誠意而論。主宰是無爲，有爲者人功也。吾上次一信，來函若未寓目者何耶？前言良知主宰是要致，（良知主宰，作複詞用。）致者，推擴之謂，推擴工夫即順良知主宰而著人力，人能弘道以此也。順主宰而推擴去，才無自欺，故曰欲誠意者先致其知也；（誠只是毋自欺，《大學》明文。）不能順良知主宰而努力推擴，鮮不陷於自欺者。《新論．明心章》特提揭即工夫即本體，此予苦心處。若無推擴之人功，主宰只是無爲，將被私欲隔礙，以至善善不能行，惡惡不能去，非道弘人故也。若吾子之意，良知善善惡惡之幾，常能主宰乎念慮之間，果如此，則人人不待修爲，自然都是聖人矣，誰無此良知善善惡惡之幾者？吾子又言：良知善善惡惡之幾，常有定向乎善而不容昧者，即名之爲意，由是，而意不特爲心之所發，亦即心之所存，存發只是一幾云云。似欲調合陽明、念臺二家之說，以爲言之成理，殊不知良知善善惡惡而定向乎善之幾，既是所發與所存爲一，則何以人人不盡是聖賢而幾乎皆是禽獸耶？孟子曰「人之異於禽獸者幾希，庶民去之，君子存之」，庶民所去之幾希，即良知善善惡惡定向乎善而不容昧之幾也，君子所存之幾希，亦即良知善善惡惡定向乎善而不容昧之幾也。船山曰「庶民者禽獸也」。然則庶民何故去其良知善善惡惡之幾而爲禽獸乎？吾子云：良知善善惡惡之幾，即名爲意，且申之曰存發一幾。今徵諸庶民，則其發與存卻不是良知之意，縱如念臺別名之曰念，然試問何以成乎禽獸之念而去其良知之意？此個原因安在？若於此不切實反勘，而空說道理，空談歷史，恐無所昭示於人，望虛懷切究一番是幸。

吾《新論》歸重人能，特提即工夫即本體，此是從血汗中得來。然爾時尚是大段見得此意，及作《讀經示要》，取《大學》首章以明六經之綱領旨趣，乃於誠意處改正朱、王在好惡之情上說誠之誤，而特注重毋自欺，又歸本致知之致。到此始親切。但在講《大學》處，只好依他之體系而立說，卻未提出一志字，《大學》於此不提志字，因爲開端便曰「古之欲明明德於天下者」，其地位盡高，故不言志而志早已立定也。其工夫扼重在毋自欺與致知之致，已自謹嚴至極，發用無窮，乃眞是賅費隱、徹體用也。但此地位太高，吾故於第二講首以立志，從來儒者都知志之一字最重要，而志字之義云何似少深究。此吾《示要》所已剴切明辨者也。然《示要》中尚有一種意思未明白提出，因當時寫得急促。此種意思，蓋謂天人之間須有一個樞紐，即志是也。吾人之眞性，固是得天之全，（譬如每一漚皆攬全大海水以為其體，人皆得天之全，亦猶此。）應說人即天也。然從另一方面說，人雖稟天而生，但既生以後，便爲形氣之物而不易復其本來稟受之天，所以良知主宰雖有善善惡惡及定向乎善而不容昧之幾，無奈人生不免爲形氣所限，終有如陽明所謂隨順軀殼起念之危險，即人每物化而失其天。孟子言庶民所以去其幾希而成乎禽獸者，以此也。學者誠反己而精察之，便自喻。

夫能反己而毋自欺者，必先有立志以爲之本，志且未立，則已物化而失其天，帝謂不通，（帝謂，見《詩經》。帝或是，即吾人內在之性智或良知，非外在之上神也。謂者，性智知善知惡，若詔示吾人者然。不通者，良知已被障礙而不得顯也。）渾是一團惑障，從何可得毋自欺乎？《大學》者，大人之學，根本就已立志者說，故於誠意處單刀直入而言毋自欺，此親切至極也。余以爲志者，天人之樞紐，天而不致流於物化者，志爲之也。志不立，則人之於天直是樞斷紐絕，將成乎頑物，何以復其天乎？孔子自言十五志學，《孟子・養氣章》說「志，氣之帥也」，有志以爲之帥，則人之所以通乎天之樞紐在是，循此樞紐，而動用一順乎天，久之則人即天，而天即人。先儒所謂盡人合天，合之一字，猶是費詞，（費者，虛費。）天人畢竟不二，非以此合彼也。但就始學言，必以志爲天人之樞紐，此則吾平生親切體驗之言，垂老而益識之明，持之堅也。此樞紐樹不起，則毋自欺不能談；毋自欺作不到而言涵養操存，其不陷於惡者鮮矣！

念臺言意有定向。不悟有定向者，乃良知之發用自然如是，非可於良知或心體之上別構一重意來說有定向也。念臺曰：「《大學》之言心也，曰忿懥、恐懼、好樂、憂患而已，此四者，心之體也」。此言明明違背經文，經曰「有所忿懥，則不得其正」，乃至「有所憂患，則不得其正」，今乃曰此四者心之體，此成何話？夫專以情言心體，則心乃佛氏所呵爲無明之心也，《大易・乾卦》以仁顯心體，而必曰大明、必曰知，豈有離知與明而言情可以指目心體者乎？念臺此語已罪過無邊，其下文即徑接曰：「其言意也，（其字，謂《大學》。）則曰好好色、惡惡臭，好惡者，此心最初之幾，即四者之所自來。」此語尤邪謬。夫善言此心最初之幾者，孟子四端千的萬當，以其於性之見端處言情，則情爲隨順大明眞體而顯發之情，故此情即性，而非好好色、惡惡臭之情也。好好色惡惡臭之情是與形骸俱起之習氣所成，非眞性也。此等好惡，無有大明或良知爲之宰也。念臺謂爲忿懥等四者之所自來，誠是也。《大學》說此四者令心不得其正，念臺乃謂此四者來自此心最初之幾，何其邪愚至是乎？以念臺之說與孟子四端之說對照，稍有知者，孰忍朋念臺而違孟子乎？

念臺又承上而言之曰「故意蘊於心，非心之所發也」。彼既以忿懥等四者所自來之好惡之初幾言意，又即以意蘊於心而非心之所發，是其爲說，明明將心與意區別兩層來說，蘊於心者方是意，則意不即是心也明甚。其下又徑接之曰「又就意中指出最初之幾，則僅有知善知惡之知而已，此即意之不可欺者也。故知藏於意，非意之所起也」云云。夫念臺在上文明明誣《大學》而橫計曰「其言意也，則曰好好色、惡惡臭，好惡者，此心最初之幾」云云，是明明以好惡之情言意，今卻曰「就意中指出最初之幾，則僅有知善知惡之知而已」，夫好惡之情中而有知善知惡之知，則此知必是佛家隨惑中所謂不正知，必非良知之知也。

夫貞明而無障蔽者，心體也。《易》義如是，釋與道亦同證及此。未有指好惡之情爲心體者也。好惡之情，形而後有者也，若認賊作子，則本明之心既失，好惡如何得正乎？王學末流至於念臺，不堪設想矣！今日尚可張此迷霧乎？其曰知非意之所起，卻是；曰知藏於意，便大迷謬。念臺所謂意者，好惡之情也。好惡不失其正者，固是良知發用，不當曰此知藏於好惡中也；好惡失其正時，良知早已被障，而謂良知藏於好惡中可乎？念臺談義理，不迷謬者甚稀，在好惡之情中而言知善知惡，此正是今日人心陷溺所在。今人喪盡良心，正在此，不謂念臺衣鉢流傳至今耶？

吾《讀經示要》所謂意者，是依本心即是良知之發用而得名。良知備萬理，無知無不知，是吾人內在主宰，不可於良知或心體之中又建一層主宰名意。

只認取虛寂、明覺之本體，畢竟靠不住者。人能弘道，非道弘人，宣聖此言實爲義海。《新論》專提工夫即本體者，正以此故。黃宗羲嘗曰：象山以識得本體爲始功，而慈湖以是爲究竟，此慈湖之失其傳也。慈湖平生履踐無一瑕玷，在暗室知臨上帝，耄耋猶兢兢，未嘗須臾放逸，其工夫嚴密如此，獨其教人直下顯體，以爲不起意即無往非眞體流行，不必更有所事。其實學者何堪語此？慈湖門下鮮有成才，正由其立教有失，不可無戒。工夫基於立志，志未立定，哪有工夫？如木無根，哪有莖幹枝葉？余言志爲天人之樞紐，此須留意。諸葛公戒甥書曰「使庶幾之志，揭然有所存，惻然有所感」。此志，即是工夫，亦即是本體。《讀經示要》第二講，可熟玩。武侯之言，簡約而無所不包通，與孟子必有事焉、勿忘勿助之意相發明。工夫只在揭然有所存，孟子必有事焉，正是揭然有所存；惻然之感，則揭然而存者，自然不容已之幾也。若不存時，即本體已失，私情私欲用事，焉有惻然而感者乎？故曰工夫只在揭然有所存也。孟子言持志，陽明曰責志，此是工夫下手處，保任固有虛寂貞明健動之眞，周行乎萬事萬物而不殆，工夫無懈弛，即是本體無窮盡。天人合一之學，如是而已。（合一二字須善會，非以此合彼也。）

答楊鈞

《新論》說翕故成物，則物是幻象可知。俗計物動，亦大誤。若知所以成物者爲翕之勢，則知動者非有實物故動，乃由幻現物象之翕勢遷流不住。而人於此不察，妄睹物動耳。

附：困學記

熊池生仲光撰

自序

抗戰時，余方隨侍先嚴，（池公，字師周。）羈棲古寺，日讀儒、佛諸籍。適先嚴劇病，余亦無人指授，但心好之而已。近侍嗣父，黃岡熊先生。專理舊業，時承誨諭，有所領悟即便記錄，其有修辭欠妥、說理未暢，輒由嗣父隨筆改定，匯而存之，曰《困學記》。余自有知以來，於人世滋味殊少快感，唯有尋樂於學問與義理之中。世方多難，倘得不廢所學，此記當與年俱增，不至輟也。

熊池生仲光識於廣州郊外化龍鄉黃氏觀海樓

成論四大要領

《成論述記》卷一，明《論》體以四義，此中體字，初學煞費解。體者自體義，如筆之為筆，必有其自體，否則將何物名之為筆乎？凡有形之物，固有自體；無形者，凡思議之所及，亦各有其自體，如言仁則別於義等，言義則別於仁等，是仁義等理各有其自體也。準此而推，即著述言，如一部論絕非以名句等文言集聚而名論，必文言之所表詮者有其實義，方為此論成立之體。《述記》出示《成論》體，略舉四義，此不容忽；如其忽而不究，則雖讀《成論》千百篇，與不讀同。（此與《述記》本意，稍變更。）

四義者：一攝相歸性，二攝境從心，三攝假隨實，四性用別論。（或作性用別質。）

父親云：此四義即賅括難識哲學上諸大問題，以少文而攝無量義，治斯學者，首須注意。

第一，攝相歸性。相者相狀，具云法相，謂一切色法心法，即宇宙萬象是。性者體義，具云法性，即目諸法之實體。此性相二詞必須確切了解，否則不可研此學，不可悟無上甚深妙義。世間依妄情分別，於諸法相只橫計為一一物事，仰視天即蒼然者耳，俯視地即塊然者耳，中觀萬物及與吾身並峙之人類，只是一一實物或一一實人耳。如此，便於條然宛然之諸法相上而起妄情分別，橫加執著，如蠶作繭自縛而死其中，如造蛛網自錮於網羅之內。釋尊嘆眾生無始顚倒、長夜沉淪，大悲所由起，大智因之以發也。故菩薩承佛悲智而說唯識，欲令眾生於條然宛然諸法相而了悟其實性，即於一一法相不作一一法相想，而皆見爲眞理呈現、一極眞如，是謂攝相歸性。（真理即謂真如，亦即法性之目。詳諸經論。）證及此者，超越情見，迷妄都捐，此唯識究竟宗趣也。但諸經論將法相說爲生滅、法性說爲不生不滅。由此，將性相剖成二片，相上但說緣生，性上但說無爲，竟無融會處。此當爲出世思想之誤。及《新唯識論》出，以體用不二立極，（《新唯識論》，後省稱《新論》。）法圓義成，始無遺憾。

第二，攝境從心。此明境不離心，心爲主故，境則從屬於心，不離心而獨在，故說識名唯。如《述記》云：「由心分別，境相即生；非境分別，心得生故。」此皆就宇宙論上言。天地萬物，眾象森然，而皆依自識觀起，非有離識猶在之宇宙。此事分明，迷者不悟，良由眾生一向習於實用，總計有心外之境，從而追求不已，期有以滿足其需要，因此迷妄熏習力故，遂至本不離識之境而無端見爲外在。諸佛菩薩明證境依心觀，救說三界唯心、萬法唯識。無著世親弘茲勝義，廣造諸論，雖條理萬端，而攝境從心固是其宇宙論方面之根本義也。

第三，攝假隨實。此就世諦中言，如方圓長短等，名爲假法；瓶等物，世俗亦名實法。假法無自體，必依實法而得有，若離瓶等，即無有方圓長短可說故，故攝假隨實，亦是俗諦中要義。

第四，性用別論。性者法性，即諸法實體；用謂法相，即色心諸行。二者不容相混。如

《述記》云：「相即依他，唯是有為；性即是識圓成自體，是無為。」此則分別性相甚明，但此中名詞，初學每難解。依他之他是緣義，依他者，謂一切法相背依眾緣幻現。譬如一棵樹，唯依種子及水、土、空氣、陽光、歲時、人工等緣而幻現樹相，若離上述諸緣，即樹相無有。樹相如是，其他法相皆然。故一切法相，通名依他法，亦云緣生法。（或名緣起。）此緣生法雖無實自體，而生滅滅生，遷流無息，有勢用故，斯名有為。猶如雲氣，本非實物，而剎那幻現，有大威勢。諸有為法，其相亦爾。父親云，若了緣生論，當知宇宙萬象皆非實在，凡情迷執，自生相縛，可哀之甚也！相縛者，凡情橫計有實天地萬物，是謂之相，即凡思維中種種分別之相，亦皆是相，為相所縛曰相縛。古今哲學家不陷於相縛者其誰乎？法相之意義略如上釋。

次談法性。《述記》云「性即是識圓成自體者」，識字下本伏有一之字作介詞。《馬氏文通》言，古書介詞每伏而不顯，以求整練，佛書更甚。性謂識之實性，（猶云實體或本體。）譬如說麻（喻性。）是繩之本質，（繩喻識，亦即喻法相。）此不可忽。於此不清，即性相莫辨。圓成一詞即眞如別名。圓者圓滿，謂此性體無在無不在，具足眾德，一切無虧欠故；成者亙古現成，非若生滅法有起盡故。此所云性，即是識之圓成實性，所謂眞如。參考《解深密》等談三性處，《成論》至後亦復詳說。故一切法，克就相言，都非實物，即無自體。然若於法相而不執取其相，即於一一相而透悟其實性，便見諸法皆有圓成自體。誰謂一切皆空、竟無所有是佛法哉？

父親云：依梵方大乘唯識師義，克就相言，帝網重重，（此借用《華嚴經》語，喻世界無量，法相條然宛然、千差萬別。儒者所謂分殊，義亦猶此。）克就性言，如如不動。此二語分顯性相，含無量義，學者宜知。不肖竊謂法性之談，用今哲學上術語言之，屬本體論；談法相，則今所謂宇宙論、人生論並包含之。義理自有分際，不宜淆混，故性相須別論，乃見夫至賾而不可亂。《成論》據《三十頌》析以境行果三分，境中性相各爲釋，最宜精究。然梵方諸師於性相實欠圓融，非虛懷以究《新論》，難識此意。（此中與《述記》原意不同。）

問：《述記》言識相，罕用法相一詞，何耶？父親云：所言識者，即是有爲法，餘色等法，不離識故，皆識所攝故。由是可知，言識相即攝一切法相，非舉識相含攝不盡。（非字，一氣貫下。）又曰：識之一名，有廣狹義。狹義即能緣心對所緣境而得名；（緣者，緣慮義。）廣義即所緣境，亦名爲心之一分，所謂相分。舉識便已攝境。唯識論者，不許有離識獨在之境故，故舉識相非不攝餘一切法相，思之可知。

主宰義

戊子秋末，隨父南遊，居番禺郊外黃艮庸家。耒陽李笑春來省，問及主宰義。父親曰：學貴宏通，不可守一先生之言。主宰義須從各方面去領會。宗教家所謂主宰，則目有人格之大神，爲超越萬有而獨在者，如耶教之上帝及印度外道之大梵天等皆是也。然佛教興於印度，雖亦是宗教，而甚富於哲學思想。其教義窮高極深，宗派復繁。要皆遮撥一切外道所謂擬人之神帝，即不取外道之主宰義。但佛家理論雖廣博，而印以三法印。三法印者，一諸行無常，二諸法無我，三涅槃寂靜，前二會歸於第三。《智論》有文可證。故涅槃寂靜爲佛家之究竟了義。涅槃四德，常樂我淨，此中之我即主宰義。謂自性涅槃，本來清淨，含藏眾德，雖遇客塵覆蔽，而如金在礦，終不受染。此與印度外道及耶教等計有超越萬有之神帝說爲主宰者，其意義迥別，絕不可並爲一談。

老子言道，曰獨立無匹。莊生曰「若有眞宰而特不得其眹耳」。詳道家之說，本以道爲萬物所由之而成，（參考王輔嗣《老子注》。）故有主宰義。蓋道者，萬物之本體，故可說爲主宰，非謂其超脫於萬有之上而名主宰也。此與宗教家言主宰之意義截然不同，而與佛法卻有可和會處。以道之在人而言，即是吾人自性，與自性涅槃義可融通也。魏晉玄家（玄家宗主實在道家。）首迎合佛教，誠有以也。

儒者言乾元始萬物，又曰「天下之動，貞夫一者也」，一謂乾元，亦即宇宙本體之目，言天下之動貞於一，猶言萬化本於一而各得其正也，則一即主宰義可知。道家主宰義，即依本體而言之，其義實本之儒家《大易》。

佛道二家與吾儒畢竟有大不同者。孔子語顏淵以非禮勿視聽言動，此處甚吃緊。四勿之勿，正由內有主宰，不敢違失，才下此勿字；若中無主，如何言勿？人生息息感攝乎天地萬物，或經綸乎家國天下者，其作用流行總不外乎視聽言動四者。吾人本有內在主宰，陽明所謂良知，是即吾身之乾元，《易》云大明者即此。其於視聽言動之幾禮與非禮，引主宰自然辨之明而監之嚴，吾人只須能敬事自家故有主宰，不敢違失，於非禮而勿視焉，於非禮而勿聽焉，乃至於非禮而勿動焉。如此，行習之久，自然主宰恆安，肇萬化、歷萬變，皆有其不可亂不可搖者主乎其間，而化道以成，變通則可久可大。所謂官天地、府萬物者，此乃性分上切實事，非玄言也。儒者工夫，只於流行中識主宰，不待空天地萬物等法相，以趣寂而後證眞宰，乃即於天地萬物息息流通處，愼吾視聽言動之幾，不敢違吾內在主宰之明辨與監督，以陷於非禮。（愼吾二字一氣貫至此。）即主宰常現在前，不待趣寂以索之也。家國天下事，皆吾性分內事，於吾視聽言動之行乎國家天下者，而謹其非禮之萌，以此己立立人、己達達人，則齊治平之效自著。老氏唯務致虛守靜，而於世務一切放任，不敢為天下先。於是禮應動者而不動，則已廢主宰之大用，其戾於儒者之道不亦甚乎？二氏覓主宰於空寂虛靜，其流弊甚多，今此不欲詳談。儒者超悟自我與天地萬物同體，不可遏絕一體流通之機，故於視聽言動之幾，在在不違主宰，而一循乎禮，此為合內外、通物我、融動靜，無往不是主宰周流遍運，非僅守其內在炯然明覺者，即可謂證得主宰也。

五蘊與八識及種子義

佛家自釋迦首說五蘊，及大乘有宗唯識論興，始說八識種現等義。凡研佛學者，於此等理論體系不可不先求明晰。

五蘊論，用今哲學上術語言之，即宇宙論、人生論或心理學等知識皆包含於其中。唯識論師之八識種現等義，除同有五蘊論之所包含者外，更擴大而盛演本體論，並含有極精微之量論。（家父據因明而造量論一詞，量者知義，猶云知識論。）自無著、世親兄弟迄於十師之推演，而吾國玄奘、窺基師弟乃集其大成。基師所揉譯之《成唯識論》，（省稱《成論》。）規模宏闊，體系謹嚴，誠中外古今之一大巨制也。

五蘊首色蘊，次受、想、行、識，凡四蘊。

云何色蘊？蘊者聚義。色之一詞，分廣義狹義。狹義者，眼識所緣之青黃赤白等境，是名為色；廣義即一切物塵或物質宇宙，通名為色。（眼識所緣之青等色亦廣義所攝。）今此色蘊之色，正是廣義。

色蘊詳釋，尋如《通釋》一書，（具稱《佛家名相通釋》，家父所著。）今略談大旨。色蘊中，實以吾人根身與自身以外之天地或物界總名色蘊。世俗恆計有內身與外界或外物對峙，而五蘊中敘述色蘊之旨，初無內外對峙之見。易言之，絕不以吾人一身與天地萬物判爲內外，只總名色蘊而已。《通釋》發明此旨，言簡而義精。後來唯識師主張人各一宇宙，非吾身與世界爲二，其根底實在五蘊論。父親云，此等脈絡須探索分明。

次受蘊。受者領納義，謂於境而有苦或樂等領納，是名爲受。此屬情的方面。

三想蘊。取像之謂想，謂於境而取像，有分齊相現，如緣青時，計此是青，非非青等。由斯取像，即於境而有分別，是成知識。故想屬知的方面。

四行蘊。行者，造作義，謂於境起知已，即同時對境而有造作。此造作無論其顯發於外否，而在心中確已有造作之勢用生焉，故說爲行。《易》曰「幾者動之微」。蓋即察見行相之微萌處。此屬意的方面。

五識蘊。識者，了別義，謂於境而起了別故，即此了別。名之爲識，深遠無邊，心的現象所以截然與物異者，即此了別耳。近而見色聞聲之一聞一見，即了別也。其來不知所自，其神速不可度思，遠而智周萬物、發大宇之奧祕、徹萬化之根源，一切科學與哲學上廣大深微之創見或闡明日出不窮，乃至人群變動萬端，治亂興衰雖相倚伏而文物制度終期創新盡利，凡此皆足徵了別勢用之盛，浩浩乎無盡寶藏也。

如上五蘊，總爲色心二法，如下表：

色蘊—色法
受蘊—心法
想蘊—心法
行蘊—心法
識蘊—心法

色蘊敘述色法，受等四蘊敘述心法，總爲心物兩方面。

佛家小乘只說六識，即眼識、耳識、鼻識、舌識、身識、意識，至其談識，復分爲心與心所。心所，具云心所有法，（即謂心上所有之一一用。）今稱心所，省詞也。受想行三法均是心所。但行蘊之解說，前後頗不同。釋迦初說行蘊，並未言明此一蘊中包含有其他多數心所，而且自釋迦至小乘二十部所說心所法，多寡之數亦不一致，直至後來大乘有宗唯識始定爲五十一個心所。因此後來談五蘊者，於受蘊中只一受心所，於想蘊中只一想心所，獨至行蘊中，則於思心所外行，（亦別名思。此思是造作義，與常途言思想者異議。）卻包含有多數心所法。易言之，即五十一心所除受想二心所個別爲一蘊外，其餘所有心所統屬行蘊所收．即次於思心所而以次一一敘述之。五蘊名目雖仍其舊，而行蘊中兼收許多新發明之心所，後來大乘師之五蘊論已見之。父親云：據《唯識述記》卷一經部師說，佛說五蘊，故離心外唯有三心所，一受，二想，三思，（即行。）更不說餘心所名蘊。故離三外，更無餘所云云。詳此，則行蘊兼收多數心所爲後來變通之義可知。

六識中，每一識皆爲心與心所。後來大乘只於六識外另加第七末那識及第八阿賴耶識，而每一識分心與心所，則仍同小乘。

受想行三蘊皆是心所法，而識蘊則專言心。在小乘說六識，即有六個心，通屬識蘊；在大乘有宗說八識，即是八個心，通屬識蘊。故識蘊中只是談心，而心所則不屬識蘊也。

又心對所而言，亦曰心王，以是諸心所之統攝者故。此在《通釋》解說綦詳，可不贅。佛家尚有十二處，十八界等說。實即以五蘊法而別作一種編排。初讀佛書，總苦名相紛雜、甚難了解。然細心理會去，久之得解，亦覺平常。

五蘊論色心平列而談，以視《百法論》舉一切法攝歸唯識，顯然異致。歐陽大師嘗以此爲法相唯識二宗不同之證。吾父則謂唯識並非根本旨趣有異法相而別爲一宗，只是法相宗（即有宗別名。）理論發展日臻完密，而始成唯識之論。

吾父曾言：五蘊色心並列，頗似二元，而實不爾。五蘊以識蘊終，似有結歸唯識之意，蓋已爲《百法》導源。

有以五蘊證明釋迦至小乘不談本體論者，嘗過庭諮決，承誨曰：釋尊創說不專在五蘊，若十二緣生、若四諦及談功修處，並須扼重。四諦中滅道二諦賅攝深廣，一切功修亦依四諦而起。後來大乘之法性論與量論（法性，猶言諸法本體。）皆從滅道二諦推演而出。《雜阿含》尤須詳究。釋迦至小乘非不涉及本體論，只未深談耳。

已說五蘊，次談唯識。唯識論之體系，據基師《述記》卷二，初以相、性、位三分法明論之結構，次以境、行、果三分法明論之結構。

唯識論大成於基師揉譯之《成論》，《成論》依據世親《三十頌》而爲釋文，揉集十師之義而折中於護法。故欲明瞭《成論》體系，則於基師之所自述者，非尋繹而牢記之不可。

初相性位三分者，《述記》卷二第五頁云「前二十四頌，宗明識相，即是依他。（識相一詞，猶云法相，見前條。）第二十五頌明唯識性，即圓成實。（識性，猶云一切法之實體，亦見前條。）後之五頌明唯識位，（位者，修行位次。）即十三住」。

次境行果三分者，《述記》卷二第六頁云：「初二十五頌，明唯識境。（此言境者，即所知義。識相，識性，並是所知，通名為境。）次有四頌，明唯識行。（行者，修行。）末後一頌，明唯識果。（修行為因，證得菩提、涅槃，方成佛故，是為修行所得之果。）行觀所知，（所知，即上所云境。）方起勝行，（行而曰勝，讚辭也。）因行既備，果德乃圓。」

如上所述，前之三分可攝入後，如下表：

境——（初二十四頌）識相
　　（第二十五頌）識性
行——（次四頌）
果——（末後一頌）

據境行果三分核之，可見唯識之論，托體極大，（極大即無外。）並包無遺，五蘊所明只是境門識相一項，（門者，類義。境行果三，類別而談，於境言門，以此中所談自為一類故。）而於識相，初唯六識，心所復略，更未建立種子。今以《成論》與最初五蘊之談兩相對照，頗覺佛家思想演變由至簡而趨至繁，甚可玩味。

今將《成論》境門、識相之談略提綱要，以與蘊論比較，而見其變遷之大概。

蘊論識蘊（五蘊論亦省稱蘊論。）原止六識，即眼耳鼻舌身意六識，及大乘有宗始於六識外加第七、第八，共爲八識，列表如下：

眼識
耳識
鼻識
舌識
身識
意識
末那識
阿賴耶識

先從心理學之觀點，以考核兩論異同。

論若依小乘僅六識，《成論》則於六外增至八，此學者所共知；然內容甚不簡單，則從來學者似不甚注意。

一、五識通得識名，此自釋迦以至後來大乘皆無異說。由蘊論至《成論》，始終爲一貫主張，此與近代心理學頗不同，値得研究。據心理學而言，則佛氏所謂眼耳鼻舌身五識皆現量證境。（證者證知，但此知字之義極深細，非常途所云知識。）現量一詞若欲詳談，必須專書討論。茲略言之，則五識現量相當心理學上所謂感覺。然感覺一詞，學者所講復不一。如杜威《思維術》一小冊中似曾說感覺有錯誤，如此言感覺，實是以知覺而名感覺，故說有錯誤。譬如見繩謂蛇，通常以此爲感覺錯誤，實則眼識正見繩時，並未喚起記憶，亦未起推求與想像等作用。此時能見之見與所見之繩渾然一體而轉，實無能所可分，是謂現量，故當現量證境時，根本不起繩與非繩等分別，哪有見繩謂蛇之錯誤可言乎？杜威所云感覺有錯誤，實則以知覺名感覺耳。感覺之經過甚迅疾，雖以一刹那言之，亦難形容其神速。故正感覺時，能所不分之境，吾人實際上無從把捉，只可於理論上承認之耳。佛家所云五識現量，本與心理學上所謂感覺之意義相當。（但此感覺一詞，須與知覺簡別清楚。）心理學者以感覺歸之官能，且不承認感覺爲知識。佛家所言根即官能義，此根與識分別甚嚴，眼耳鼻舌身謂之五根，此根名曰淨色，謂其力用特殊、不同粗鈍之物塵，非即以肉眼、肉耳與肉體名根也。識是具有了別作用，此非根之副產物，但依根而發，易言之，識不從根親生，只依根而出生。譬如草芽依土出生，非由土親生。如佛家言，正感覺繩時，元是眼識依眼根而發識，才有此感覺，不可曰無眼識而唯根感覺之也。心理學者不獨行爲派否認有識，即在承認有心作用者，而其談感覺亦只歸之官能，不必如佛家有所謂眼等五識，故亦不以感覺爲知識。佛家既立五識，此識與五根只有相依之關係，不可曰識從根親生。五識現量證境時，不起分別，能證與所證渾然一體而轉，若按之心理學，只是正感覺時，記憶與推想等皆未起之候而已。在心理學不說此爲知識，而佛家乃說爲現量，量者知義，但此知字之義不同意識上種種分別之知，而是甚深微妙、不可名狀之知。例如正感覺繩時，雖不作繩與非繩等分別，而此時眼識於當前正感之繩雖無粗動推想等，而能所渾然俱轉之中（渾然者，無分別貌。）自有冥會默喻處，非若兩塊頑石相闔合，全無了別也，只此了別之相甚深細，似不自覺耳。現量中能所不分之知，內外一如，才是眞知。此中理趣深遠，非簡單可說。佛家立五識，謂五根雖能取境而非能了境。了境者，畢竟是識非根，唯五識了境時，是能所爲一體，渾然冥會，無有粗動分別，謂之現量，不可說爲無知。此或是佛家定中觀察所到，吾人不可輕反對也。父親昨在杭州浙大講說時，頗詳及此，今追憶略述，不能暢也。

二、自釋迦至小乘只立六識，此六識者，爲是一體而隨用異名耶？爲是各各獨立、只相依而有耶？此確是一大問題，而釋迦當時蓋無分明之表示。後來宗派日繁，似不能長此渾含。在初立六識時未明言各各獨立，後學自有趨於同體異用之一派；然當初既是六識並列，亦自有趨於各各獨立之一派。此二派之演變，在中國過去學者似不甚注意，即今日著佛教史者猶未考及此。小乘各部譯籍殊不全，而且唯識論之體系，各小部中尙未完成，則其於上述問題，或無顯著之分化，要至大乘有宗（以下省稱大有。）建立第八識，唯識理論漸以精密，而後對上述問題之解決自不容已，則諸識各獨立與諸識同體二派之論，自不期而成對峙之勢。吾國介紹大有唯識論者，前推眞諦爲盛，後則玄奘最顯，奘學行而眞諦之傳殆喪。雖晚唐以後，奘學亦絕弦千載，而典籍多在扶桑，清末已還中土，歐陽翁猶起而光大之。眞諦殘篇，可搜無幾，此誠有幸不幸也。父親云：中土唯識之論，自基承奘命而揉譯《成論》，主張諸識各各獨立，一切心、心所各從自種生，一切心、心所各緣自所變相，不得外取，（變要義，後詳。）此二義者，並是《成論》根本大義，諸識各各獨立而相依以有，斯義決定，後學莫敢興疑。故自唐以來，談大有之學皆盛推奘師；吾獨惜奘師偏揚無著、世親而定一尊，遂令中土不窺大有之全，至爲可惜！吾意，梵方唯識不止無著、世親一派，諸識體同用異之論與無著兄弟異，奘師屛斥弗傳，今猶有可推跡者。如基師《成論述記》卷二疏釋《論》文「或執諸識用別體同」句，有云：「此即大乘中一類菩薩，依相似教，說識體一。」（此謂諸識雖有八個名目，但隨其作用不同而多為之名耳。諸識自體，究是渾然而一，非是各各獨立也。）又引《攝論》第四，一意識菩薩計，與一類菩薩主張頗同，基師云「有云，一意識師但說前六識爲一意識，理必不然。此說八識體是一故」。據此文，頗有一大疑問。基師言「有云但前六識爲一意識」者，恐是小乘時代已有明白主張六識只是一意識。基發於眼根以了色塵，則名眼識，乃至發於身根以了觸塵，則名身識，故六識只是一意識，非六識個別有自體也。小宗中已有此說，後來大有立八識時，仍承小宗一意識師計而說八識者，其自體元是一意識，但隨作用有別而有八個名目耳。故基師云「此說八識體是一故」者，當是大乘承用小宗義，假使此推斷不誤，則諸識體同已始於小宗，不自大乘首唱也。然基師未有此說，吾不便臆斷。就基師此文測之，其舉「有云一意識師但說前六為一意識」者，似謂一意識師原是大乘中學派，彼唯主張前六識是一意識，不通七八兩識而言，基師以理斷其不然，乃謂此師主張八個識通是一意識，即只駁斥所舉有云之誤解，並不謂此有云者是小宗也。此與吾意迥別，吾無暇詳檢小宗譯籍，未便遽遮基師之說，故仍假定諸識體同之論肇於大有。唯吾由此斷定梵方大有始唱唯識，尚有一類菩薩及一意識師並與無著、世親異派，且其創說在先，由無著《攝論》之徵引可見。惜乎此派學說類師全不宣譯，中國於奘師之前本有眞諦學，據基師《中邊述記》言，眞諦法師似用一意識師，則眞諦唯識確與無著兄弟不同派。無著派下明明攻擊一類菩薩依相似教云云，（相似即謂其非正傳也。）其於一意識師同例破斥，於眞諦亦深不滿。奘師門下有圓測法師，本深於眞諦學者，頗與奘門相攻難。然是時奘門所傳正為新興顯學，測公終莫能敵，其著作多失傳。吾嘗欲從遊諸子搜集眞諦遺帙與測公佚義散見者，董理而申論之，以存無著兄弟敵派之緒，卒未有專力於此者，是可惜也。以上皆吾父所言，姑記於此。大乘唯識論興，有兩派分歧，要皆自五蘊中六識並列已伏分歧之勢，此實治唯識者所不宜忽。中土向傳大有以無著兄弟為開始者，縱其說出自梵方，想是無著派下之詞，以理推之，大有開山當更有人也。

三、心、心所分說，蘊論與唯識同。然每一識中，（注意每一二字。）其對境而了別之者，是為心，（亦名心王。）即此心上有對境領納與取像等作用，（覆玩前談五蘊處。）是名心所。（蘊論於心、心所之相分別未精細，吾父《通釋》據《成論》則疏釋極詳，今此但據蘊論為說。）然諸心所爲離心外，無別體乎？抑諸心所各各有自體而非即心乎？此一問題在釋迦初說五蘊時亦未及詳。後來略分二派：其一，主張心所只是隨心功用假立此名，如覺天等引《經》說三法和合、名觸，（觸者，心所之一些。三法者，一根、二境、三識，謂識依根而發，以趣現前之境，即於此時是根境識三法和合，而三和時，即有觸心所生。此義求詳。須考《通釋》。）又說士夫六界染淨由心，（士夫猶言人，六界謂十八界中六境，須考《通釋》。境隨心轉，故云由心。）故無心所，（覺天據上所引《經》，只說心，不曾說心所。）但隨心功用立心所名。（覺天以為但隨心有受及想等功用而立諸心所之名，故說無心所。）據此，則心所非是離心而別有者。此派之說與一意識師及一類菩薩主張諸識體是一者頗相通貫。復有經部師說，佛說五蘊，唯有三心所，一受二想三思，（行亦名思。）更不說餘心所名蘊，故離三外更無餘所。據此，則經部積異覺天者，只承認三心所離心別有，而其他心所必皆隨心功用假立之，固與覺天不異也，故應屬第一派。

其二，無著兄弟派下之唯識論，主張心、心所（上心字下伏有及字，他處準知。）各各有自體。例如眼識，其心是有自體的，是獨立的，其諸心所亦是各各有自體的，各各獨立的，但心、心所互相依而爲一聚，故名眼識，非以一個單純體名眼識也。眼識如是，耳識乃至第八賴耶識皆可準知。所以然者，一種子不共故，每一心各從其自種子而生，每一心所亦各從其自種子而生。二相分各變故，如眼識心、心所，雖同取青相，而心之青相是心自變之親相分，其與心同取青之諸心所，均是各各自變青相分。眼識如是，耳識乃至第八識皆可類推。是故心不取自心外境，諸心所亦各各不取外之境，故說心、心所實是各各獨立。是故《成論》卷一之二有云「或執離心無別心所」，此即遮撥覺天經部等計，所以樹立其心、心所各有自體之論。無著後學與覺天等派之紛諍，固釋迦初唱五蘊時所不料也。

四、蘊論雖已分說心、心所，而未談四分義。及無著兄弟派下之唯識論始將每一心及每一心所皆析爲四分。四分者，一相分，如眼識緣青，（緣者，攀援思慮義，他處準知。）此青即識所變相分。（據唯識俗諦義，此相分是實有質礙者。）而了別此青相分者，是爲見分。又復應知，相見二分外，須立自體分，所以者何？二分條然個別，義不應爾，必有第三分（即自體分。）爲相見二分所依故。基師《述記》云：「依自體上而起相見，（二分。）如一蝸牛變生二角。」此喻二分依自體故生，宜知其意，不可泥執譬喻也。後至護法更立第四分，則因量論方面理論之發展所致，當別爲論。據護法師義，一眼識中，其心析爲此四分，其諸心所亦各各析爲此四分，（注意諸字及各各字，所非一故。）眼識如是，耳識乃至第八皆應類推。但四分義完成於護法，奘、基二師始奉爲定論。世親派下有十師，護法其一也。十師中有只立自體分者，亦有只立相見二分者，茲不及詳。然基師論定四分義，亦可以第四攝入第三，即只三分；又可以第三攝入見分，而與相分對待成二，即只相見二分；又復攝相歸見，即只一分。（自體分。）義指不一，宜由《通釋》以探《成論》。但既破成四分，又復拼合之，如求破葉復完，終無是處。

分。

證者，證知，自體分是能證知見分故，亦名自證分。第四分是能證知自體分故，名證自證分。

四分名目如下：

- 相分
- 見分
- 自體分（亦名自證分）
- 證自證分

相分約當於俗所計外境或外物。唯識不許有離心外在之物，故說為心或心所之一分，而名相分。

四分義，如活講，亦甚有義據。如吾心緣青相時，青相是境，（第一分。）見分是知此境者，（第二分。）同時自知已知青境，（第三分。）即此自知之知亦復明瞭自知。（第四分。）此在心理方面說，似同時有此等層累曲折可言，但不宜剖為各個碎片而已。故四分義宜活講，護法諸師不免析得太死，此不及詳。父親云：四分義，可變通言之。人心之功用，本有外緣、返緣兩方面。外緣之用，如見分緣相分是，亦有返緣之用，如自體分緣見分及第三第四分互緣，皆可作返緣講。心靈作用未發達時，只有外緣，而或未能返緣。及發達至高度，則外緣之力固增，而返緣之用益以盛大。宗教家內修之虔誠與哲學家高深之體悟，皆返緣所致也。外緣屬量智，返緣屬性智，（量智、性智，俱見吾父《新論．明宗章》。）性智原是萬理俱備，返求之自得，量智亦依性智而有，但因馳於外緣而未免失其本。返緣深者，即超越常途所云思辨工夫，而達於觀察之境。但此觀察之察字與常途言思察或考察等意義不同，此察字義極深，爲避免誤解，不如言觀照也。返緣之極詣，即全冥外緣而入證量，此時並觀照亦不足言之。佛氏所謂內證離言，《大易》所云不言而信、存乎德行，（不言，即離言說相，離分別相；而信者，自明自了，即內證之謂。此必修養極至，性智全露，而後能之，故曰存乎德行。）此中有千言萬語說不得，難期一般人共喻。哲學家講知識論者，如經驗派只從人心功用之外緣方面著眼，理性派似於返緣方面有窺，然大概猶是量智思辨之詣，其與儒佛諸哲境地恐相隔太遠。（此中有無量義，吾父原欲於《量論》中闡明之，惜未及作。）父親以外緣、返緣二義改造舊師四分之論，義蘊無窮。

凡陷於知識窠臼不能超拔與惑障深重之人，其返緣作用均不顯，此意難與淺夫昏子言。

有問：據無著派下唯識論，雖云八識，而每一識均分析爲心及心所。如眼識並非單純體，更析之爲心及多數心所，是眼識爲一極複雜之集合體。眼識如是，而耳識乃至第八識皆可類推，如此，則每一識均如碎片結集然，何成作用？答曰：汝所解釋誠不誤，每一識確是複合體，但每一複合體中，說心是一，心所乃有多數，心以一故乃統攝多數心所而爲之主，故心亦稱心王。因此，不同機械而得顯其作用。此其立義之妙，最宜深玩。吾父云：無著派下之唯識論是融會數論、勝論二大派之思想而成立，其方法極重分析，而其談心確似物理學家分析物質，極不應理。玄奘西遊時，值此派正盛，故偏推崇之。實則一類菩薩與一意識師之主張遠勝無著兄弟一派，惜乎玄奘師絕不介紹。自唐二千年間，言大乘有宗學者皆爲奘師所誤，此可惜也云云。不肖謹案：《新論》談心，不取析物之方法，是與一類菩薩等計，較爲接近，而無知無識之徒妄謗猶不足惜，歐陽翁亦極不謂然，或因奘師傳統之故歟？

無著兄弟敵派之思想雖未傳中土，然眞諦朋一意識師，基師已有是言。此外，無著派下之典籍亦偶有引述者。今人作佛教史，乃於眞諦學派全不研究，只於思想無關之事跡不厭求詳，此爲現時中國人作學術史之通病，非獨佛史爲然。老云「絕學無憂」，誠憂之極也。

識論只六識，至大有說八識，末那（第七。）賴耶（第八。）皆極深細，頗與心理學家所云下意識者相近。然其陳義至爲深廣，則又非可徑作下意識理會，但確包含有下意識之意義則無可否認。

唯識家熏習或習氣之論，若僅限於心理學與人生論方面，誠至殊勝，亦至切近。《新論》語體本中卷談習氣處，變更無著派下種子說之體系，而義蘊深遠，讀者若肯虛懷體究，當知人生渾是一團習氣。凡夫起心動念皆習氣流行也。其下意識即無量無邊習氣潛伏，所謂識藏是也，亦可命之曰習海，人生即在習海中飄流，無所依止，此可痛也。法人柏格森以記憶證明意識獨立，其實記憶不可消失者，正由習氣相續流之故。柏格森不曾觀察到習氣，又不悟習氣現起即名妄識，（《新論》亦謂之習心。）此正佛氏所謂如幻如化如蕉葉聚而無實，未可以此證明精神獨立，必克治妄識而自證渾然與天地萬物同體之本心，始見獨立無匹。此則柏格森氏所不悟，而《新論·

明心章》之所昭示者，至爲深切。

次從宇宙論與人生論之觀點以考核兩論異同。

蘊論色心二法平列，《新論》謂其頗似二元論，讀者或不謂然。其實《成論》已破小乘二元說，如云「或執外境，如識非無」，（見《成論》卷一之二。）即是主張外境與內識並有，非色心二元乎？《述記》疏釋此處云「薩婆多等依佛說十二處密意言教，諸部同執離心之境，如識非無」云云。按十二處即六根六境。六境：如色聲香味觸等塵，六根如五淨色，皆屬五蘊中色蘊。據此，則小宗諸部承認離心獨在之境爲與內心俱有者，其思想實導源於釋迦最初之五蘊論蓋不容疑，孰謂《新論》是臆說乎？

五蘊以色心平列，雖可演變爲二元論，然終之以識蘊，則亦可演變爲唯心論，故大有肇興，首以唯識標宗。唯識家宇宙論與人生論方而之思想，其顯異於釋迦氏最初之說者。釋迦初不談宇宙人生本源，（即其最初不談本體。）似只談現象。如五蘊之色心平列，實只解析色心現象，並不究詰根源。十二處、十八界諸說，則依五蘊法而另作一種編排，別無沖旨。至其十二緣生之論，不究人生眞性，只依眾生類生活現象而爲解析，固與五蘊論同一用意。四諦首苦集，仍是從現象立論。滅道二諦可以引起後來之本體論等思想，而在釋迦當初似未曾肯深談也。（十二緣生與四諦名義，可參考《通釋》，再研《阿含》等經。）父親云：滅諦惑障已盡，道諦是聖智境，自不期而證眞。故釋迦成道後，謂其無窺於本體固不得。後學因之以求證本體爲究竟，如

《厚嚴經》云：「非不見眞如，而能了諸行皆知幻事等，雖有而非眞。」（非不見至此為句。真如即本體之名。）此乃後來大乘師共同之宗趣，亦非於釋迦絕無所本也。此等大問題，須別爲專篇討論。今此但以無著派下之唯識與釋迦最初五蘊說相對照，則唯識師在宇宙論方面特著重於本體之探窮，此與釋迦元始教義顯然殊趣，茲略論之。釋迦五蘊平列，不以色攝於識，而後來唯識說則立三能變義，三能變者，初能變是第八識，第二能變是第七識，第三能變通目前六識。因謂諸識所緣境是諸識各自所變之相分，如此，則色蘊中大種等境便爲第八識之器界相分及前六識之塵相分。（佛書言四大種及器界，實相當於俗所謂自然界或物質宇宙。五識緣塵相，意識與五識俱時亦然，故塵相通前六識。）由斯諸色境不離諸識而獨在，識爲能變，色只是識之所變。此所變色即識之一分，所謂相分。如此，則色攝於識，不得別立色識，與心平列。此其首先變更五蘊論之旨趣所以成立唯識之論，最不可忽。唯識家雖變更色識之義而亦未否認色法，但說爲諸識之相分，即不許說色法爲離心獨在，易言之即不以物界爲外在世界而已。

唯識家既以色攝屬於識，而復爲諸識尋求因緣，於是建立種子爲諸識作因緣。種子亦名功能，以其具有生生之功能，故以種子名。（取喻物種有能生力用故。）此與哲學家爲萬有現象尋求第一因實同一思路。（思者，思維，路者，路向，思之所至即是路向。）無著《攝論》成立種子義，而首取諸外道之談本體者，如自在天及神我與自性等論，一一破斥，並遮撥無因、外因等論。無因論者即否認本體，外因論者雖許有本體，而妄計本體是離吾心而外在者。此雖印度諸外道之迷誤，而遠西哲學家談本體者亦同此失。無著遮撥此等計，誠爲卓識。然評人之失雖極精當，而自想立義究與眞理相應否，則又是一問題。彼既歷破外道，而後標揭種子義，自以爲妙顯眞際，無諸過患。（真際即目本體。）無著異母弟世親承兄之學，盛弘唯識，其後學在梵天者，十師爲盛，傳移東土，則有玄奘、窺基師弟。種子之論，自世親以逮奘、基，研討日益精密，具詳《成論》，然大旨猶秉無著之規也。

唯識之論出，既以色法攝歸於識，又爲諸識尋求根源，遂建立種子，以爲諸識因緣。易言之，即諸識非無因而得起，實各從其自種而生。（種子亦省言種，後仿此。）此中各從云云，須注意。欲知其種子之爲一元或多元者，則必先究明諸識是體同用別抑各各獨立，而後可推尋其種子說是否爲多元。此實治無著派之唯識論者所宜首先解決之問題。余於前文已甄明無著派下諸師與一類菩薩等主張諸識體同用別者恰恰相反，彼不唯以八識爲各各獨立，而且於每一識又剖得極零碎，茲析言之如下。

一、每人有八識。（彼本主張一切眾生各各有八個識，今但就人言。）而所謂八識者，並非八個單純體，即將每一識析爲心、心所，心是一，心所乃有多數。如一眼識即以一心及多數心所類聚而名爲眼識，可云眼識聚。眼識如是，耳識乃至第八賴耶識皆可例知。

每一識聚中，其心是一者，以其對於多數心所而爲統攝者，故心亦號心王。

二、每一識聚中，（凡言每一者，須注意。）其心是有自體而獨立者，其諸心所（多數故言諸。）亦各各有自體而獨立者。然則各各獨立不將如散沙乎？曰：彼許相依俱有，且於相依俱有之中而以一心爲多心所之主，如各行星共繞太陽即無橫決之患。更有觸心所爲同念諸心所之聯絡員，有作意心所爲同念諸心所之激引者。其理論極精細，可考《通釋》。

三、每一識聚僅分爲心、心所而已乎？猶未也。更於每一心分作四分或三分乃至二分，於每一心所亦如是。

四、在宇宙論中，四分之說可約爲三分或二分。三分者，如《成論》談能變，則云識體轉似二分，所謂識體即通指每一心或每一心所之自體分。二分者，相分及見分，如眼識心、心所，其所緣色境即相分，其了別色境者即見分。二分均由自體分上變現爲之，不可執爲定實，故言轉似。（此言轉者，變現義。）相分或有形，或無形，（此以有質礙者說為有形，無質礙者為無形。如五識之五塵相及第八識根器相，皆有形。意識思維某種義理時，亦必變似所思之相，此相無質礙，可名無形。又如憶念昨見之梅花，意中變似梅花之相，此相亦無形。）而皆隨俗說爲實有。

以自體分攝入見分，即唯二分，曰相與見。自體可以攝入見者，相唯是境，但是所緣，見是能緣，自體與見同爲能緣，故可與見攝爲一體。

五、如上所說，八個識各各析爲心、心所，再將每一心、心所又各各析爲三分，乃至相見二分。由此可悟所謂宇宙只是千條萬緒之相分而已。捨此無量無邊相見分，何所謂宇宙乎？唯識家如此解析宇宙，大有義味，學者宜會意於名相之外。

六、每人有八個識，而第八識曰阿賴耶，（省之賴耶。）故賴耶識非眾生所共，乃是眾生備具一賴耶識，此不可忽。賴耶識之專司，即在受熏持種。持種者，謂本有無量無邊種子，皆賴耶含藏之、任持之，永不散失。受熏者，前七識起時，雖剎那即滅，然緣有餘勢續生，剎剎遷流，無有斷絕。此等餘勢熏入賴耶，是云熏習。凡諸熏習無窮無盡，賴耶一一受而藏之，是名受熏。即此新熏眾勢伏賴耶中成爲新種，與本有種雜居，其功用亦不異本有種，賴耶亦號種子識，即以其含藏無量種子故。或問：賴耶亦自有種子，彼（賴耶。）從其自種生，如何能藏其自種？答曰：據唯識義，賴耶與其自種是同時俱有，故賴耶能持其自種，不可說種子有孤存而未生賴耶之時也。假令一切種子有孤存而未生賴耶之時，則賴耶藏種之義無可立矣。唯其所同時而有，（種子是能生，賴耶是所生，能所同時，不相離隔。）故可說賴耶藏種。

賴耶藏無量神，即是萬化根源。可借用老子之言曰「谷神不死，是謂元牝，元牝之門，是謂天地根」云云。按谷者，虛而深潛之象，神者，生生不測之稱；牝者生義，元者大義，讚其生生之盛也。王輔嗣釋谷神曰「無形無影，無逆無違，處卑不動，（潛隱故云處卑；無粗動相云不動，非靜止之謂。）守靜不衰，（深潛故謂之守靜，能生故云不衰。）此至物也。處卑而不可名，故謂天地之根」云云。父親嘗謂輔嗣以此數語注谷神，恰似形容賴耶識。

賴耶相分有三部分，一種子，種子藏賴耶自體中而爲賴耶見分之所緣，故亦得名賴耶之相分：二根身，亦賴耶之相分：三器界，（如太空諸天體及天地或色聲等塵，通名器界。）亦賴耶之相分。

賴耶亦名根本依，前七識必以賴耶爲依故。（譬如八太行星必以太陽為依故。）

由唯識師賴耶義詳玩之，則是眾生各一宇宙，某甲與某乙實非同一天地，（此中天地，即用為宇宙之別名。）而只是彼此之天地同在一處，互相類似，宛然若一而已。唯識師雖將諸識剖得零零碎碎，而有賴耶方根本依，所以宇宙不同散沙之聚，人生不至如碎片堆集、全無主動力。此其觀想精微，確有足稱者也。但其鉤心鬥角之巧，益見其純恃意想構畫，絕不與實理相應。彼雖詆外道以戲論，而彼乃如此刻畫宇宙人生，如圖繪一具機械然，毋亦未免戲論乎？《新論》出而救其失，誠非得已。

識之異名甚多，曰心、曰意、曰了別、曰現行，皆其異名也。現行一名係對種子而言。現者，顯著義，種子者深潛沉隱，若乃種子所生之識則別有自體而爲顯著之現象界，故識亦名現行。行者，遷流義，諸識現象遷流不息，故以行言之。一切識聚可總名現行界，亦可省云現界。

（參考《新論》。）

唯識論者既將現界破析爲各各獨立之無量細分，（勝論以極微名細分，今借用此詞。唯識師將諸識聚層層破析，最後析成無量相分、見分，故現界只是無量細分。）因此推求現界之因緣，所謂種子者，（佛書中因緣二字，有須分別解釋者，亦有時可作複詞，今此用為複詞。）當是一一個別的物事，當是無量數之多。輕意菩薩《意業論》言「無量諸種子，其數如雨滴」，可謂善於形容。據《成論》言，種子有體類之異，復有性類之別。體類異者，如眼識聚之種唯生眼識現行，（複詞。）不生餘耳識等現；（現行，亦省云現，後仿此。）耳識聚之種唯生耳識現行，（複詞。）不生餘眼識等現，餘識皆可類推。尤復當知，每一識聚更析為相見二分時。至此，復有相見別種之論。如一眼識聚，其心、心所各各相見，並不同種。易言之，即相分分別有自相種，不與見分共一種生，眼識聚中各各相見種如是，餘耳識等皆可例知。據此可見種子體類各各不同。性類別者，一切有漏種子通三性，（注意一切兩字，非每一種子可通三性。）有唯是善性，有唯是惡性，有唯是無記性，（非善非惡，名無記。）故總舉一切種，便通三性。前儒言性，有善惡混之說，大旨頗與此近。綜上所述，可見種子說者，是多元論。

已說種子通三性，尤復須知，更分有漏、無漏二性。（有漏是汙染義，無漏是清淨義。）有漏性中，分為善、惡、無記三性，如上所說者是。無漏性者唯是純善，與有漏善絕不同類。故前云三性，實只就有漏性說，無漏性純善，無所謂三性。據唯識論，一切眾生，其賴耶識中均是有漏、無漏兩項種子雜居。而眾生從無始來，唯染種（有漏。）生現，（具云生起現行。）淨種（無漏。）雖寄存賴耶，若非修行至登地上，終不發見云。（登地，詳《通釋》。）

種子復分兩大類，曰法爾種，（法爾猶然自然，不譯自然而譯音者，恐濫常途所云自然故，是義深忽焉在後，與欲從末故。）亦云本有種；（法爾本有，不可詰其所由始。）曰新熏種，謂前七現行起時，（現行即識之別名，已見前。）即有餘勢熏入第八賴耶識中，成為新種故。

談種子者，頗有三句，略提其要：一、種生種，謂前種生後種。易言之，即每一種子皆是前後自類相生。譬如張人由昨活至今，實非昨日之張人延持至今也。張人昨日之故吾方死，即已續生今之新吾，是即張人前後自類相生。每一種子自類相續，義亦猶是。此即不以種子為恆常法，所以異於梵天、神我等計。

二、種生現，（現行省云現。）謂種子伏藏第八識中，若遇餘緣，（餘者，猶言其他。旁處用餘字者仿此。）便能親生現行。現行從種生已，即有自體，別為現界，一能一所，隱顯對待。（種是能生，而潛隱賴耶識中；現是所生，而相用顯著，儼然判為隱顯二界。）蓋種生現時，而此種自體猶在賴耶識中，並非種體轉變成現也，實乃從甲生乙，（甲不是乙，乃與乙相對者。）不同水轉為冰。

三、現生種，謂現行從種生已，雖不暫住，然每一現行皆有餘勢續生，熏入第八識中成為新種，等流不息。（等者，相似義。每一種子皆非恆常法，卻是剎剎生滅相續，前後相似而流轉下去，故云等流。譬如故我與今我，實是等流。）而此新種與本有種雜居，其功用不異本有，已如前說。

問曰：現生種似是現行正起時即有功用別生一新種投入賴耶，何以說新種為現行之餘勢？答曰：現行起時，並不暫住，元是剎那生滅，而當其才生即滅時，卻有一種餘勢續生，即此餘勢投入賴耶爲新種。如汝今上午起一念，頓時即滅，並非此念永占住汝心中。然此念雖才起即滅，而汝明日猶可憶及，則知此念在今上午才起即滅時已有餘力續生，投入下意識中等流不息也。汝但如此體會，便可悟新熏之理。須知所謂餘勢者，正是現行才起即滅時親生的物事，但入賴耶便名新種耳。又復須知現行是才生即滅的，故有功用能續生一種餘勢，等流下去，若是不生不滅的恆常法，便如僵固的死物，哪有功用續生餘勢乎？此非深於化者不能知也。

種子之說甚繁，茲不及詳。《成論》文詞過於高渾簡約，學者難通。基師揉譯《成論》而別爲《述記》以釋之，用意至善。惜乎《述記》文字理路不清，每記一義，往往不詳其原委，令人無從猜度；又於修詞太不經意，揆之文理，常不可通，似是匆忙中亂著幾字。故《述記》外，復有八種大著疏釋《述記》，卷帙極繁重，非詳徵八種，《述記》不可讀也。佛家無論任何宗派，其書皆名相紛繁，理趣幽遠，譯筆又傷渾簡，故索解人頗不易。吾父嘗言：哲學之事，貴乎能窮玄而不失之渾沌，能精析而不陷於淺近。（學者貴乎由淺入深，從近致遠。）中國漢以後學人，合此條件者太少，故凡喜談佛法者，非怵於來世果報之事，則文人之有浮慧而托於空教、假於玄言藉掩其陋，聊以搖蕩肆志耳。眞能窮一宗之學而析其條流、得其統系，且會意言外，而足以鑑了其所造之域，復能超然自得，不拘於一先生之言、不囿於一方之所趨尙，悠悠千祀，何可獲斯人乎？不肖習唯識，而感於其書之難讀，聊記趨庭之所聆，亦以自勖。今日差幸有《通釋》一書，（《佛家名相通釋》。）治斯學者，當以此爲寶笈。是書部乙綜述《成論》，綱舉目張，博而不繁，要而不略，引申觸類，悉有據依，熟讀斯籍，而《成論》可通矣。（父親自謂《通釋》寫得匆遽，猶小有差誤，待刪訂再版云。）

唯識師承認有現界，乃進而求其因，爰立種子，（以種子為現界之因。）故其種子說，實是一種本體論。此與蘊論色心平列、只談現象、不究根源者，其思想之出發點根本不同。此等變遷之跡値得研究。或問：種爲識因，應成唯種，何名唯識？無著既破外因，（見前。）何爲自犯此過？曰：彼建第八賴耶識以含藏種子。如此，則種子非離心而獨在，故不爲外因，種子不離本識，故唯識義成。（賴耶，亦名本識。）其理論精巧，頗足快意，但有一根本錯誤，即彼已立種子，而又依教義說眞如無爲是識之實性，（真如無為，作複詞用，實性猶云本體。）是則有二重本體過。《新論》彈正，至明且確。有爲之救者曰：彼本主張種現互爲緣生，（覆玩前三句中種生現及現生種義，是種與現互為緣生。）非以種爲本體也。答曰：無著當初譏評諸外道之本體論，而後揭出種子說，（參考《攝論》等。）其種子即本體，意義甚明，何須爲之曲辨？且彼建立本有種，而未言此本有種是眞如之發用，則本種與眞如（本有種省云本種。）豈非二重本體？雖云種現互爲緣生，而詳玩其義，不過謂現行從本種生，而復有功用，熏生新種，使本體日益擴充增盛，本體並非定型的物事而常伸張不已。如此說來，似亦不無意義，在彼多元之本體論亦應有此主張。所可惜者，彼又承襲眞如無爲實性，致有二重之失耳。又復當知，彼立賴耶攝持無量種子爲萬有根源，（八識聚無量相分見分，是謂萬有，種子是其根源。）不謂種子爲本體，其將何以名之？且賴耶相分有三部分，其一曰器界。（器界即諸天體與大地或自然界之總名。）此器界是從賴耶相分器種而生，據此，賴耶中種子明明爲天地之根，而猶曰種子非本體耶？自無著兄弟迄後學十師乃至此土奘基，本皆信守教義，以眞如爲諸法實性，（此中諸法亦云諸行，即目諸識聚或無量相見分，亦即現界。）不必有意說種子爲本體。但從其理論以玩索其思路，確是以種子爲現界根源，不謂之本體不得。大乘初興，於色心諸行只說爲緣起，明其非實，絕不爲諸行找來源，欲令人悟諸行性空方證眞如實性，（欲令至此為句。）此無二重本體過。唯識立種子爲諸行根源，顯與龍樹諸菩薩異趣。夫異趣無傷也，有二重本體之嫌，斯爲缺憾。

父親云：後人求古哲之缺甚易，了解古哲之長卻甚難。凡一學派之大著，常於其從前或並世之異派有所融與改造，在當時爲偉大之業，反時移世易、思潮大變，視之如腐朽。實則腐朽之中，神奇寓焉，視讀書感悟如何耳。唯識論之主旨，似甚注重於對破諸外道計有是常是一之作者，如梵天、神我等，故以種子爲現界根源，取消梵天等作者。種子是生滅法，不是恆常的作者，是待眾緣而生現，（現即識之別名，此識字是廣義，即通目萬有。）不可視爲具有人格之一作者能生諸行，（不可至此為句。）此其遮撥作者之迷執，可謂神解卓越。人類智慧愈發展，愈益印證其論旨之無可易，則謂之萬劫常新可也。至其種理判爲二界，（無量種子為種子界，八識聚或一切相見分為現行界。）而於現界中則建立第八現，爲二界之總樞。此第八現，一方面爲前七現（即前七識聚。）作根本依，一方面爲無量種子潛存之處，（第八理自種及前七現之種均藏於第八現自體中。）故是二界之總樞也。種是能生，現是所生，從無始際，能所法爾同時俱有，非是種子先時孤立，現行後生。（非是二字一氣貫下。故種子六義中，可說種子待眾緣而生現。六義甚重要，本文未述，可考《成論》及《通釋》。）試玩四緣義，除第一因緣外，餘緣皆依現行立，若不許種現二界俱時相倚，則種子待眾緣生現之義不可成。此中理趣奧折，欲曲達之，甚費辭說，此在能悟者自悟，不悟者說亦罔濟。種是潛藏，而望現爲能生，現則顯著，而爲種之所生。所生是現象，能生是現象根源，此在本體、現象析成二界，本不應實理，而思維之巧亦足驚嘆。假設將種子活講不必析成個別之粒子，又不將種現剖爲二界，只將第八現說爲宇宙大心，說一切種是大心中具足無量勢用，《新論》談本體所謂備萬理、含萬德、肇萬化是也。此大心從其遍爲萬有實體而言，則有超越義，從萬物各各具有大心而言，則一一微塵皆有佛性，不須向自心外尋求超越之眞宰也。如此，則於大心上不得說有漏，亦非離大心外別有所謂無爲眞如，而習氣則爲後起之事，下意識只是習海非眞心，如《新論》所說。庶幾斬盡葛藤，如理如量，世有達者，幸深詳之。

奘師門下相傳四緣義，括以四句，深堪玩味，治斯學者欲識綱領，不可不了此四句。但四緣義須從《通釋》入手，進研《成論》及《述記》。

唯識論中關於識相方面之要義，此中不及述者甚多，恐繁姑略。（因緣中之生是親生義，譬如種子生芽；現生現之生是引生義，譬如水、土、空氣、陽光等於芽為導引扶殖而令其滋生，是名引生，非親生之也，須分別。）

境中識性及行、果諸方面，《成論》提挈綱要，學者當由此以進窺群經眾論，此中未暇涉及。父親云：加行位中，四尋思、四如實智，已超過哲學家思辨境界，不獨地上工夫為哲學家所未有也。六經四子中談思處，義蘊深遠，明儒間有觸悟而未能闡明，王船山了解較深而亦未宏也。融會儒佛而出以新意，是《量論》所欲作，老當衰亂，此事遂廢，可勝嘆哉！小子記此，有無限憾。

儒書中言「心之官則思」及「思曰睿」與「君子思不出其位」，注家皆不通。天心以思為官，則有不專倚耳目等感官之效其用，而有敻然炯然獨運之明矣，獨運故智周萬物而未嘗滯於物。此聖者實證之事，凡人皆有此明體，惜自為客塵所蔽耳。睿者，大明貌，遠離虛妄分別，超過籌度境地，故謂之睿。出位者，流於虛妄分別，即心失其官，便為出位；不出位即圓明遍照，正與「思曰睿」同義。此理詳悉發揮，須深探大般若。

本文至此已結，而復略言者如下。

八識析成各片誠不必，但如善會其旨，卻極有義趣。妙闡生命祕

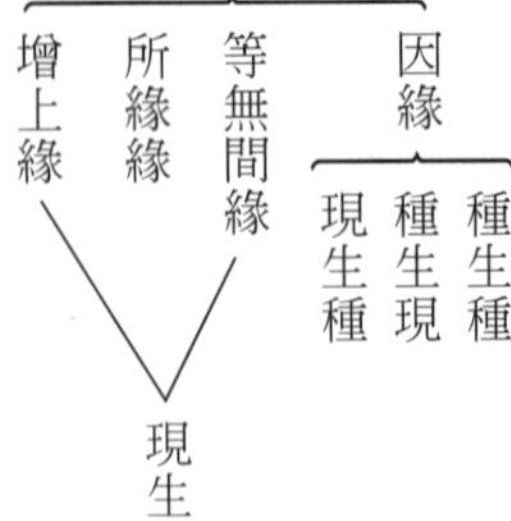

奧者，無如八識之談。《成論》謂五識唯外門轉，五根即是生命向外追求之工具，而五識則憑依此工具以緣慮於外也。第六意識內外門轉，意識能獨起思構，其攀援於外也，則窮天際地，馳逞無所不至，其返而內緣也，則理不外求，化自我出。若乃無始習氣，潛若深淵，隨機騰躍，妄相紛綸，如雲蔽日，照之失據，亡照則鬱然不知其盡，（妄念憧擾時，能覺照則妄自息，妄相本無根，故云失據。若覺照不存，即常為妄習所驅，而此一團迷妄勢力無有盡期。）真生命之疣贅也。第七末那識，唯是迷執自我，根深蔕固，堅執不破，甚深復甚深。凡夫以是沉淪習海，無出拔期；智者了知無我，浩然與天地同流。第八賴耶識含藏萬有，恆轉如流，非斷非常，（無住故非常，無息故非斷。）無形無象，獨形無象，獨立不改，（絕待故云獨立，恆如其性云不改。）周行不殆，（借用老子語。周遍流行，無窮無盡，隨其所成，常德弗渝，何殆之有？）此則生命自性如是，唯智者覿體承當，而凡愚不識也。但此中雖承用賴耶之名，而義實依於《新論》本心之說。本段文首申明善會其旨，原非據《成論》作釋，諸有智者應善思擇。

《成論》思想雖取精用弘，而得力於勝論數論二宗者尤多。能變之旨，實融數論。八識聚或一切相見分等，解析極細，則由勝論剖析實德業等之方法脫胎而出。基揉成《成論》，一宗護法，無著、世親之學至護法而完成。奘師西度，正值此派方盛，持以東來，迄今弗墜，其亦有天數歟？若夫一類菩薩與一意識師遺緒，梵天今日似久絕而難尋，奘師當年竟弗傳與妄抑。《新論》肇興，千載遙契，此固數之自然、理不可易者乎？

法相宗種子義

父親《佛家名相通釋》部甲載有法相宗古師種子義，與無著、世親派之唯識論種子義全不相同。蓋古師種子只依諸行上假立，謂諸行自身有能生功用，雖其自身剎那生滅、不曾暫住，然其前前剎剎皆望後後剎剎為能生因，即是前望於後而名為種子，其後望於前即為前所生之果。如木之一葉，其前剎之葉，生已不住，而當其生時．即有功用，能令後剎葉續生，即是前剎葉望於後剎葉而名為種子。一葉如是，千萬葉各各皆然。故古學種子非離諸行有別自體另藏賴耶識中，如無著、世親派之唯識論所云也。（非離二字至此為句。）《十力語要初續》亦有與人書談及此。父親每謂無著、世親派之唯識論變更法相古師之種子義，實弄巧成拙。（法相宗即有宗之別名。唯識論可說為法相宗之一支。）不肖謹《成論述記》卷十八第二七頁謂經部師「主張色心中諸功能用即名種子，前生後滅，（此云前生後滅，約一剎那頃而言，不可誤計為前剎生已而住，後剎方滅也。凡法於一剎頃才生即滅，避於其方生假說為前，於其方滅假名為後，故前生後滅皆約一剎頃言。初一剎是前生後滅，次一剎新生續前亦才生即滅，第三剎新生續前亦不暫住，復如次剎，四剎以往皆準知。故每一剎那皆前生後滅。）如大乘等為因果性，相續不斷」云云。經部以每一色法或每一念心法皆前望後而名種子，即名因，後望於前即為其前所生之果，以此成立因果，說諸行相續不斷，亦如大乘。據此則法相古義似是經部義，父親謂法相宗是大乘，經部是小乘，二家持論有相同處。

閱張稷若學案

張蒿庵，字稷若，明季大儒也。與顧亭林為講學友，所著《儀禮鄭注句讀》一書，亭林特重之，嘗曰：「獨精三禮，卓然經師，吾不如張稷若。」又曰「炎武年過五十，乃知不學《禮》無以立。濟陽張稷若作《儀禮鄭注句讀》，根本先儒，立言簡當，以其人不求聞達，故無當世名，然書實可傳」云云。又著《周易說略》四卷，《春秋傳議》四卷，《蒿庵集》三卷，《蒿庵閒話》三卷。余思遍讀其書，而喪亂流離，不果所願。今偶閱其學案，復承父親指示，感發甚多，今略記大要云：蒿庵實思想家也，而其精力多耗於經師考核之業，甚可惜！蒿庵學旨衡論漢以後各派思想有云：「綜核之說，可除蒙蔽，其病必至苛察。（此評漢以來法家也，漢宣帝、明帝、張江陵皆苛察。）權謀之說，可開昏塞，其失必為機詐。（漢文帝與蜀昭烈、諸葛武侯皆參用權謀，而不至失之機詐，由有儒學以端其本。文帝心契賈生儒學也，昭烈、武侯皆深於儒。）曠達之說，可破拘攣，必至敗名檢。（莊生之學，其流失必至此，魏晉人是也。）清淨之說，可息囂競，必至廢人事。（道家者流如陳希夷、譚峭、鄭牧諸公，皆思想家也，而皆果於遺世。）報應之說，可以勸善懲惡，必至覬幸而矯誣。（顏之推《家訓・歸心篇》深信佛家報應說，其覬幸來生福利之情與所述諸神異事，陷於矯誣而不自覺。令之皈佛者皆然，但之推實不為惡，而今之人則作惡無已，卻因怵於報應，乃以皈佛奉僧圖解免，其覬幸矯誣當亦佛之所深惡也。）緣業之說，可以寬忿寡怨，幾至疏骨肉而怠修爲。（深信業緣之說，則天屬之愛易弛，僧徒以此棄人倫，凡事悉由夙業，則自修易懈，尤其對社會政治諸大問題每不措意。此與報應之說皆佛教流弊。）養生之說，可拯殉欲之害而已，必至貪天而違命。」（貪天者不祥，此等人形幹雖存，實為廢物。）詳上所論列，綜核、權謀二種思想屬法家、縱橫家之遺，漢已來事功之徒固用其術，不肖者更以角逐於權利之途。曠達、清淨二種思想，老莊之遺，凡詩文家、所謂名士或大夫階級鮮不由此。報應、緣業二種思想，佛教之遺，民間頗普遍，公卿與名士信者亦多。養生則道家枝流餘裔，亦盛於民間。蒿庵考察中國社會思想可謂詳悉。漢以後之中國人，其智德力各方面日以低落，鮮有淳德碩行，鮮有高深理想，鮮有偉大氣魄。東京以來二千餘年間，常爲夷狄與盜賊交相宰割之局，非天數也，中國人自造之悲運也。觀蒿庵所論列，中國社會流行之各派思想，即在閉關時代已是長劫委靡，況當西洋文化侵入，其何可支歟？蒿庵經儒也，其糾正各派而欲歸之儒家，用意甚是；然蒿庵雖傑出，究不能不爲二千餘年來漢學宋學之所囿蔽，儒學之眞，蒿庵究未窺也。枝枝節節處，蒿庵所深造自得者固不少，而源頭未清，則枝節之得力處終不能盡是也。儒者之學，內聖外王，包絡天地，所謂廣大悉備也。漢學者考據之業，只於經籍中注意名物度數之訓釋，其於聖學王道之大全，茫然不知過問也。又自漢世承秦帝制之局，常以祿利誘儒生，使之安於瑣碎而不暇玩心高明，其疏釋經訓則一以隨順帝制爲主。綜群儒經注，其訓釋雖繁，撮舉大義不過以三綱五常爲作人之寶訓，故凡君德臣道、士大夫修身行己、進退出處、交遊取予之節，皆其所隨處申說者，六經大義果如是而已乎？三綱定而君權不可搖，以言乎倫理，則人只有服從君上之威權，長爲奴隸。父子之倫誠不可忽，然子之孝於其親，在養志怡情，而子之思想與行動，爲父者固不當一切束之也。妻之言齊也，經訓未嘗重男輕女，後儒便失此義。若夫言君德而不思君人者不必有德則如之何？則民群不務自治，不求自主，而唯仰一人有德以臨乎上，恐堯舜常生亦難爲治。帝《典》載君臣之際如手足誼，《易》稱湯武革命順天應人，未嘗尊主而卑臣也。荀子言臣民如遇無道之君，則殺然後義、奪然後仁、上下易位然後貞，此與孟子同旨。後儒全失斯意，故莽操之才遇昏庸主，而當儒生曲解經旨成爲風尚，乃不得不用極卑汙陰險之術以篡帝位，而圖避天下後世之譏。自是政治之途日習於汙賤，君之得位，其情不可昭示於人；臣之事君，唯習於奴隸道德而不求理之當否。二千餘年來，夷狄盜賊乘機而竊大柄者，正利用此汙習，豈不悲哉！士大夫修己之道，漢以來講者，要不外獨善其身四字。《論語》己立立人、己達達人，《中庸》成己成物，由求諸子皆志乎爲邦，孟子有兼善天下之願，經師考核之業於此漠然無所觸。宋明諸大師深窮道體，高言爲天地立心、爲生民立命，然只見得道理當如是，而其爲學以主靜涵養爲務，畢竟靜存此理於己，卻無形將天下國家悉遺之身外。《大易》參贊化育、裁成天地、輔相萬物與《中庸》位育等勝義，諸師只誦說經訓而已，實來嘗身體之以見於行動。西洋人對學術思想與政治社會種種大改革之精神，足使天地翻新、宇宙變質，反與吾六經之道有合。聖人成己必成物，正爲成物所以成己。宋明諸師畢竟成得一己而遺天地萬物，所成之己非大己也。諸師力辨王伯義利，現代西洋思想實應以此爲對治。然其視君權爲不易之常經，而於悟解上雖云家國天下皆與吾身同體，但以事功爲末，即無形以治平之業屛諸修身以外，終不能擴大集體生活，故其王伯之略徒寄望於君相，義利之分只堪律己，未能以此等大義實施於人群相生相養之一切度制憲紀之間。余平生嘆宋學拘礙，非苛論也。諸師修己之道，只成小己，而未能備天地萬物爲大己，故其嚴進退出處交遊取予之節，只一身不同流合汙而已。（千言萬語不外此旨。）此固不容非難，但義止於此，便成個人主義，將與天地萬物隔絕，無裁成輔相之功。大己病，而小己何安之有？若夫愛智求眞，（哲學與科學所探窮之對象不必同，而基於愛智及求真之精神則一。孔子學不厭，愛智也；孟子曰思誠，求真也。）明物察倫，以其所眞知明見求群眾共喻而相與改造宇宙，即知見起行動，即行動證知見，（此云證者，證實義。）其知見不限於自得。（不限二字，吃緊。）若謂知見所及可期一般人全喻，是又太淺於窺理也。仁智淺深，隨人所了，不期其全與吾同證，（此云證者，知義。）但總期一般人皆於此理有所得，要不可以獨得自封，故云不限。其行動先群眾而與爲一體，（先謂以身先之。）此聖人所以成其人己也。孔子願天下老者安之、少者懷之，安與懷有無量事爲，非虛願而已，席不暇暖，夫豈無故？事爲之能就與否是別一問題，其不捨事爲之精神，終古與天地萬物相流通，不容以近效相責也。孔子許出、求、赤皆有為邦之志，而朱子《集注》乃謂二三子規規於事為之末，明與聖意相左。此不唯朱子一人之誤，宋明理學家大概同此態度。諸儒之學，唯務涵養本原，而不免卑視事為，以與群眾隔絕，即不能備天地萬物而完成大己，此與宣聖及孟孫諸子精神均不似，養學者超然鑑觀之自見。宋學家有反己工夫，是與漢學根本異處。漢學家在帝制思想下訓釋經文，其投合世主而自以為不謬於經者，宋學諸儒則一切承之，甚或變本加厲。孫復愚陋，誤以尊王說《春秋》，宋學家始終奉為寶訓，夷與盜之帝者，得利用之以魚肉夏人。參考《讀經示要》。宋學承漢，而弊益甚，孫復之罪，不容未減。綜觀漢宋群儒，孔氏六經亡失將三千年而不可睹其真。（須參考《讀經示要》。）漢以後，社會流行思想非獨蕅庵所舉法家與老莊佛氏末流為病而已，儒學早失其源，蕅庵蓋未之察也。然復當知，漢學雖於六經之底蘊與宏指少所探究，然經師篤實者，就其知解所及，頗能於經義中取其有關於修身與經世之大訓者講明實踐，成為風尚，社會賴以維繫，人道猶有所存。唯其所講明者，常有滯於一節而失其會通，便成弊害。如漢宋諸儒對於「天下有道則見，無道則隱」與「用之則行，捨之則藏」諸語極力弘揚，而不悟此為一時感嘆之詞。至於「見義不為無勇也」，「吾非斯人之徒與而誰與」，「天下有道，丘不與易也」，「公山弗擾以費畔，子欲往」，「佛肸召，子欲往」，（《十力語要》卷二謂春秋時大夫專政，公山、佛肸皆大夫宰臣，實農奴之長也。其叛大夫時，如真能為農民謀公益，夫子必決往以參加農民革命之業，而率未往者，必公山等之所為反其所期也。）此等宏願大勇，諸儒竟無所感發。二千餘年士大夫讀《論語》至此等語句，常若熟視無睹，余謂諸儒受帝制思想之影響，說經悉失本旨，此為一例。若從多方面衡之，將不可勝說也。然而諸儒不苟合之精神亦於世道有所濟，視晚世貪淫無恥、助桀為虐以禍生人者，其相去奚止天壤乎？宋學諸儒玩心高明，篤實踐履，確承聖賢血脈，其差失處當予彈正，其得力處不可輕毀，其未至處當思擴充。宋學屢經變化，（詳《讀經示要》。）至晚明諸子如船山、亭林、習齋、二曲、梨洲諸老，庶幾上追晚周諸子之規，下足以吸納西洋科學與民主思想而矯其功利與攘奪之弊。惜哉閻、（若璩。）胡、（渭。）惠、（棟。）戴（震。）之徒以考據之業猥托漢學，媚事東胡，斬絕晚明新宋學之緒，錮蔽頹靡以迄於茲。西化東漸，而吾人自無根底，遂不堪抉擇外化以供吾之融和創造，種種剽竊，彌失其據，生吞活剝，終成乖亂。國民黨秉政之結果，其失敗且甚於北洋。文化破產，精神破產，日甚一日，不得純委之外力，吾人當自反也。稍前於晚明諸子者，有海忠介，其經濟思想原本經義，為縣官時，實行均田政策，擅令貧民奪富人田，為之區分妥當，人各安業，無相侵害。華亭徐相國家之田亦被奪，其家屬莫敢抗也。使明季天下郡縣多得如海公者為政，張、李之亂不作，東胡何自而入乎？儒學未明，儒風未振，故事事無與支也。今當闡明眞儒學，由晚明新宋學以上追孔門，此其時矣，不可更自伐也。余因蒿庵衡論過去社會各種思想之弊而未涉及儒學得失，傷時閔亂，有感於懷，故言之不覺蔓延云爾。上來直述吾父口說，記錄有未暢者，頗承改正。

蒿庵與亭林書有云：「在愚見又有欲質者，性命之理，夫子固未嘗輕以示人，其所與門弟子詳言而諄復者，何一非性命之顯設散見者歟？苟於博學有恥，眞實踐履，自當因標見本，合散知總。心性天命將有不待言而庶幾一遇者，故性命之理騰說不可也，未始不可默喻；侈於人不可也，未始不可驗諸己；強探力索於一日不可也，未始不可優裕漸漬、以俟自悟。如謂於學人分上了無交涉，是將格盡天下之理而反遺身內之理也。恐其知有所未至，則行亦有所未盡，將令異學之直指本體，反得誇耀所長，誘吾黨以去，此又留心世教者之所當慮也。」父親謂此段大意甚好，但以直指本體歸之異端，則孔子以求仁教學者，非異端歟？仁非本體乎？《新論》語體本〈明心章〉發明仁體，足正漢宋以來注《論語》者之失。蒿庵《中庸論》謂「言《中庸》者宜指名其物」，此意極是。但其物爲何，蒿庵則以禮當之。夫禮者，一切典則之總稱耳。典則無定體也，隨時而制其宜也，於此言《中庸》，將以何爲準歟？蒿庵固云「本之誠明以立事」，此誠此明，即主乎吾身之本心也，是所謂性也、命也。以眞體之流行言，則曰命；以其爲吾人所以生之理，則曰性；以其主乎吾身，則曰心，名三而實一也，非本體而何？此等處未可全反宋學，但宋學談本體而偏溺虛寂，則不得無病，是當矯正耳。

邵子觀物

偶閱邵子〈觀物篇〉，略錄其精粹之言云：「氣一而已，主之者神也。神亦一而已，乘氣而變化，能出入於有無死生之間，無方而不測者也。」此段語，父親謂恐判神氣爲二，便成大謬。須深玩《新論》體用及於用上分翕闢之義，方知康節根本未澈在。邵子有云：「時然後言，乃應變而言，言不在我也。」又云：「天之神，棲於日者是，（案此天字謂彼蒼者是。）人之神，發於目。人之神，寤則棲心，（案此心字謂心臟，古醫家言如是，今謂當指大腦言。）寐則棲腎，所以象天也，晝夜之道也。」又云：「能循天理動者，造化在我也。」又云：「學不際天人，不足以謂之學。」又云：「人必內重，內重則外輕。苟內輕，必外重，好利好名，無所不至。」又云：「金須百煉然後精，人亦如此。」又曰：「學不至於樂，不可謂之學。」又曰：「人之神，則天地之神。人之自欺，所以欺天地，可不愼哉！」

讀胡石莊學案

胡承諾，號石莊，湖北天門人。明崇禎舉人。入清，謁選吏部，以老丐歸，閉戶不出，窮年誦讀。所著書，最重要者《繹志》六十一篇，當時稱其學之所造遠過顧亭林，至今言明季諸子者，猶盛稱石莊。北平及浙江圖書館尚存《繹志》一書。《繹志》之目〈志學〉第一，〈明道〉第二，〈立德〉第三，〈養心〉第四，〈修身〉第五，〈言行〉第六，〈成務〉第七，〈辨惑〉第八，〈聖王〉第九，〈睿學〉第十，〈至治〉第十一，〈治本〉第十二，〈任賢〉第十三，〈去邪〉第十四，〈大臣〉第十五，〈名臣〉第十六，〈諫諍〉第十七，〈功載〉第十八，〈吏治〉第十九，〈選舉〉第二十，〈朋黨〉第二十一，〈辨奸〉第二十二，〈教化〉第二十三，〈愛養〉第二十四，〈稅租〉第二十五，〈雜賦〉第二十六，〈導引〉第二十七，〈敕法〉第二十八，〈治盜〉第二十九，〈三禮〉第三十，〈古制〉第三十一，〈建置〉第三十二，〈祲祥〉第三十三，〈兵略〉第三十四，〈軍政〉第三十五，〈武備〉第三十六，〈名將〉第三十七，〈興亡〉第三十八，〈凡事〉第三十九，〈立教〉第四十，〈論交〉第四十一，〈人道〉第四十二。〈出處〉第四十三，〈取與〉第四十四，〈愼動〉第四十五，〈庸行〉

第四十六，〈父兄〉第四十七，〈宗族〉第四十八，〈夫婦〉第四十九，〈祀先〉第五十，〈奉身〉第五十一，〈養生〉第五十二，〈經學〉第五十三，〈史學〉第五十四，〈著述〉第五十五，〈文章〉第五十六，〈雜說〉第五十七，〈兼採〉第五十八，〈尙論〉第五十九，〈廣徵〉第六十，〈自敘〉第六十一。父親以石莊先生爲吾鄂先賢，命不肖讀此書，因請示其大旨。父親曰：汝作類書讀之，皆佳言也；視爲學術界之專著，斯無當焉。稍有識者，審厥品目，便知其如雜貨店然。其各目之分，亦多無精嚴義界，譬如里巷人語、米鹽布帛、雞犬魚蔬、一切雜談，凡類書性質自如此，而學術界之著作斷無有如是者。學術著作必於廣大無涯之學術界中有其範圍，有其根本問題所在，其思想千條萬緒，必有根據、有體系、有宗要。如程朱陸王諸大師語錄，一覽而知爲哲學家言；顧亭林《日知錄》，一覽而知爲政治思想之結晶。（此書用讀書錄之體式，甚不易看，須詳《讀經示要》第二講談宋學處。）吾舉此二例，汝細心體究之，當可辨識學術性質，不爲古今俗書所眩，而自己爲學，亦知所用力矣。石莊先生此書，謂其每篇文字皆出自讀書之餘，反己體認，不爲浮語，則誠然也；謂其有所創發，足爲一家之言，余無可妄許。先生成就爲甚如此，想天資不甚高，亦本肯虛心求師友，果於自負，雖埋頭苦讀，終不得超越世儒匯輯典制與故訓之見地，此亦可爲後生鑑戒。余少年時，覓梁任公談晚明諸子，推尊石莊甚至，亦中心嚮往。後來自家有進，才知任公短識。昨徐復觀因昔者吾郡老輩曾欲宣揚《繹志》一書，亦以爲問。余曰：作類書讀，甚有價値。《繹志》敘有云「空疏之極，必生迷惑；迷惑之極，至於反悖」，此語極切實，汝曹謹識之。然余有大不滿於石莊者，入清謁選吏部，雖丐老而歸，終虧大節。不肖謹案：父親《繹志》之評，永爲定論。然石莊先生終身枯槁，好學不倦，謁選一事，似可諒也。

賴耶與下意識

父親嘗言：古今中外之大思想家，雖時代懸隔，環境殊異，各自見地不必同，而其用思推理亦必有不期而然之相似處。蓋人類之思維，自有其共同之軌範。佛家所云眾同分，甚可玩。事物之演變，循乎自然之法則，吾人格物，不容妄臆，必如量而知。又曰：學問之事，若能於根源處體認透澈，自己先有正知正見，則縱覽各家派之學說，自能觀其會通，辨其淺深偏正，而非可膠滯於語言文字中，妄諍異同也。又曰：哲學中最富於想像力者，莫如印度佛家。余獨惜其空想、幻想處頗多，未可全信。然其究極玄微，解析妄相，大無不窮，細無不入，深之不測其底，高之莫探其極，確非小智浮慧者所能悟入。又曰：佛書中亦有許多思想與西洋哲學及近世心理學相似處。如大乘之賴耶識、小乘上座部之細意識，（或名細心。）與心理學之下意識頗有相似處。（相似之言，簡非全同。）人生在實際生活中，欲望極複雜，如生存欲、男女欲、權力欲等等，形容不盡，凡諸無饜之欲，常求逞而不得遂者，即潛伏而為下意識中種種潛勢力，乘機思躍。大乘唯識所謂習氣或種子，本說為心物諸現象生起之因，即有宇宙論上為現象界尋求根源之意義，似與心理學上所謂欲望潛伏而思逞的勢力不同。但如勿拘名言之跡而推其思想之來路，大乘菩薩何以說心起時即有功用能續生一種餘勢，所謂習氣即此投入賴耶中名爲種子？大乘此等思想實由深切反觀到心理學上所謂下意識，其中伏藏無量潛勢力，因此談習氣而構成宇宙論中之種子說。吾人如將習氣與種子等意義活講，以之應用於心理學，亦可說爲伏藏於下意識中種種被壓抑的欲望等潛勢力常待機騰躍者。大乘說賴耶深細不可知，正與下意識深潛常爲吾人所不自覺者相似，上座部之細意識亦可準知。

種子古義與無著世親唯識義

無著世親之種子說，蓋以宇宙萬象紛紜錯雜，條緒萬端，如是眾象絕非無因而生故，欲覓其根源，遂建立種子。佛氏雖以眞如爲萬物本體，但止說爲恆常、寂靜，而無流行生長之用。基師《成論述記》卷十八第二十頁，破有部等執過去、未來是有自體，（大乘時間是假法，無自體，有部等不然。）而立量云：「汝去來法，應是無爲，（宗。）許有法體，無作用故，（因。）如無爲法。」（此喻也。無為即真如之異名。真如是有體法而無作用，故以為喻。）蓋佛氏之生滅法方有能生勢用；其言眞如，則云是恆常法，不生不滅。故雖說爲萬法之實性，（即萬物之本體。）而終不肯說由眞如現起爲色心萬象，彼計眞如無有作用故。此實佛家理論之不可通處。眞如既不能爲萬物生源，故須別立種子以說明宇宙萬象之來由，乃取喻於自然界之穀禾等皆有種子爲因，而推想宇宙亦從種子故起，由是成立種子說，而未計及種子與眞如成爲兩重本體。《新論》彈正其失，誠千載暗室之孤燈也。（詳《新論》語體本中卷及《通釋》。）然法相家古師言種子者，只依諸行本身上有能生之勢用而假說種子義，並不謂種子有實自體。（參考《佛家名相通釋》部甲。）小乘經部等言色心持種，其種子義亦與古師相近。及至無著、世親唯識之說盛行，其種子義乃演變為有實自體，潛藏在賴耶識中而為賴耶所緣之相分，種子與其所生之現行法（現行法即心的現象與物的現象，所謂宇宙萬象。）各有自體，此即顯然將宇宙剖分為潛隱（種界。）與顯現（現界。）兩種世界，而種子遂有本體的意義。此實無著唯識派之一大缺失。然繼世親《三十頌》而起之十大論師，其主張似不一致，如安慧立義則與護法有別。《成論述記》卷二十七敘安慧義有云：「種子是現識功能，（現識是複詞，識亦名現行，詳《述記》及《通釋》。）非實有物，（言非離現識而實有物名為種子也。）體是假有。」（種子但依現識上有能生功用而假說之，故云假有。）據此所述，安慧義頗與古師之種子義相近。惜窺基揉譯《成論》，獨宗護法，余師之意每附帶提及，大部則被遺棄，致令後學無從深悉，斯足憾也。復次安慧言識自體，亦不曾分為二分三分等，只言識體非無，依他性攝。後基師則指其為自證分，此乃據護法等義以為之名，並非安慧已有此名也。安慧大概近古師，殊不似護法之分析刻畫太甚。《述記》卷二記安慧義有曰：「由識自體，虛妄習故，不如實故，或有執故，無明俱故，轉似二分。」據此則安慧本不謂識體上有內外或能所之分，凡情計有內心、外物或能緣、所緣，只是無明妄習忽然執有內外、能所等相，非理實然也。護法等所立相見二分，實已隨順凡情，雖本不直說相分為外物，而確有外物之意義。又且以見分為依自體分上而起之一種能緣用，而不即是自體分，此見與相兩相對待，同依識體現起，如一蝸牛變起二角，（《述記》引此喻。）即識體上固有內外、能所等相，非由凡情妄執所致。余竊不敢許護法等之說有符於實理，諸有智者，脫然超悟，當知安慧無實二分最有沖旨。

先儒禪境

宋明諸師皆從禪家轉手，或諱之而不言，亦間有載其事者。如陸象山之於楊慈湖，舉四端以發明本心，慈湖當下忽覺此心澄然清明，亟問曰：止於斯耶？象山曰：更有何也。於徐仲誠，令其思孟子「萬物皆備於我，反身而誠，樂莫大焉」，仲誠處槐堂一月，有悟，問之，云如鏡中觀花，象山謂其善自述，因與說云此事不在他求，只在自己身上。仲誠因問：《中庸》以何為要語？答曰：我與爾說內，爾只管說外。詹子南安坐冥目，半月操存，一日下樓，忽見此心澄瑩中立者，象山目逆而視之曰：此理已顯也。又慈湖在太學循理齋，夜憶先訓，默自返觀，已覺天地萬物通為一體。王陽明在龍場，日夜端居，默坐澄心靜慮，以求諸靜一之中。一夕大悟，汗出，踴躍若狂。陳白沙靜坐，久之，見此心之體隱然呈露。錢緒山靜坐僧房，凝神靜慮，倏見此心眞體。蔣道林寺中靜坐半年，一旦忽覺此心洞然，宇宙渾屬一身。羅念庵坐石蓮洞中有悟，恍惚大汗，灑然自得。羅近溪一日忽悟，心甚痛快，直趨父榻前陳之，其父亦起舞。清人陳拙夫深山靜坐月餘，忽見此心光明洞徹，與天地萬物為一體，一矜持便了不可見。宋明儒此等故事甚多，未及詳徵遍舉。凡反對此等境界者，則謂其識取靈覺之心以為至道，同乎禪師之妄，因舉以問父親。承誨曰：此等境界必於靜中得之。靜則妄念伏除而本來靈覺之心呈露，謂此非道體固不得，徹乎此者，何可謂之妄？此理非禪師所獨有，儒者不見此理，非俗儒則鈍根耳。眞儒皆深透此理，但其從入之功不必與禪師同，一旦澈悟心體，亦不以此爲妙境，更須大有致力處。如顏子之仰彌高、鑽彌堅，瞻之在前、忽焉在後與欲從莫由云云，仰鑽個什麼？高堅是甚物事？欲從莫由者是甚物事？夫至眞之極，萬化之源，不謂之高不得也。是爲萬物主，亦即主乎吾身，炯然大明，私欲不得而干，不謂之堅不得也。無在無不在，故瞻前忽後，欲從而莫由也。鑽即鞭辟近裡工夫，仰即朱子釋《大學》顧諟明命處，所謂常自在之是也。（此義甚深，凡夫不喻。）武侯云「揭然有所存」，亦與仰之同旨。顏子此種境地，宗門大德最高之詣不過如此。今謂後儒識得心體，便同禪師之妄，然則開妄之端者，不遠在顏子乎？須知儒與禪同一求識心體，而有判若天淵者，禪家是佛氏出世法，始終以悟得靈覺爲究竟。吾儒非不澈悟此靈覺，而要在視聽言動之際與國家天下之間或天地萬物酬酢處，極盡吾心之全體大用。此心條理萬端與至誠生物不容已處，固無往不是靈覺，然工夫當在倫物之地，保任此靈覺而擴充之，如顏子非禮忽視聽言動及爲邦之問，方見靈覺中萬理萬化萬物皆備之實與油然沛然不容已之幾。孟子稱禹、稷、顏回同道，非眞知儒門骨髓者不能知。孟子示人以靈覺，便指乍見孺子入井時怵惕惻隱之心。此是聖學血脈，千萬不容輕心作解。禪家作用見性，其所謂作用，便與顏、孟作用處絕不同。（非禮勿視聽等與見孺子入井之惻隱，亦是作用見性，但此作用與禪師所指之幾不同，詳下文。）如因裴休之不悟，而於其退出時忽大聲喚裴休，休即應聲曰諾，既諾已，即便大悟。（休聞聲即諾，此時聞覺正是作用。此等作用現起時，元是天真自然之動，未雜入推想等，未作若何擬議。故休於諾已，便悟得此靈覺之心即是真性，非假安排，不由後起。是即禪師作用見性之一例。）凡禪師家開示作用見性，雖隨機多術，而大旨不外此例。禪師識取視聽等作用雖是靈覺，然以較之顏子四勿，其於視聽言動之際，明於禮非禮之辨，而視聽等作用自有不踰之矩。孟子指乍見孺子入井之心，自有同體之仁行乎不容已。此等處識取作用，方是涵萬理、肇萬化、備再物，而於流行中有主宰之靈覺，於此等作用而言見性，方是眞性。若泛取乍見乍聞之一覺，不由籌度擬議者，即謂之靈覺，便於此言作用見性，吾恐終是浮光掠影之見，未克盡此心之全體大用，即不可言見性也。儒者所云盡心盡性之一盡字甚吃緊，必任此心充塞流行於萬事萬物而肇其化，通其變，全體大用畢現，無一毫虧蔽，是謂盡心，是謂盡性，是謂官天地府萬物。若異乎吾儒之學而以聞喚隨諾之靈覺認爲靈光獨耀、迥脫根塵，以是爲道，吾懼夫莠之亂苗、紫之亂朱也。程朱諸老先生雖於儒佛教理無研究，而於禪法確曾用過工夫，故其闢禪而終反之儒，自有眞實見地。從來識程朱子，其智既不足知此，復不肯虛心求其所以，乃謂陽儒陰釋，豈非至愚而無忌憚乎？廖子晦遊朱子之門，嘗極力尋研於日用事上見所謂廣大虛靜者，以爲大本。又閒居默坐見所謂充周而洞達者，萬物在其中各各呈露。而朱子以爲用心太過，思慮泯絕，恍惚之間瞥見心性之影像，與聖賢眞實知見、端的踐履、徹上徹下一以貫之之學，不可同年而語。朱子戒子晦語極精切。象山禪味較重，宜朱子之不與也。禪家不離靈覺而覓心體，儒者亦何曾捨得靈覺？但不以空靈為依據，而必於倫物之交，求所謂始物之仁或通感之理而克盡之，如朱子所云端的踐履、徹上徹下一以貫之者，斯為盡心盡性之學。禪師之靈覺畢竟是空靈光景，呈儒之外道也。善學者反身參驗，較其得失，自無岐途之誤。若屏絕禪法而不究，亦異乎詩人資助他山之道，吾弗取也。父親之訓謹錄如上，不肖昔讀四子書無所得，今乃稍有悟。

郭善鄰

商邱郭善鄰，號春山。吾父稱其鄉居爲講會，頗有化民善俗之意。所爲〈己說〉一文，於性道頗有體驗。惜其天資不高，聞見寡陋，思想多錮於流俗。如門人舉於鄉而贈序以勗之，且頌揚聖主，不悟其所謂聖主者乃蹂躪神州之胡虜也。然善鄰直是無師友啟迪。陸隴其少時交呂晚村，頗聞民族大義，而終欲仕虜，眞熱中小人也，胡奴也。湯斌尤狡獪，遊於孫夏峰以沽名，則尊陽明，及與僞宗程朱者往還，則又隨之詆陽明，仕胡而貴顯，眞鳥獸也。此二虜者，皆從祀孔廟，清世士習卑賤鄙陋，予此可見。

陳白沙先生紀念

陳應耀先生函吾父云：去年（戊子。）爲白沙先生五百二十年紀念，擬出一紀念集，請爲一文。吾父體氣不佳，授意不肖代爲寫出如左。

五月二十七日惠書，昨始由黃艮庸帶至鄉間。力於三十五年即有依艮庸終老南海之約，因年力已衰，又素患神經衰弱，冬不可衣裘與向火，故有來此作終焉之計。昔人言弱不勝衣，蓋非虛語。朱子集中有告來賓之文，言衰病不堪束帶，蓋其平生耗腦血過甚，亦神經衰弱之象也。力來此忽忽逾半年，頗不耐熱悶潮溼之苦。春間屢欲往滬，而滬友皆以戰事難免爲阻，故尙滯此間。入夏以來，恆覺熱悶，令人疲困，不得斂其氣而凝其神，用思不能，觀書亦不得。艮庸家距廣州四十餘里，力昨抵廣，即徑赴其家，未入城一次，鄉居言語多不通。艮庸教於中大，不便常聚。吾日危坐一樓，如老僧入定，雖雜念似伏，而藏識海中無量染種潛滋暗長，未易奏廓清之功，慚愧無已。兼以氣候苦人，此心每爲境緣所逼，不獲自在。平生修學，到老不脫凡夫，誠自憾也！承命爲白沙先生五百二十年誕辰紀念集寫一文字，論理論情皆當竭盡心力而爲之。但文字本於神思，神思發於興會，興會不至則神鬱而思滯，雖欲寫一小文，不可得也。此時此地，興會索然，實無可寫文字，唯因來命觸及少時讀白沙先生遺集，其感發處猶可略憶，敬爲先生陳之如下。

余讀白沙先生書，約在十六七歲時。當時受感最大最深者，首在〈禽獸說〉，其文如下：

人具七尺之軀，除了此心此理，便無可貴，渾是一包膿血裹一大塊骨頭，飢能食，渴能飲，能著衣服，能行淫欲，貧賤而思富貴，富貴而貪權勢，忿而爭，憂而悲，窮則濫，樂則淫，凡百所為，一任血氣，老死而後已，則命之曰禽獸可也。

余乍讀此文，忽起無限興奮，恍如身躍虛空，神遊八極，其驚喜若狂，無可言擬。當時頓悟血氣之軀非我也，只此心此理方是眞我。血氣一團宛然成藐小之物，而此心此理則周遍乎一切物之中，無定在而無所不在，是敻然絕待也。人生任血氣用事，即執藐小之物爲自我，其飢食渴飲乃至窮濫樂淫，一節與禽獸不異，此其人雖名之曰人，實乃禽獸也。若能超脫血氣之藐小物而自識至大無匹之眞我，則炯然獨靈，脫然離繫，飢食渴飲著衣居室，皆有則而不亂、循理而不溺，（不溺謂無貪著。）乃至貧賤不移、富貴不淫，浩然大自在，此乃《易》之所謂大人。大人與天合德，即人即天也。天者，眞我，非超越乎吾人與萬物而獨在，如宗教家所謂神也。（非字至此為句。）

余因白沙〈禽獸說〉，頓悟吾生之眞，而深惜無始時來，一切眾生都不自覺。余曾以此說示人，似皆視爲平常語句，無復感觸，乃嘆眾生陷溺之深，雖仲尼、釋迦出世，亦救他不得也。余嘗語一友云：汝之此身渾是一包膿血裹一大塊骨頭，白沙已說得明白。吾更進一言，汝之骨頭膿血息息變換，常由陽光、空氣、水火與動植等食料和集轉變，幻似七尺之形，此形確爾如露、如電、如陽焰、如芭蕉、如聚沫，一切無實。而汝乃的的確確有虛靈明覺，備萬理、含萬德之無盡寶藏。如汝初出母胎，呱地一聲，此一聲似已表示其對人間世有無限悲感。此感不可知其所從來，浸假而表現其對父母之愛。漸有敬長、親仁、信友、泛愛眾，以至爲國家安危與民群休戚而不惜犧牲一己，其道德之崇高如此；又自日用知識逐漸推廣演進，至於哲學上廣大幽玄之理境、科學上精微奇異之發見乃至政治社會各方面之創造，凡諸知識與智慧之神用不測，皆不可說爲從無而生有。余所謂人生本有虛靈明覺而備萬理、含萬德之無盡寶藏者，此爲確不容疑之事。白沙所云此心此理即指此無盡寶藏而言，吾人當認識此無盡寶藏是爲眞我，萬不可迷執血氣之藐小物爲我，因此起惑造業而喪其可貴之寶藏。（萬不可至此為句。）此是白沙苦心處，吾人奈何不悟！

陽光、空氣乃至動植等食料之幻化物，（謂身。）分明如露、如電、如陽焰等，而其間確有眞眞實實之無盡寶藏，是爲吾人眞性，亦云眞我。吾人何忍不好自護持而可任血氣乘權以損害此眞我哉？

有人難言：先生從人類之道德與智慧等方面而徵明人生本有備萬理、含萬德之無盡寶藏，殊不知人類實有無量無邊罪惡，此非從無盡寶藏中流出乎？答曰：無盡寶藏中絕無罪惡種子，罪惡屬後起，只由迷執血氣之藐小物爲自我，遂有物我對峙，（由計有自我故，同時即計有他人或外物。）由此造作種種罪惡。孔門之學生克己，佛氏首斷薩迦耶見，（身見。）此等義趣甚深廣大，難爲迷妄者言。

有問：無盡寶藏是一人獨有耶？抑萬物共有耶？答曰：一人獨有之無盡寶藏，即是萬物共有之無盡寶藏。譬如一漚獨具之大海水，即是無量眾漚同具之大海水。一爲無量，無量爲一，此非玄談，悟時自知。

黃梨洲《白沙學案》云：「有明儒者不失其矩矱者亦多有之，而作聖之功，至先生（白沙。）而始明，至陽明而始大。」此實不刊之說。余嘗怪陽明平生無一言及白沙。昔人有謂陽明才高，直是目空千古，故於白沙先生不復道及。果如此說，陽明必終其身未脫狂氣也。陽明之賢，絕不至是。湛甘泉在白沙門下名位最著，陽明與甘泉爲至交，而論學則亦與之弗契，足見陽明於白沙必有異處，而終不道及者，正是敬恭老輩。非慢也。其異處安在，余亦欲論之而未暇，今更無此意緒也。

附記：此文寫就，因問父親云：血氣之形如露如電等，則為幻形；虛靈而備萬理、含萬德之無盡寶藏是為真性，亦云真我。真幻分說，似是佛家義。且一真一幻不可融和，此等宇宙觀及人生觀似不免衝突。小子所疑，願承誨示。父親曰：佛家分別真幻，誠然，彼為出世思想。令俗所云血氣之形屬彼五蘊中色蘊法，亦攝十二緣生中，十二緣皆屬流轉法，是幻不待言。若依大乘空宗，五蘊是緣起法，《大智論》說為顛倒虛誑法，有宗則謂之有漏依他法，皆是幻義。佛家主出世，故其說為幻或妄法者，即含劣義。（說之爲幻妄，即是呵毀詞，令人對之起厭離與斷捨想，故云含劣義。）令吾所云血氣之形如露如電等者，雖亦是幻法，但此不含劣義，只言其不實在，無可怙守，亦無所厭捨，故於此讚毀兩忘，此是與佛法天壤懸隔處。又復當知，形以不實在故，說為幻妄，無盡寶藏是一切形之本源，是無所從生，無生亦無滅，不生滅故名真實，真非超幻而獨存，幻亦不離真而別有。（幻依眞而得起故。吾人如迷執幻法，便喪其眞我，若自毋眞我，直養毋害，日用間悉是眞機流行，則幻法亦莫非眞體之顯現也。此中眞機謂眞我之勢用，眞體即謂眞我。）悟此，則真幻本自融和，何衝突之有？汝若精究《新論》，（具云《新唯識論》。）當可釋所疑。不肖聞之有省。

釋顯揚論法與法空俱非有無

《顯揚》卷十七「復次如是所說無分別者，於何等法說無分別耶」云云，此處文字費解。今析舉《論》文，略釋如下。

《論》曰：（以下分行舉《論》文，不別標《論》曰。）法與法空，俱無二分別，二種戲論故，名無分別。

釋曰：法謂法相，即有爲法，或生滅法。法空，顯一切法相非有非無，及法性非有非無故。「云何爲二？謂有及無，何以故？」

釋曰：何以者，問法及法空何故俱非有無二者也。

「色非是有，遍計所執相無故；亦非是無，彼假所依事有故。」

釋曰：舉色者，倒顯一切法故。遍計所執相，詳在《通釋》。（家父所著《佛家名相通釋》。）色法何以非是有？於色法上，無有如彼遍計所執相故，斯云非有。色法何以非是無？所執相者是假法。（遍計所執相云云者，譬如桌子是凡情於日用中所執之相，其實本無有獨存的實物如所謂桌子者，故是假法。）假法雖無，而彼（假法。）必有所依故起。譬如吾人當昏夜中見杌而作人相想，人相雖無，（人相喻假法。）而人相必依杌相故起。（杌相喻假法所依事。）由此譬況，可知一切所執之相即假法者，（桌子、杯子乃至大圜氣界曰天，橢圓重濁曰地，以及吾人五官百體曰身，皆所執相也，皆假法也。）其所依事定有，非無所依事，假法可無端突起故。（非無二字一氣貫下。）夫假法所依事者，其即《新論》（《新唯識論》之省稱。）所謂一翕一闢之大用刹那刹那新新而起者歟？愚者喪眞而執物，智者即物而會眞，道遠乎哉！愚者自安於愚，則無如之何耳。

「色空亦非有，遍計所執相無，所顯故。」

釋曰：即色明空，例顯一切法空。色空性者，亦明其非有，由於色法上無有遍計所執相，即是於色法實性上無妄執之相，故云非有。此之非有，正是遍計所執相無之所顯故。凡夫不悟遍計所執相本無，聞說宇宙萬象皆空或皆非有，必大驚怪，不悟當前桌子、杯子甚至吾身皆緣吾人妄想堅執，謂是一一獨存實在的物事；若離妄執，此一一桌子、杯子或人身等皆不可得。即就科學言，將人身析至細胞，再析之還是元子電子，而電子並非有質的小顆粒，由此可證身相只是吾人遍計所執相，事實上本無實身相。夫身相且如是，況其他乎？當知色空性上亦云非有，以是所執相無之所顯故。理實如是，非以本有爲非有也。

「亦非是無，諸法無我有，所顯故。」

釋曰：色空性者亦非是無，何以故？凡夫聞說諸法實性所謂眞如，（諸法實性亦省云法性。）便將法性當作實物去推測，於是或計爲有、或計爲無，（哲學家凡建立某種本體者，皆屬計有；其否說本體者即計無。）此皆妄情倒計。諸佛憫彼無知，爲彼計有者說遍計所執相，而呵之曰汝所執相即是法我相。（法我一詞，解見吾父《通釋》。）此法我相本來空無，隨汝妄情故起，妄情空故，法我相俱空。是故《大經》、三論無量無邊言說，總明無我而已。（法我亦省云我。）然復須知，言諸法無我者，但明無有我而已，不可於無我之外更作一切皆空或都無所有之想，當知了無我已，須悟無我而非無有。易言之，法性實有，但不如凡情所執之實物。（吃緊。）凡情所執之實物相，名法我相；而此法性實非凡情猜度所及故。凡情所起法我相，終不與法性相應故。是以悟人法性即明無我，豈復於此妄計法性亦無？法空性者即謂法性。論文此處，說亦非是無，正以諸法無我而非無法性，是云諸法無我有，唯此無我之有，正顯法空非是無，故曰諸法無我有，所顯故。此等句子含義深廣無邊，前人已費解，今人於古書文理更遠隔，且窮玄至此，已是究竟處，冀有慧者得悟，故略釋於上。

「如於色、色空如是，於餘一切法及一切法空，當知亦爾。非離諸法及法空外更有餘境是可得者。」

釋曰：舉色法例顯一切法，舉色空例顯一切法空，佛法之所知境盡於此矣。下文云「此上更無所知境故」，宜深玩。哲學窮究宇宙，亦區爲實體與現象。（實體，佛書中亦云法性或實性等。）現象者，相當於此所云一切法；實體者，相當於此所云一切法空。

「是故但說二無分別，非無分別，更無分別，有無窮過。此上更無所知境故。」

釋曰：前問於何等法說無分別耶？今已說明於法與法空俱無二分別云云。即已答訖，非無分別更無云云者，謂非是說無分別言，將欲顯更無可分別也。直以吾人所知盡於法與法空之域，於法而窮至色空，非有亦非無，以明法性。法爾如是，（法爾一詞，吾父《新論》、《語要》間有解說。此義深微，須虛懷玩之。）更無可復窮矣。倘於法性更問所從來，將層層追詰，犯無窮過，故曰「此上更無所知境」。老子言道體而曰「不可致詰」，亦此意也。

「是故必有離言相取。（中略。）由此聖慧，雖不取如所言相性，而取離言相性故。」

釋曰：佛書中凡言取者，多就妄情或妄識說。妄情分別之取，是取著義。（著者，執著，迷妄分別而橫執為如是如是者，即取著相。）亦有例外，如此云離言相取之取字，則是悟入義，非取著也。欲明離言云云，須先解言字。言者，謂心於境取像。王輔嗣《老注》所云指事造形，非無方無相也。（雖無色等方相，而非無方相，深思之自知。）此之取像，在心名想，出諸口或形諸文字則爲言。故言者，無形而有方，無象而有相，人心役於實用而起想，無可離於方相。易言之，無往不作實物來取著。然終是心上造作之物而已。是故以言顯事，不可得事之實，以言顯眞理，（眞理謂法性。）非獨顯不到，乃更知迷謬也。顯事不得實者，如口說火，口不被燒，火之能燃性，言不得而顯之也。以言顯理，如名法性以眞如，便將眞如作一實物去猜度，道他是如此如彼、這模那樣，此即隨言取執。《論》云「如所言相性者」，正謂此耳。聖者得法空慧，不取如所言相性，而取離言相性，大哉斯言！（此大無外。）至哉斯言！離言相性者，正目眞如妙體，此非言說安足處所，唯證相應，言不得而擬之也。心行路絕，語言道斷，萬歲之遠，有證及斯者，猶旦暮遇之也。

「復次要先思議，方入現觀，是故應離不可思議處，方便思議」云云。

釋曰：佛法所以兼融世間哲學及宗教而有其特殊造詣者，當於此數語中求其精神與面目。

大家講堂 014

十力語要初續

作　　者 —— 熊十力
發 行 人 —— 楊榮川
總 經 理 —— 楊士清
總 編 輯 —— 楊秀麗
叢書企劃 —— 蘇美嬌
封面設計 —— 姚孝慈
出 版 者 —— 五南圖書出版股份有限公司

地　　址 —— 台北市大安區 106 和平東路二段 339 號 4 樓
電　　話 —— 02-27055066（代表號）
傳　　眞 —— 02-27066100
劃撥帳號 —— 01068953
戶　　名 —— 五南圖書出版股份有限公司
網　　址 —— https://www.wunan.com.tw
電子郵件 —— wunan@wunan.com.tw

法律顧問 —— 林勝安律師事務所　林勝安律師
出版日期 —— 2021 年 4 月初版一刷
定　　價 —— 380 元

版權所有・翻印必究（缺頁或破損請寄回更換）

國家圖書館出版品預行編目資料

十力語要初續 / 熊十力著 . -- 初版 . -- 臺北市：五南圖書出版股份有限公司，2021.04
面 ; 公分 . -- (大家講堂 ; 14)
ISBN 978-986-522-433-2 (平裝)

1. 熊十力　2. 學術思想　3. 現代哲學　4. 唯識

128.6　　110000099